这些后妃很强悍

细说宫廷

张志君 著

商务印书馆国际有限公司

图书在版编目（CIP）数据

细说宫廷：这些后妃很强悍 / 张志君著 .— 北京：商务印书馆国际有限公司，2016.5
（细说宫廷）
ISBN 978-7-5176-0222-4

Ⅰ.①细… Ⅱ.①张… Ⅲ.①后妃—列传—中国—古代—通俗读物 Ⅳ.① K828.5-49

中国版本图书馆 CIP 数据核字 (2016) 第 079715 号

细说宫廷：这些后妃很强悍

作　　者　张志君
责任编辑　蔡红英　李东晓
出版发行　商务印书馆国际有限公司
（地址 北京市东城区史家胡同甲 24 号　邮编 100010）
（总编室电话 010－65592876　市场营销部电话 010－65598498）
网　　址　www.cpi1993.com
经　　销　全国新华书店
印　　刷　三河紫恒印装有限公司
开　　本　710mm×1000mm　1/16
字　　数　293 千字
印　　张　18.5
版　　次　2016 年 6 月第 1 版第 1 次印刷
书　　号　ISBN 978-7-5176-0222-4
定　　价　29.80 元

目录

从质子妻到第一个帝太后

——秦始皇生母赵氏

◎ 红颜本系豪家女 却因善舞受利用

◎ 不守妇道 儿怒断母子关系

◎ 绝处逢生 全赖茅焦复旧位

公元前二六〇年早春二月，赵国首都邯郸，一栋豪华住宅内，一对男女正在诀别。说是诀别，并不是说其中的一个将慷慨赴死，而是指他们彼此间的心境——已有夫妇之实的男女，其中的男子要把自己如花似玉的女人送给别人为妻，那滋味恐怕和死没什么不同。

叫人感到奇怪的是，那女子尽管像是难舍难分，但却不是要死要活。尤其是当她得知自己再嫁的是一个公子王孙时，她的那点淡淡的离愁顿时就化为乌有了。

这对此时尚籍籍无名的男女，后来却因彼此的所作所为，而在中国历史上留下了鼎鼎大名。男的是吕不韦，此人当过秦国的相国；女人呢？就是本篇文章的主角，秦始皇的生身母亲——太后赵氏。

中国历史上第一个皇帝的母亲竟是个再婚女人，这是不是有点耸人听闻？事实上确实如此，要说耸人听闻，赵氏一生的传奇经历都够“耸人”的了。

红颜本系豪家女 却因善舞受利用

公元前二六二年，韩国的颍川阳翟，有父子二人正在进行一场有趣的对话。

“请问父亲大人，”说话的是儿子，阳翟大贾吕不韦，“做什么得利高？”

“莫如耕田。”老爸答道，“耕田之利可以投一产十。”

“比耕田更高的呢？”

“莫如贩卖珠宝。此项活动可获百倍之利。”

“有没有比做珠宝生意获利更高的行业呢？”

“我看是没有。”

“父亲大人，孩儿此次经过邯郸，发现有一种生意可获利万倍，甚至可获无价之利。”

“无价之利？”

“对。”

“做什么？”

“立主定国。”

“嘘，噤声！”胆小怕事的父亲一把捂住了儿子的口，“这是要杀头的啊！我们靠贱买贵卖刚刚挣了几个钱，你别不认识东南西北了。立主？定国？我问你，这主在哪里？国又何在？”

“父亲大人，请息怒。”吕不韦见老爸一副讳莫如深的样子，不由得又好气又好笑。他虽是个商人之子，却一点也不像他老爸那样胆小怕事，相反他是个头脑精明、敢作敢为之人。扶父亲坐好，吕不韦不慌不忙地说出了他这笔可获无价之利的特大号生意。

原来，此次去邯郸，吕不韦在路上遇见一个人。此人姓嬴名异人，乃是秦国派到赵国的质子。由于他本系庶出（《史记》上说他是“秦诸庶孽孙”），加上秦、赵两国屡屡交恶，他当时的处境很不利，“车乘进用不饶，居处困，不得意”（《史记》）。头脑精明的吕不韦见了之后，联想到秦国的政坛现状，觉得面前这位衣冠不整的嬴异人“奇货可居”。

当时的秦国，国王是秦昭王。昭王在位四十余年，先立的太子不幸亡故，新立的太子是异人的父亲安国君。其时，安国君的正妻华阳夫人无子，庶出的儿子有二十多个，但没有迹象表明他属意谁做世子（也就是王太孙）。在这种情况下，吕不韦如能说动华阳夫人，进而说动安国君迎立异人做世子，那么一旦安国君即位，他就有拥立太子之功。拥立太子之功，就会换来享不尽的荣华富贵。

“父亲大人，天下事就在于智者的计算。一个终日劳作的农夫，一年辛苦所得，不过投一产十；贩卖珠宝，终年奔走，运气好也只能获百倍之利。现在我帮秦国定国立君，倘获成功，那就远非耕田和商贾之事可比了！”

此一番话说得老头子是哑口无言。

经过吕不韦的一番活动，嬴异人靠金钱叩开了华阳夫人之门。在华阳夫人的帮助之下，嬴异人当上了安国君的世子。到这时，吕不韦已花出了黄金数千两。

为了进一步收买异人（此时异人已为取媚生于楚国的华阳夫人而改名为子楚了），吕不韦转开了脑筋：财宝是没有生命的东西，我可以用它来资助子楚成就大业，焉知事成之后，他不会忘了我呢？最稳妥的办法莫过于在子楚身边安插一个有生命之物，让其助我长期得宠于子楚。思来想去，吕不韦有了一个主意。他素知子楚寡人之疾，于酒、色、财、气四个字上最喜的是“色”。

于是，吕不韦用囊中剩余的黄金，频频去结识一位赵姓女子。

古时女子多无名字，我们权且称这位赵姓女子为赵女吧！她，就是后来的帝太后。不过当时，赵女可没有什么了不起。她本是一个破落户的女儿，父亲是个豪猾（不守法纪）之人，因事触犯赵国的法律，身陷囹圄，母亲咽不下这口气，一病身亡。被逼无奈，她做了一名以伎色侍人的歌伎。一次献艺时，她被几个公子哥调戏，为吕不韦所救。一来二去，随着二人接触日深，赵女献出了一切。当时还很天真幼稚的她，做梦也没有想到她所挚爱的人根本不爱她——吕不韦与她所做的一切都怀有不可告人的目的。

有很多人以为吕不韦是个色鬼，其实这真是错看他了。“商人重利轻别离”，阳翟大贾的心里最重要的是他朝思暮想的无价之利。他之所以搭救赵女并在其身上挥金撒银，是因为他看中了赵女两项别人所不具备的特长——绝色与善歌舞。（《史记》载：“吕不韦取邯郸清姬绝好善舞者与居。”）他要用赵女来套住子楚，尤其是当他得知赵女因与他同居而有孕时，这种念头就更强烈了。

不久，吕不韦安排了一次盛大的酒会，被请的客宾有子楚，还有邯郸的一班名流。酒过三巡之后，吕不韦命人唤出赵女歌舞侑酒。

已有几分醉意的来宾，见一位绰约多姿的妙龄女子娉娉婷婷地走了出来，顿时都被她的美貌惊呆了。按说这班来宾也都是些见过世面的人，但这赵女实在是个人间尤物。

真个是：

世间无此娉婷，玉环未破东风睡，将开半敛，似红还白，余花怎比。

由于此时身价已大不同于往日，子楚首先领头喝起彩来。

只见赵女深深地福了一福，然后长袖翩翩，舞了起来。但见她“香滴滴，肌肤冰雪娇无力。娇无力，清凉无汗，舞袖过后暗香使人醉”。

舞毕，赵女退回幕后，酒宴继续进行。大多宾客突觉不胜酒力，先行告退，子楚却留了下来。

见自己一手扶植起来的这位公子哥儿一副欲说还休的表情，吕不韦心中暗喜：“吾计成矣！”

果然，子楚的头一句话就是：“先生有如此佳人陪伴，真令我艳羡。

某家不才，欲向先生求此姬为妻！”

吕不韦欲擒故纵，沉默不语。

“先生若觉此言狂悖，那就算是某家酒后失言好了。”

“得了！”沉默了好一会儿的吕不韦一副忍痛割爱的样子，“我未来的王太子，为了你，我什么不舍得？只求将来富贵的时候不要忘记我，我就心满意足了！”

“某若为王，定以先生为相国！”

吕不韦要的就是这句话，于是，二人商定次日“交货”。

回到内室之后，吕不韦把自己的打算说给赵女听。一听说要把自己送给别人，赵女嘟起小嘴，但听吕不韦说起，她未来的男人将有可能成为秦国国王时，她转而芳心暗喜。经过一番假意推辞之后，赵女方才答应下来。不过，临到谈话结束时，她提出了一个疑问：“妾已有孕在身，万一被那子楚洞悉，可如何是好？”

“无妨，那小子已被你的色艺迷倒，他绝对想不到一下子娶过去‘两个人’！”

“可是，”赵女忧心忡忡地说，“十月怀胎，一朝分娩。孩子用不了十个月就会出生，这可是瞒不住人的。”

“不用担心，我可以买通稳婆，诡称早产。你再拿出点真本领来，谅那子楚做梦也不会想到我们这一瞒天过海之计的。”

“好吧，就依你！”赵女意味深长地对吕不韦说，“那么，我们再见……”

“再见？”吕不韦心里暗暗问自己，“还能再见吗？”

不守妇道
儿怒断母子关系

始皇九年（前 238 年），岁在癸亥，一向只对别国施威的秦国，自己的国都咸阳却发生了一场宫廷政变。战争的一方是刚刚行过冠礼不久的秦王嬴政，另一方是长信侯嫪毐。

这一场厮杀，真是空前激烈。嫪毐手下是咸阳县卒和宫卫士卒、宫骑，秦王手下则是他的亲信昌平君、昌文君所统辖的军队。激战结果，嫪毐全军覆灭，本人被五马分尸；秦王母赵太后也受株连，被赶到咸阳城外黄阳宫软禁起来。

杀嫪毐为什么要株连赵太后呢?

事情还得从头说起。

原来，那日与吕不韦洒泪而别后，赵女来到子楚身旁。垂涎美色已久的子楚见美色如见佳肴，哪里分得出她的“品味”，朝行云、暮行雨，不久，赵女谎称“天癸”未至，竟告有孕。子楚闻听，欣喜若狂，哪知此子非己之功，而是别人“代劳”所致。其后，儿子出生，赵女更加得宠，小夫妻关起门来过日子，倒也相安无事。

孰料事起突然，秦国大将王齮突然发兵攻打赵国，城门失火，殃及池鱼。赵国愤于秦国不讲信义，想要杀掉秦的人质子楚。在吕不韦六百金重贿的收买下，赵国邯郸的守门卒放了子楚一马。吕不韦、子楚仓皇逃命，竟把赵女丢在邯郸不管不顾。幸亏父亲昔日的几个老友都是朱家、郭解一流的人物，赵女才得以大难不死。

五年以后的公元前二五一年，安国君继位，是为秦孝文王，子楚顺理成章地成为王太子。这时，赵女才得以脱险，来到秦国。

有相士曾断言赵女“命硬克夫”，这话一点不假。到了秦国不到一年，她的公爹孝文王病逝，子楚继位，是为庄襄王。三十二岁才爬上梦寐以求宝座的子楚，在位不到三年，便一命呜呼。赵女成为王太后的同时，也成了一个小寡妇。

此时的赵女在宫中独居，寂寞难耐，于是便与老相好吕不韦重拾旧欢。吕不韦自己虽有妻室，但也不敢拒绝太后的美意。好在这时的秦王嬴政（秦始皇）年纪尚小（只有十三岁），两人可以大胆胡来。

但是，秦王嬴政却在日渐长大，史称他“鹰鼻、长目、鸡胸，声细如豺，性狠毒”。吕不韦害怕他与王太后赵女的奸情被嬴政发现，精神是一天不如一天，赵女见了十分不满。

一次欢聚之后，她抱怨说："当了相国，怎么反倒不如以前了？"

吕不韦小心翼翼地答道："那是因为臣下敬重太后。"

两人有一搭无一搭地说着话，吕不韦心里暗暗转着一个念头：尽早脱身。

司马迁在提到吕不韦当时的心境和计谋时写道："吕不韦恐觉祸及己，乃私求大阴人嫪毐以为舍人，时纵倡乐。使毐以其阴关桐轮而行，令太后闻之，以啖太后。太后闻，果欲私得之。"

此时，我们前面提到的那个胆大妄为的嫪毐出现了。

宋朝的王安石有一篇《孟尝君论》，直言战国时代的孟尝君手下多是一些鸡鸣狗盗之徒，但与孟尝君相比，吕不韦的手下更多是一些下三烂的角色。嫪毐便是这下三烂中的极品，他并无别的才能，只是阳具硕大。

据史料记载，吕不韦在一次宴会上，曾令嫪毐当众展示阳具。为了增强效果，加深在场之人的印象，吕不韦专门用桐木做了一个小轮（此处采用《史记》索隐的说法），令嫪毐以其阳具做轴，将那个小车轮穿在阳具上，绕庭三匝，嫪毐行走自如而不坠。

由于吕不韦的刻意宣传，深宫之中的王太后赵女很快就闻知此事。

通过吕不韦的安排，王太后以诈腐的方法，假意将嫪毐阉割，然后让他以宦官的身份入侍后宫。之后，王太后便不再与吕不韦纠缠。

说来也怪，赵女其人可能偷情才肯怀孕产子——与子楚夫妻一场，将近十年的时间，竟未替子楚留下一个货真价实的嫡亲骨血（嬴政的生身父亲系吕不韦），而当她与嫪毐通奸时却很快"有身"。如果说，她未嫁子楚之前"有身"无人追究，那么已嫁子楚，尤其成了寡居的太后以后，再"有身"那便是天大的丑闻了。

公元前二四五年，王太后派人知会秦王嬴政，以敬神为名，离开国都咸阳，前往一座名叫"雍"的离宫，嫪毐随行。这一住，就是七八个月。经过一番折腾之后，赵女产下一子，此子乃是她与嫪毐通奸所生。

为了笼络住嫪毐，王太后示意儿子嬴政，封嫪毐为长信侯，封以山阳及河西、太原两郡——这是她的一贯做法。吕不韦也是在服侍她大得欢心之后，方被尊为“尚父”的。雍宫之事，无论巨细，悉决于嫪毐。急速膨胀起来的权势、地位，使得嫪毐一时之间成了秦国的“闻人”。当时正是战国末期，养士之风仍然盛行，嫪毐这个不学无术的“大阴人”，竟也仿效吕不韦养起士来。据史料记载，嫪毐家“僮仆宾客至数千人”。这么多的人，这么多张嘴，吃饭的钱到哪里去讨？

有人愿充冤大头。谁呀？自然是王太后赵女了。据野史记载，王太后由于深宠嫪毐，曾经动过废掉嬴政而以她与嫪毐所生之子取而代之的念头。区区几千张嘴，何足道哉！

投桃报李，嫪毐更加卖力地“服侍”太后，不久，太后又产下一子。

转眼到了始皇九年（前 238 年），一件偶然的小事，断送了赵女与嫪毐的这段露水姻缘。

这一年的正月，嬴政行冠礼，举朝上下为之摆酒庆贺。

深得太后宠爱，因而不把嬴政放在眼里的嫪毐，碍于自己长信侯的身份，不得不前往赴宴。

与宴者的次序早已排好，嫪毐与中贵人颜泄同席。这颜泄系秦王嬴政的亲信，嫪毐一向不把他放在眼里，谁知道就是这么个不怎么起眼的小人物却要了他的命。

此事还得从喝酒谈起。提到喝酒，人们往往要将其与划拳、行酒令连在一起。其实，划拳、行酒令都是后代人弄的玩意儿。

当时喝酒讲究投壶。这投壶本系古代宴会的一种礼制，也是一种游戏。其法是以盛红小豆的酒壶口作目标，用箭投入。箭有三种长度，室内用二尺，堂上用二尺八寸，庭中用三尺六寸，以投中多少决胜负，负者须饮酒。古人有“对酒设乐，必雅歌投壶”的说法，嫪毐他们当时用的就是二尺八寸的箭来投壶侑酒的。

说起嫪毐这个人，真不知赵女为什么会看上他，他除了“大阴”以外，简直一无是处，人品不行，酒品更差。轮到他投中，他必罚别人喝酒；轮到他输了的时候，他却死活不肯喝。颜泄看了，极为不满。一轮过后，颜泄与嫪毐对垒。颜泄投而不中，嫪毐逼颜泄喝酒，以其人之道还治其人之身，颜泄死活不喝。两人发生了争执，忍不住恶言相向。

“你有什么了不起？不就是一个长信侯嘛！”

“什么？我有什么了不起？你小子怕是没有脑子吧！告诉你，我是当今大王的假父。不要以为你给大王当亲信就云山雾罩的，老子一高兴，可以让太后下令，连大王都废了！”此时的嫪毐已有十二分的醉意——别人罚酒他不喝，自酌自饮他可没耽误。

嫪毐醉，颜泄未醉。闻听此言，颜泄撒腿开溜，前往秦王嬴政处告状。

嬴政听了颜泄的话，极为震怒。此时，他住在咸阳城的蕲年宫，立命相国昌平君、昌文君发兵擒拿嫪毐。

话分两头，却说嫪毐酒醒之后，不见了颜泄，已觉大事不好。不久，派在蕲年宫的亲信又飞马报信。于是，他跌跌撞撞地奔回太后宫中。

“这是你自己糊涂，”权衡了一番利弊之后，王太后开言道，“我也救不了你！”

“能，太后您能！”

“唔？”

“大王不在咸阳，可以窃取他的御玺，和太后你的玺一起调动县卒和宫卫士卒、宫骑，先发制人。”

“我一个妇道人家，不管你们男人们的事。”王太后暗暗为自己留了一条后路。

于是，嫪毐矫诏，起兵叛乱。乱兵与秦王嬴政的平叛军相遇，一场混战下来，嫪毐失败被擒，被五马分尸。

恨屋及乌，嬴政下令将太后与嫪毐通奸所生二子扑杀，迁太后于咸阳城外黄阳宫软禁起来，断绝母子关系，不与相见。

许多人都以为，太后这回算完了。

绝处逢生
全赖茅焦复旧位

在春秋战国时代，君君、臣臣、子子的儒教观念还未形成气候，儿子不认老子的事屡见不鲜。左丘明所著《春秋左氏传》第一篇中就提到郑庄公不认亲生母亲的事，所以，嬴政对自己绝情于母亲一事心安理得。

此事不是没有人劝谏过。据《史记》记载，曾先后有二十七名大臣或上书或面谏，一提到太后一事，嬴政就立即将他们处死，并且不许家属收尸。

此事传到黄阳宫中，赵女不免有些着急。危难之中，她买通了宫门卫士，让他送信给还没有完全失去自由的吕不韦。信中只有两个字："茅焦。"

"茅焦？"吕不韦接信以后暗自思量，"什么意思？我手下的门客中倒是有一个人叫茅焦，但此人并无什么才能，只听说他口才敏捷，是冯谖、毛颖一流的人物。有一次和太后闲谈时谈起过他，难得太后这么多年还记在心里。难道太后是要召请他面谏秦王？此人行吗？咳，死马当成活马医吧！"想到这里，他命手下人请来了茅焦。二人商量了许久，吕不韦尽其所知地给茅焦介绍了秦王嬴政的缺点、弱点。最后，吕不韦总结性地说："据我这么多年的观察，嬴政吃硬不吃软，是个特别重视权力、爱慕虚荣、日夜挂怀天下一统的人，茅焦先生倘想去捋这根虎须，可从这几方面入手！"

"与君一席话，胜读十年书。"茅焦一拱手，"告辞了！"

次日，嬴政正在皇宫闷坐，忽闻门下传报，说有一人姓茅名焦，齐国人氏，想就太后一事面见秦王。

"你去告诉他，叫他看看宫门外陈列的二十七具尸首。这些人都是替太后求情而被我处死的，问他怕不怕死。"

守门卫士不久回报，向秦王转述茅焦的话说："他说天上有二十八宿，现在地上不过死了二十七个人，他是来凑满二十八之数的。他不怕死，要是怕死，他就不来了。"

秦王闻听，心头一动，语气复杂地吩咐："来呀，油锅伺候！我倒要看看这位被贬下凡间的星宿究竟能有多大能耐。"

过了片刻，茅焦素衣麻鞋，来到丹墀之下。

"听说你有事要见我？"嬴政按剑而坐，怒声问道。

"是的，小臣系为太后之事而来。"

"你不怕死？"

"怕，蝼蚁尚且贪生，何况人乎？小臣之敢于面谒，是因为深知自古以来，爱惜生命之人，并不讳忌死亡，正如一个重视国家兴亡之事的君主，不会讳忌人说国家危亡一样。倘一味讳死，不一定能够长生；只知讳忌危亡，国家也不一定能够生存。因此，有关生死存亡的道理，凡是贤明之主无不想要知悉，陛下难道不想听我详细解说一下吗？"

"这小子倒是一个硬汉子！"嬴政心里暗想。

见嬴政怒意稍敛，再想想吕不韦说过的话，茅焦心里更有底了。他侃侃而谈："大王以统一天下、统一宇内、扫荡六合为己任，却车裂功臣，囊杀二弟，迁母出宫，残戮谏士，桀纣的行为也不过如此。如果天下之人闻风胆寒，无人再倾心秦国，一统天下云者，一句空话而已。小臣之命不可惜，实为大王惜之！"

言毕，茅焦解衣走向油锅，准备慷慨赴死。嬴政听了茅焦的这番高论不禁色动，亲自走下座位扶起茅焦，说道："先生不用赴死，我自知不是，愿从忠告！"于是，嬴政即刻摆驾出宫，迎接太后回咸阳。

听说大王摆驾而来，王太后赵女一颗心落了地。她自鸣得意地说："儿子再能，也跳不出老娘的掌心！"

公元前二二八年，赵女病死于咸阳，谥号帝太后。

制造『人彘』的无冕之王

——汉高祖皇后吕娥姁

◎ 辍耕田中，相者称其为天下贵人
寻夫万里，言夫处有天子气

◎ 陷楚汉之争，沦为阶下囚
平夺嫡风波，愤造活人彘

◎ 清障碍，因排座次欲杀庶子
谋权位，令儿子婚配外孙女

◎ 连害三赵王，其心何忍
竟死于腋伤，夫报应乎

◎ 凡有才能，不顺我者杀
自掘坟墓，诸吕焉不亡

公元前一九五年四月甲辰日，起事于布衣的汉高祖刘邦病死。

临终前，这位汉朝的开国皇帝显得心事重重。当其妻询以谁可托以国事时，他点出了曹参、陈平、周勃等人的名字，然后不耐烦地打断了还想饶舌的妻子，露出不忍和莫测高深之意。

刘邦的妻子并没有意识到老公的这些变化，此刻她正沉浸在以后“天为老大，我为老二”的自我陶醉之中！

是啊，从一个普通的农妇，变成皇后；从一个几度沦为阶下囚的弱女子，到握有无数人生杀予夺大权的准皇帝，这个名叫吕雉，又称吕娥姁的女子值此多事之秋，她得意的事太多了，她该引以自豪的事太多了！此时的她，又怎能顾及到垂死的丈夫的脸色呢？

往事如烟……

未央宫中的吕雉，你在想什么呢？

辍耕田中，相者称其为天下贵人
寻夫万里，言夫处有天子气

吕雉成为刘邦的妻子是十分具有戏剧性的。

吕后的父亲一般通称之为吕公，实际上他的名字叫吕文，字叔平（据《二十五史·史记》集注中《相经》所载）。吕文原本系山阳单父（今山东单县）人氏，由于避仇，迁徙到沛县。

其时，正是秦朝始皇三十六年（前211年）。刘邦，当时人称刘季，正在沛县当一个小小的泗水亭长，类似于后来的保长。

沛县的县令是吕文的好友。他见吕文落魄如斯，不由心生怜悯，想出一条为吕敛钱救急的“妙计”：借为吕摆接风酒宴之机，使人晓谕本县士绅，皆“以钱来贺”。

沛县县令请来了一个管账先生。此人姓萧，名何，后任汉王朝第一位相国，当时是沛县的县吏。

帖子撒出之后，众乡绅果然应邀而至，有拿一千的，有拿五百的。萧何一一作了登记。

刘邦不知从哪里听到了这件事——帖子并没有他的份儿，好饮酒使性的脾气又上来了。于是，他大摇大摆地去赴宴。

进了县令家的大门，刘邦见萧何正在那里登记贺礼，心想：“糟了！吃酒还得交钱啊！”

头脑一转，他厚着脸皮在礼簿上写上“贺仪一万钱”，把萧何弄得目瞪口呆。唱礼人报上此数，厅内急忙有请。

肥吃肥喝了一顿以后，萧何等人守在外面迟迟不走，想等着看一看刘老三拿不出钱来的窘态。

他们等啊，等啊，谁知道等来的却是刘邦已与吕文的长女吕雉订婚的消息。一个个真是“张飞拿耗子——大眼瞪小眼”了。

吕雉是怎样成为刘老三的妻子的呢？话还得从吕雉的父亲吕文谈起。

吕文其人，自称精于麻衣神相。就在这次酒宴之间，他见刘邦谈吐不俗，又状貌特殊——史称刘邦“高鼻子，长颈，面貌有龙相，须髯特美”，因而对刘邦异常敬重，径引刘邦坐贵宾席位。宴席结束以后，吕文又以目示意留住了刘邦，郑重其事地对他说：“我从年轻的时候起，就好给人看相，我相过的人不谓不多，可是没有一个能比得上你刘老三的。年轻人，希望你奋勉有为！”

见刘邦一副似信非信的样子，吕文接着说道：“听说你尚未婚配，我有一个女儿，颇不俗，情愿许与你为妻！”

穷困潦倒的刘邦平日里尽是“做梦娶媳妇”，现在却“天上掉馅饼”，焉有不受之理？因此，虽有吕母从中作梗，吕雉还是遵从父命，嫁给了当时常常身上不名一文的刘邦。婚后不久，吕雉产下一女，此女后封鲁元公主。

公元前二一〇年，吕雉为刘邦产下一子。此子即是后来西汉王朝的第二任皇帝孝惠帝。

从结婚到两个孩子出世，是段暗淡无光的日子，至少对吕雉来说是如此。老父赞不绝口的老公刘邦仍然是戴着顶竹皮斗笠，整日里四下闲逛，不事生产。为了糊口，吕雉不得不抛头露面，亲自下田劳作。

一个炎热的下午，天空中飘着几朵淡淡的白云，阳光像火一样炙烤着大地，吕雉正带着一儿一女在田里耕作。

“这位娘子，”一个苍老的声音突然响起。吕氏抬头一看，面前不知什么时候来了一个老者。此老者虽一身布衣，却双目有神，鹤发童颜，举止不俗。

“这位娘子，小老儿急于赶路，没有带足饮水，见娘子垄头有一水瓮，不知可否匀些水给小老儿？”

当时的吕雉还不像后来那样心黑手毒，因而很爽快地答应了老人的请求，而且还额外给了老人一些吃的。

老人很感动，要为吕雉算命。

“算命？”吕雉心想，“算什么命！我爹号称麻衣神相铁算子，却为我找了一个二流子丈夫，我的命好不了！”

但见老人一脸真诚，她不好意思拂了老人的美意，就答应了。

老人端详了吕雉好半天，然后开口说道：“观夫人之相，乃天下之贵人！”

尽管不完全相信，但人还是喜欢听奉承的，因此吕雉很高兴，又请老人为一子一女算命看相。

“夫人所以能够大贵，”老者一边端详着刘盈（即后来的孝惠皇帝），一边说，“实在是此子之缘故啊！”接着又相看吕雉之女，老者认为她也是贵相。

看看已经耽搁了不少时间，老人挥挥手告辞了。

“我是天下的贵人，我是天下的贵人！”吕雉这里正喜滋滋地重复着，冷不防一个声音从她的身后传来：“你念叨什么呢？”回头一看，原来是多日不见的老公刘邦。

人逢吉言精神爽，吕雉遂把老人相面之事一五一十地讲给丈夫听，说那个老人相她和一子一女皆是大贵之相。

“大贵？怎么个大贵法？我倒要问问！”刘邦自言自语了几句，然后问：“此老者何在？”

“刚刚离去，估计不会走得太远！”

刘邦听了，便沿着吕雉所指方向追去……

公元前二四六年，时刚刚继任王位的秦王嬴政就开始征集天下民夫修建骊山陵。该项工程即使在今天看来，工程量也十分浩大。据《史记·秦始皇本纪》记载，工程的原材料有北山的大石，四川、荆楚的大木，等等。这些东西，不要说古代，即使是现代，运起来也是蛮费事的。

为了保证工程顺利进行，秦始皇“隐宫徒刑者七十余万人”，让他们去骊山服苦役。骊山陵的修建持续了三十九年，换句话说，就是一直到秦始皇死后两年，陵墓才修好。

公元前二一〇年十月，刘邦奉沛县县令之命押送一批刑徒前往骊山。

途中，被押送的这批苦役有三分之二的人开了小差。见捆绑不成，刘邦索性好人做到底，当走到平西山泽之中时，将剩下的那些囚徒全都放了。其中有十多个青壮年不愿走，自愿跟着刘邦。天色渐晚，一行人决定抄小道。刘邦命一人前去探路，不一会儿此人折返报告：“前方有一大蛇挡路，我们还是回去吧。”醉意正浓的刘邦怒斥：“大丈夫行其道，有何可畏惧？”于是上前，怒斩白蛇。继续前行了一会儿，众人太困，就睡下了。

后边有人走到了刘邦斩蛇的地方，看见一老妇在哭泣，于是上前询问老妇人为何如此伤心。妇人说道：“有人杀了我的孩子。”当问及孩子被杀的原因时，老妇人说：“我的孩子是白帝之子，化为蛇，挡了路，就被赤帝之子斩杀了。”说完便不见了。

此人往前走，正好赶上了刚睡醒的刘邦，便将此事告诉了他。刘邦听后自是得意扬扬，跟随他的人以后也更加敬畏他。

当然，刘邦还不至于被一段奇遇和几句吉言冲昏头脑，至少此时尚能清楚地意识到自己放走刑徒闯下了大祸，按秦律，私放刑徒逃走是有杀头之罪的！怎么办？三十六计，走为上策，刘邦只好避入芒、砀二地的山泽岩洞之间。

却说吕雉在家中左等右盼也不见丈夫归来，如狼似虎的官府差役几次吼叫着向她逼问丈夫的下落。虽然得到父亲好友沛县县令的周全，她和孩子可暂保太平，但长此以往，也不是个办法啊。

思来想去，吕雉替自己拿了个主意：万里寻夫，就是找遍天涯海角，也要找到老公。

恰好，有一个苦役私潜回乡。感激于刘邦的恩德，他将刘邦隐身的大致方位芒、砀二山告诉了吕雉，并愿意带路前往。

吕雉谢绝了那名刑徒的好意，自己带着一儿一女历经千难万险，来到了芒、砀二山，找到了丈夫。见丈夫虽然又黑又瘦，但身边却已聚集了几十号人时，吕雉真是又难过又高兴。

刘邦迫不及待地将自己斩白蛇的奇遇告诉了妻子吕雉。“赤帝之子”这四个字久久盘桓在吕雉的脑海中。思之良久，机智的吕雉结合刘邦和自己的贵人命相突然有了主意：她决定加一把柴，让丈夫这个“赤帝之子”的身份更加名正言顺一些……

当时，民间因始皇帝多次巡视东方，而有谣言说始皇认为“东南有天子气”，吕雉的文章就从这个传说做起。

她特意安排了一个与丈夫在大庭广众之下当着众弟兄面重逢的场面。

根据妻子的安排，刘邦一见吕雉，第一句话就问：“你是怎么找来的？”

“夫君藏身之处，上面经常有五颜六色的云气。这种云很特殊，我依着云气找来就找到了你！”

这个心眼儿玩得正是时候，因为不久就爆发了陈胜、吴广起义，之后各地人民响应。刘邦正是借助于“有天子气”环绕左右和之前的斩白蛇奇遇，才迅速聚拢了人气，成为号令一方的义军首领的。

陷楚汉之争，沦为阶下囚 平夺嫡风波，愤造活人彘

公元前二〇五年，刘邦用韩信计，明修栈道，暗度陈仓，挥师关中。连破塞王司马欣、翟王董翳、河南王瑕丘申阳后，刘邦又乘项羽不在之机，引军直捣项羽之老巢彭城。

项羽闻听此讯，大怒，移师西返。从鲁地出胡陵，到了萧县，楚军与汉兵大战于彭城灵璧之东、睢水之上，并大破汉军。汉军士卒死伤累累，睢水为之不流。

就在这次战役中，吕雉连同公爹（刘邦之父）刘太公一起被项羽的楚军所俘，成了人家的阶下囚，所幸一子一女得逃。

疾风知劲草，在面临生命危险之时，刘邦的表现是大大不如吕雉的。

据史料记载，当项羽的大军追来时，刘邦曾数次将亲生儿子刘盈推

下车，多亏手下人忠心耿耿，未来小太子的性命才得以保存。

而吕雉面对项羽、范增等人的软硬兼施，始终没有给刘邦丢脸，至少《史记》上是这样记载的。

公元前二〇三年，楚汉军队相持于广武。项羽以吕雉、刘太公的性命作要挟，企图迫使刘邦就范。

刘邦说出了一句颇为无耻的“千古名言”：“吾翁即若翁，必欲烹而翁，则幸分我一杯羹！”——意思是说，刘太公是我刘邦的父亲，也如同你项羽的父亲一样，如果你一定要烹杀我的老父，那留一杯羹给我就行了。

多亏有项伯等人说情，狂怒的项羽才没有将刘太公和吕雉处死。

此时的吕雉，已与丈夫结婚近十年，生儿育女，一日夫妻百日恩，但丈夫就是这样对待她和老父的，吕雉心里的滋味想必不会怎么好受吧！

不好受的事情还在后头呢！

还是在当汉王而未称帝之时，刘邦就又宠上了一个被称为戚姬的女子。以后连年征战，年轻貌美的戚姬逐渐取代了吕雉，常跟随在刘邦左右。

不久，戚姬为刘邦产下一子。爱屋及乌，刘邦封戚姬所生之子为赵王，为他取名如意。

少年时的如意确实是处处如意的。由于他自小就受到良好的教育，所以，他处处强于他的哥哥——吕雉所生的刘盈。

刘邦一共有八个儿子：长子刘肥，因系与人私通而生，不受重视；次子为刘盈；三子就是赵王刘如意。赵王如意长大以后，刘邦渐渐讨厌起次子刘盈，多次想把他废掉而改立赵王如意，吕雉对此十分忧虑。

汉高祖刘邦称帝后第二年（前 201 年）秋季的一天，在刚刚由相国萧何主持建成的未央宫正殿，一向很少郑重其事地与大臣们议事的刘邦召集众文武，想要宣布废立太子一事。

知夫莫如妻，吕雉从丈夫最近的一连串古怪行动中，预感到将有大事发生。于是，她悄悄躲到前殿东厢，在那里偷听殿上对话。

殿上一片死寂。

片刻，一个声音缓缓地说：“今天叫众爱卿来，是想宣布朕的一项决定：朕打算废掉现太子盈，而改立赵王如意！”

虽然早就有预感，但亲耳从丈夫口里听到这一惊人消息时，吕雉还是差点给气晕过去。这阵短暂的眩晕，使得吕雉没有听清殿上诸文武的反对意见。她只是听到丈夫不断重复："朕意已决！卿等不必多言！"

"完了！完了！"吕雉暗暗在心里叫苦不迭，"这帮文臣武将，个个都是饭袋酒囊！就知道保全自己的富贵功名，没有一个肯出头来为我们娘儿俩说话……"

突然，一个结结巴巴的声音透过隔音并不很好的墙壁传了过来："陛……下，不……不可！"

"是周昌！"刚才已经完全绝望了的吕雉，现在仿佛突然抓到了一棵救命稻草，"这下我们娘儿俩可就有救了！"

为什么吕雉会对周昌寄予这么高的期望？周昌是谁？他做过些什么事呢？

据史料记载，周昌系西汉初年名臣。他本是秦朝的泗水卒吏，秦末农民战争中归顺刘邦，从刘入关破秦，先任中尉，后封汾阴侯。其时，周昌正担任御史大夫一职。他是少有的几个敢向刘邦死谏，并为刘邦所畏服的大臣。

有一次，刘邦喝醉了酒，正在后宫与戚姬调笑。周昌因有急事求见，刘邦衣衫不整，一手端着酒杯，一手搂着戚夫人接见周昌。一向端谨守礼的周昌见皇帝如此轻浪，不由怒从心头起，一句话也没说，就退了出去。

刘邦当然知道周昌为什么会不言而退，借着酒色盖脸，他想和周乐一乐，让戚姬开心。于是，他摔下酒杯和戚夫人三步并作两步追上了周昌。

见皇帝出来了，周昌只好跪下接驾。

乘着酒兴，刘邦一下子骑在了周昌的脖子上，以一种十分轻慢的口吻说："都说你说话直言不讳，你看朕像古时的何君何帝？"

"皇上，皇上是……桀纣之君！"周昌结结巴巴，但却毫不避讳地答道。

刘邦觉得很是扫兴，但他并没有发怒，因为他还有几分自知之明，知道以"醇酒、妇人"接待大臣有失君王体面。

经过这件事情之后，刘邦甚至连萧何的话都不听，但对周昌的直言进谏却不由得怀有几分敬畏。

因此，他见周昌结结巴巴说“不可”时，没有说什么“朕意已决”之类的话，而是用比较温和的口吻问道：“卿意如何，不妨慢慢讲来！”

“臣……臣，口虽不能言，但臣期……期……知其不可！陛下倘废太子，臣期……期……不奉诏！”周昌面带怒容，因心急而口吃得更加厉害，脸憋得通红，引得刘邦展颜一笑，殿上的空气算是缓和了下来。

吕雉的心也落回到了嗓子眼里。

此次废立，因有周昌死命苦谏，再加上一些老臣如留侯张良等人的反对，只好暂时搁浅。

据记载，为了酬谢周昌谏阻废立太子之恩，吕雉曾向周昌行过跪拜大礼。周昌于还礼之余，开始对吕雉这个女人为达目的不择手段的处事方法有了一定的了解。

公元前一九六年夏，称病在家的留侯张良的家里突然来了一位不速之客。

客人名叫吕释之，系吕雉之兄。他是奉吕后之命前去就如何防止刘邦再提废立一事，求教张良的。

张良婉拒，说：“今非昔比了！运筹于帷幄之中，决胜于千里之外，那是打仗时的事。皇上那时肯听我进言，是因为我可脱皇上的急困！”

“先生能脱皇上的急困，为什么不能帮帮太子呢？”吕释之恳求道。

“此乃皇上家事。皇上因宠戚夫人而欲立赵王，为臣子者焉可轻易置喙！”

“太子可是皇后所生，先生眼看太子被废不为出计，不怕皇后怪罪吗？”

“建成侯（即吕释之，时封建成侯）听说过商山四皓吗？”

“商山四皓？什么意思？”吕释之满脸不悦，心想：“张子房啊，张子房，你可坏透了！我诚心诚意地衔皇后之命来向你请教，你却和我谈起什么‘四皓’。”于是，他脱口问道：“四皓和我们说的这件事有什么关系？”

张良像是没有听见吕释之的话似的，自言自语道：“商山四皓，即东园公、绮里季、夏黄公、甪里先生四位高士之代称。据云四人德高望重，因避秦乱而隐居在商山。听说皇上曾欲礼请他们出山，但他们却因皇上轻慢好侮而坚持不出。倘能以太子的名义，修书一封，派一能言善辩之士携带四份重礼，厚币甘言，敦请他们出山，请他们去做太子宾客，然后故意使皇上知闻，则太子之位庶几可保！”

“谢谢先生！”吕释之作揖不迭。

“谢什么？为什么谢？”张良一副莫测高深的样子，“我可什么也没说！”

“好，好，那就谢谢先生的什么都没说，我也什么都没有听到。”吕释之赶紧告退。

吕雉听了吕释之的禀报，觉得张良不愧为智囊。于是，她想千方设百计请来了商山四皓。

公元前一九六年七月，淮南王黥布反，东进取荆王刘贾之地，北进渡淮。楚王刘交败走入薛。

一时间，汉朝宫廷内部阴云密布。刘邦其时正患病卧床，派谁领兵去讨伐黥布？刘邦想到了太子刘盈。

此令甚毒，刘盈从无统军经验，若得胜还朝仍是太子——不过这几乎是不可能的；若出一点纰漏，定会予戚夫人及刘邦以口实。

刚刚充任太子宾客不久的商山四皓去见吕释之，请他转告吕雉：找机会劝皇上，千万不要派太子领兵。因为黥布的资历几与皇帝陛下相等，而作战经验更与韩信、彭越鼎足而三。而且，汉军的大将都是老臣宿将，令太子统率他们，多有不便，倘黥布知悉，定会肆无忌惮。于国于家计，无论如何也要请陛下御驾亲征。

刘邦听了吕雉的话，虽然是一百个不愿意，但却不能不认同，于是发起牢骚：“我说这小子（指太子刘盈）没用，不足以担当重任，果真如此，有事儿还得让他老爹上阵！”

公元前一九五年十月，刘邦在蕲西击败黥布，黥布逃走。汉高祖遣人追击，自己班师。班师的原因有二：一是作战中黥布以箭射中了刘邦，刘邦急于回去养伤；二是刘邦想回去重提废立之事。

此次刘邦虽然伤得很重，可是改立赵王如意的想法却一点也没动摇。

吕雉忧心如焚，再次问计于张良。张答道：“何不请陛下一见四皓？”

某次庆典之后，太子刘盈由东园公、绮里季、甪里先生、夏黄公四老陪同上殿向父皇刘邦致贺。

漫不经心的刘邦突见四位鹤发童颜的老者随侍太子左右，很是奇怪，遂问道：“此四者何人也？”

四皓上前，揖而不拜，各自通报了姓名。

闻听眼前四人就是自己一向罗致未果的商山四皓，刘邦大惊失色。

“朕曾数次礼请四位先生，缘何却应太子之聘？”刘邦问。

“陛下一向轻士善骂，老臣等四人不想受辱，是以不来；太子仁孝之名远播，且又尊礼读书人，天下士子皆愿勠力辅助，老臣等也不想甘居人后！”

刘邦闻听，默然无语。

行礼毕，太子引四皓退出。刘邦义愤难平，召戚姬前来，指着四皓的背影说：“事不谐矣！朕本欲废掉太子，孰料商山四皓乐为之所用，命乎！”戚姬听了，暗暗饮泣。刘邦为了安慰戚姬，苦中寻乐地对她说：“你起来为我跳一支楚舞，我以楚歌和之。”说完，刘邦也不管戚姬是否愿意，就以手击节，慨然歌曰：“鸿鹄鸟往高飞，一飞就是千里。它羽翮已长成，可以纵横四海。它能纵横四海，你又能奈它何？虽然有矰有缴，但拿它去射谁？”连歌数遍。

戚姬抱头大哭，哭声直达吕雉所居未央宫。吕雉笑了，这是一种神奇的笑。

公元前一九五年四月甲辰日，刘邦崩于长乐宫。

吕雉与审食其密谋杀尽将帅后再为刘邦发丧，亏得将军郦商陈说利害，吕雉才在四月丁未日（刘邦死后第五天）为夫发丧，五月丙寅日，把刘邦葬于长陵。

安顿好丈夫的灵柩以后，吕雉腾出手来开始对付死对头戚姬以及戚姬之子赵王。

其时，赵王如意已经封到赵地，吕雉就先囚禁了戚夫人——注意，没有任何罪名。吕雉此举可谓“震古烁今”，开了千古以来“官大一品压死人”的先例。然后，吕雉开始对付如意。

据说，宋高宗赵构曾以十二道金牌急召岳飞，吕雉之召如意，虽然没有用上十二次，但也足足用了三次之多。

未及弱冠的赵王怎么敢抗旨三次呢？原来是因为他有一个与众不同的相国——周昌。把周昌安排给如意做赵国相国，这是汉高祖刘邦的一着妙棋。

每逢使者前来传吕后命令，征召赵王进京时，周昌都以“赵王正在生病，不能奉诏”为辞，给顶了回去。

吕雉听了非常生气，但又没有别的办法，最后只好釜底抽薪。她将周昌召回长安，然后派人将赵王如意抓回。

吕雉为什么对如意这样穷追不舍呢？我们不妨把历史的长镜头推回到遥远的长安，推回到未央宫中的永巷。

那里，有一个女人正在一边用娇嫩的双手握着石杵舂米，一边幽幽地唱着自编的小曲：

子为王，母为虏！终日舂薄暮，常与死为伍。相隔三千里，使谁告诉汝？

这个女人就是戚姬。她不服从“劳动改造”，还自编小曲，把希望寄托在儿子赵王的身上。这双料的“罪名”不久就为吕后知悉。

于是，吕雉不遗余力地将赵王如意召回长安。她要先除掉赵王，然后再一点一点地折磨戚夫人。

且说赵王如意奉诏回京，在长安城外竟意外地遇到了二哥惠帝刘盈。

刘盈虽是吕雉之子，但却天性仁慈，他是专门出城来保护同父异母的弟弟的。将如意接进宫中之后，刘盈与他食则同席，寝则同床，出则同车。吕雉要顾及亲生儿子的性命，不敢贸然下手。

汉孝惠帝元年（前 194 年）十二月的一天，孝惠帝刘盈出去打猎，赵王如意没有起得来而留在宫中，他年纪毕竟太小了。吕雉瞅准了这千载难逢的机会，派人到赵王的寝宫，扯着耳朵给他灌下了一杯毒酒。等到天光大亮，刘盈早猎回来时，如意已经死了。吕雉告诉儿子，如意是得暴病死的，刘盈不信，但也毫无办法。

汉孝惠帝二年（前 193 年）夏季，吕雉追封死去的兄长周侯之后，突然想到永巷去看看。还没等走到永巷，她就听到戚姬那特有的略带磁性的楚音正在哀怨地歌唱。其辞曰：

鸿鹄高飞，一举千里。羽翮已就，横绝四海。横绝四海，当可奈何……

“这个贱婢！”吕雉暗暗在心里骂道，“还在唱刘老三那首《鸿鹄曲》！我本想饶你，现在可怨不得我了！”

怎么折腾她呢？吕雉想到刘邦生前，戚姬得宠时，常骂自己是猪（彘）。“好，老娘叫你这个贱人，当一个货真价实的猪！”吕雉恨恨地说。

然后，她派人斩断戚夫人的手脚，挖去戚夫人的双眼，用火烧灼她的耳朵，把她的嗓子也搞哑了（灌了一种使人致哑的药）。一切都慢条斯理地做完以后，吕雉这才命令将一向白白嫩嫩的戚姬丢进厕所，并传令：自今以后，宫中人一律以“人彘”来称戚姬。

一千多年以后，清朝的雍正皇帝，为了争夺帝位，曾将几个兄弟拘禁，并蔑称他们为“阿其那”“塞思黑”，即俎上之鱼、讨厌鬼，后人已讥讽雍正心黑手辣。与吕雉相比，雍正也只能甘拜下风了，因为雍正只是称其兄弟为讨厌鬼，仅此而已！

清障碍，因排座次欲杀庶子
谋权位，令儿子婚配外孙女

汉孝惠帝二年（前 193 年）十月，楚元王刘交（刘邦之弟）、齐悼惠王刘肥（刘邦长子）等奉吕后命令前来朝见皇帝和太后。

正式朝见已毕，吕雉、刘盈设家宴招待齐王（楚王因与吕后系叔嫂，不便单独接见）。就座入席时，一向谦恭好礼的刘盈因系家宴，刘肥又是长兄，就请刘肥坐上座。而刘肥呢？也不识好歹，看不出太后的眉眼高低，没怎么谦让就坐在了上位。

吕后见了大怒，她立即命人拿来两杯毒酒，放在自己的桌前，伺机要毒死齐王刘肥。

按照礼节，刘肥应为吕后请安祝寿，并要喝下吕后赐给他的酒。谁知人算不如天算，齐王起身祝寿时，刘盈也跟着大哥一起来了。他们小哥俩拿起酒杯一起向太后问安。

吕雉大惊失色，站起来一把夺过刘盈的酒杯，倾倒在地。一个念头瞬间闪过齐王刘肥脑际："酒中有毒！"

想到此，刘肥便佯装酒醉，一失手，"啪"地一声，把手里的酒杯摔到了地上。

左右的人过来扶住了齐王。离开宴会会场以后，齐王甚是恐惧，以为无法离开长安了。

就在刘肥辗转反侧、寝食不安时，他手下的内史士为他开了一剂解忧的"处方"。内史士对刘肥说："太后只生有今上和鲁元公主，对他们宠爱异常。现在大王您拥有七十余城的封地，但公主却只有数城的食邑。倘若您能以一郡献给太后，作为公主的领地，太后必定会很高兴，大王您也就可以免除忧虑了。"

刘肥听了，觉得有理。于是，他立即上书吕太后，请求献出城阳郡来作为鲁元公主的汤沐邑。书上，吕后仍不十分满意。

通过接近吕雉的人，刘肥知道太后有逼使自己认鲁元公主为母的想法——这个想法很怪，但史书中确实是这样记载的！

"什么？认鲁元公主为母？"刘肥诧异地问，"公主与孤系同父异母的兄妹，焉有长兄认小妹做娘的道理？"他愤愤不平。

"大王息怒，"传话的人更正说，"太后可没说让您认公主为母，而是让大王您尊公主为太后。"

"太后？不是有了一个太后了吗？难道要弄出两个太后？"

“非也，非也。不是皇太后，而是王太后。”传话的人话里有话地说，“一郡之地都已让出，大王还计较什么名分呢？赵王可好，与太后较劲，结果怎样呢？”

刘肥想了想，也是。于是，他再次上书，请皇太后吕雉批准，尊鲁元公主为王太后。直到此时，吕雉才转怒为喜，就在齐王刘肥在京的宅邸大摆酒宴，与齐王联欢。欢饮后，吕雉便让齐王返回封地。

吕雉不仅逼庶子乱辈分，甚至连亲生儿子也不放过，当然后者是另有所图。

孝惠帝刘盈继承帝位时年已十七岁，按古时早婚的习俗，已到了娶妻生子的时候。

该给儿子娶个什么样的老婆好？吕雉没少动脑筋。娶个貌美的？不行，要是娶来个“戚姬”第二呢；娶个善女红的？不行，宫内根本用不着皇后缝缝补补；娶个公侯将相之女？不行，谁知道那些公侯将相中，哪个是韩信、彭越一流的同党叛逆呢？

思来想去，吕雉想起了一个人。“还是她保险！”吕雉自言自语道。“她”是谁？宣平侯张敖之女是也。

吕雉得意扬扬地把自己这一想法说给儿子听时，遭到了儿子的激烈反对。

在提倡“父母之命，媒妁之言”的汉代，刘盈为什么要激烈反对母亲为他许下的这门亲事呢？

因为刘盈不想乱伦。

原来，宣平侯张敖乃是刘盈的姐姐鲁元公主的丈夫。张敖之女乃是刘盈的外甥女。

“母后已逼使大哥（刘肥）尊小妹为王太后，难道还想让亲生的儿子也背个乱伦的黑锅吗？”刘盈心想。

他屡次三番地向母后进言，认为娶姐姐之女为妻，乃是为传统礼义所不容的乱伦行为，万万不可为。

“礼义？”吕雉听了儿子的话撇撇嘴说道，“礼义岂为我辈所设！”

“不管怎么说，孩儿也不想娶宣平侯之女为妻！”刘盈态度很坚决。

“好啊！好啊！”吕雉来了个“一哭二闹三上吊”，有声无泪地号了起来。她抽抽搭搭地责备说：“你老爹尸骨未寒，你也跟他学了起来！你也没想想你的皇位是怎样来的，那是老娘厚着脸皮，想尽一切办法给你争来的！现在可倒好，翅膀硬了，不听老娘的话了！”

见娘又哭又号的，刘盈没了主意。他原本就不是个心狠的人，于是一咬牙一跺脚说了句“听娘的安排”，就算了结了此事。

吕雉为什么要让儿子娶外孙女呢？这里面有个说不出口的野心。原来，吕雉想要将刘氏的天下变为吕家所有。丈夫刘邦以一介布衣，手提三尺长剑竟能开创帝业，自以为并不比丈夫逊色的吕雉，正是想通过让儿子与外孙女联姻的方式，一点一点控制住儿子，然后得便时封诸吕为王，进而自己称帝。这一点可以从孝惠帝死后，吕雉又让吕禄之女做孝惠帝的下任小皇帝的皇后一事得到进一步的证明。

刘盈作为吕雉和平演变这盘棋上的一颗棋子，只好与外甥女燮理阴阳做夫妻了。

真不知汉帝国的未央宫中，是否如《红楼梦》中的柳湘莲柳二爷所说，除了门前的石狮子干净以外，还有没有再干净的东西了！

连害三赵王，其心何忍
竟死于腋伤，夫报应乎

公元前一八〇年八月丙午日，齐哀王刘襄起兵伐诸吕。在起兵檄文中，有这样的话：“高帝平定天下，封子弟为王，悼惠王封在齐地。悼惠王死，孝惠帝使留侯张良立臣为齐王。孝惠帝死，太后专权，因年纪大，听凭诸吕废立皇帝，又连杀如意、友、恢三赵王……”檄文中提到的悼惠王即我们前面所提到的刘肥，他是这次起兵的刘襄之父，这是读者所熟知的。那么，“连杀如意、友、恢三赵王”是怎么回事呢？

这些都是吕雉的“杰作”。

第一个赵王刘如意是怎样被吕雉害死的，前面已经提及，后两个赵王又是怎样惨遭吕雉毒手的呢？

第二个赵王姓刘名友，本系刘邦所封的淮阳王，其母姓氏不详。《史记》上提及他时，只称他为“诸妃妾子”。

汉孝惠帝元年（前194年）十二月赵王如意被毒死以后，吕雉将刘友改封为赵王。

说老实话，除了亲生儿子以外，吕雉是对谁都放心不下的。她之所以改封刘友，乃是一种权宜之计。为了监视、控制刘友，吕雉硬是把自己的侄女吕姬赐给刘友为妻。

刘友其人，天生对吕氏的女人有一种厌恶感。因此，虽然迫于太后的淫威，他不得不对吕姬明媒正娶，但他却对吕姬没有一点感情，甚至连“欲”都没有。

娶了吕姬不久，刘友又纳了一妾，夜夜住在新纳的小妾宫中。一向自以为高人一等的吕姬哪受得了这个，遂对刘友进行诬陷。她向吕后进言，说赵王刘友曾说过：“太后怎么敢封诸吕为王，先帝曾有言‘非刘姓而王者，天下共击之’！待太后百年后，我一定要起而攻之！”

吕雉平生最忌讳的一点就是别人非议她封吕氏宗族为王，因而大怒，立召刘友入京。

刘友并没有周昌那样得力的相国，因而一召即来。到了京师之后，刘友发现自己陷入了一个巨大的阴谋之中：吕雉将他召回京师，却始终躲着不肯见他；将他安置在官邸里，却不许他手下的人与他见面，而是令一群素不相识的凶狠武士对他实行软禁；他很饿，但自打到了京师就没有吃到任何东西！群臣中谁胆敢拿东西给他吃，若是被吕后知道了定会遭殃。

人在饥饿中，头脑最容易清醒。思来想去，刘友明白了，是吕姬在捣鬼，而站在吕姬背后的是岿然不动的吕太后。于是，他悲愤地低吟道：“吕姓用事，刘姓就危荡！威胁王侯，硬要我娶吕女。吕女嫉妒竟以罪诬陷我。像这样好进谗言的女子，在上位的难道不知道吗？我不是忠臣吗？那为何被国家摒弃？途中自杀于荒野中吧！是非曲直天能辨！唉，后悔也晚了，宁愿早点死了算了。做国君的饿死于此，却有谁可怜我呢？吕氏无理闹之事，只有托付上天以报我仇恨了。”

高后七年（前 181 年）正月丁丑日，赵王刘友被吕后活活饿死于官邸中。死后，吕雉对他仍心怀怨毒，下令追夺刘友的赵王爵位，改用民礼将他葬于长安附近的普通民冢之中。

就在逼死赵王刘友这天，突然发生日食，这在不明天象变化的古人看来似乎预示着什么。

这一年的二月，吕后又把刘邦的另一个儿子梁王刘恢改封为赵王，而让自己的娘家侄子吕产做梁王。梁王刘恢被改封为赵王以后，鉴于两个前任的教训，不肯前往赵地上任。吕雉让他当了几天帝太傅后，硬把他赶到了赵地。

临行前刘恢在吕雉的胁迫下，娶了吕产的女儿。

也许是见刘恢软弱可欺吧，吕雉特意给吕产的女儿配备了一群吕姓的侍从。吕产的女儿对她这个表叔丈夫倒不是很坏，可是那班吕姓奴才却个个受了吕雉的唆使，专权用事，暗中侦伺赵王刘恢。

在他们的挑拨之下，吕产的女儿也开始变得骄横起来。刘恢原本娶有一妻，因吕产之女系太后指婚，刘恢原来的妻子只好退居为妾。

人都说“女子重前夫，男人爱新欢”，但刘恢这个人却对原来的妻子拳拳情深，常常背着吕产的女儿去与她幽会。天长日久，被吕女侦知，醋意大发的吕女责令人将刘恢的前妻毒死。

自己的一举一动常受到监视，爱妾又被毒死，刘恢苦闷至极。一次饮酒过后，他乘兴作歌诗四章。歌云：

今夕何夕兮，举杯感怀。明月照我兮，独不见卿。离情何寄兮，开缄泪续，幽冥同此心兮，相思万里！

写毕，刘恢命乐工演唱，听着听着他泪如泉涌。

那班吕姓侍从真是没有一点心肝，他们继续向吕雉打小报告，称刘恢也“心有怨望”。吕雉听了，竟信以为真，下令追查，派去的又是一班吕姓亲信。

刘恢见了这些人，自知不是对手，一狠心便服毒自杀了。

消息传到京师，吕雉撇了撇嘴，说："便宜了这小子！"然后，吕雉以赵王因妇人之死而弃置宗庙为罪名，废掉了刘恢的王爵。

公元前一八〇年三月中旬，吕雉按照朝廷惯例，前往渭水河边，举行除灾祭礼。礼毕返回宫中，路过轵道时遇一物。

这轵道本系古道路名。有很多古史今译的书，包括海外学者的专著提及此处的轵道时常使用其本义，以为太史公撰《史记》时仍沿袭旧义。殊不知轵道还有一义，系古亭名，"轵"亦作"积"。

《后汉书·郡国志》中有"霸陵县有轵道亭"，其地在长安东北，乃是从未央宫到渭水的必经之地。

而且此轵道曾因公元前二〇六年刘邦挥师西上，秦王子婴于此投降而在汉代大大有名。而作为"古道路名"的轵道却在今河南济源县境内。无论如何，吕雉也不会在从渭水河边返回长安时发神经走到河南去的。

此系题外的话了。且说吕雉路过轵道亭时突见一物，变幻如云，盘旋于自己腋下，吕雉免不得失声惊呼。待卫士几步赶至，其物已倏然而去。众人忙问太后缘何惊呼，吕雉默然无语。左右四顾，但觉天地幽幽，万物俱寂，似乎什么事都没有发生过。只是一向体健如牛的吕雉回宫后，突然患起腋病来了。

病症已现，不由吕雉不疑，于是她下令宣召主管天文历法的太史占卜吉凶。

太史排八卦，据卦象反复推究，认为那状如白云苍狗之物，乃系赵王刘如意死后鬼魂作祟，便据实上报。

吕雉半信半疑，叵耐延请医官调治的结果是百治无效。不得已，她只好密遣心腹太监，到赵王如意墓前祷告。也许是结怨太深吧（姑妄言之），赵王如意的鬼魂竟不肯放过吕雉，从此吕雉"木匠做枷——自作自受"起来。这腋痛之苦，白天还能勉强忍耐，每当夜深人静之时，则苦痛难挨，吕雉几乎不能支持。

饶是如此，人的体能也不是永动机。转眼到了这一年的七月中旬，吕雉自知将要一病不起，就撑着病体，下令任其侄赵王吕禄为上将军率领北军，其侄吕产率领南军。

临终前，吕雉念念不忘保住诸吕已有的基业。她断断续续地告诫吕产和吕禄说："高皇帝（刘邦）平定天下时，跟大臣们相约说'非刘姓而王者，天下共击之'，现在吕姓为王，朝中诸老臣都愤愤不平。我即将离世，皇帝还年幼，大臣恐怕会在我死后叛变。你们一定要拥兵保护宫室，千万不要专于丧葬之事，以免为人所利用。"

公元前一八〇年七月辛巳日，吕雉去世。临终前，她留下诏书以吕产为相国，吕禄之女为皇后，令其门客审食其为帝太傅。

经过这样一番安排，吕雉以为就可万无一失了，其实并非如此。

凡有才能，不顺我者杀
自掘坟墓，诸吕焉不亡

司马迁在《史记》中称吕雉其人"坚强刚毅"，并认为诛杀大臣的谋略多出自吕后，这个判断是正确的。

佐刘邦灭项羽、平定天下的功臣除萧何、张良以外，当数韩信、彭越。

萧、张二人一系刘邦老友，一信奉黄石公的求仙访道之说，与世无争，都无足挂怀。唯有韩、彭二人对刘邦的统治构成很大的威胁。刘邦本人也深知这一点，但他并没有诛杀二人的主意。

韩信、彭越之所以落个"狡兔死，走狗烹；飞鸟尽，良弓藏"的下场，主要是因为吕后认为他们非死不可。

众所周知，韩信在楚汉相争中是个举足轻重的人物，当时有他"向项则刘败，向刘则项亡"的说法。在楚汉相争最激烈的相持阶段，项羽曾派人去劝韩信不要死心塌地跟着刘邦，韩的价值是因为刘邦有项羽这个劲敌才显示出来的。韩信手下的谋士蒯彻也曾劝韩自立为王，与刘、项三分天下，但韩信基于刘邦筑坛拜他为大将的义气，都没有动心。以

后刘邦诈游云梦泽，突然将韩拘捕，降封为侯爵，韩信也无怨言。就是这样一个有功之臣，一个曾经甘于忍受胯下之辱的有功之臣，吕雉也不肯放过。在丈夫刘邦领兵在外时，她捏造了一个罪名，将韩信杀了。

梁王彭越，也是刘邦手下著名大将，他擅长游击战，当楚汉相争时常率军出没于楚军后方，牵制项羽。垓下之围时，他率军参战，帮刘邦完成了对项羽的最后一击，以功被封为梁王。只因刘邦请他出兵讨伐陈豨，他没去，惹火了刘邦，才被废为庶人，发往蜀地安置。

彭越的命也真够不好的了，在前往蜀地的路上竟遇到了吕雉。吕雉问明情况，假作关心将彭越骗回长安，然后以不能纵虎归山为名，将彭杀死，并剁成碎块，做成人肉酱，派人分送各异姓王，以示威慑。

吕雉一生杀来杀去，还是自己留下了几个掘墓人。他们是周勃、陈平、刘章。

周勃、陈平，他们二人在吕后朝一个是太尉，一个是左丞相。关于他们二人，熟悉汉代历史的人想必不会陌生。

刘章又是何许人也?

刘章是刘肥的次子。刘肥的齐王位置传给了长子刘襄，刘章被吕后封为朱虚侯。

被封为朱虚侯时，刘章只有二十岁。他血气方刚，见刘氏子孙被吕后杀的杀，废的废，常常愤愤不平。

吕后生前就曾领教过刘章的厉害。

那是一次宫廷晚宴，吕雉鬼迷心窍，令刘章监酒。刘章请示说：“臣是将门之子，敢请太后准我用军法监酒！”

吕雉不知是计，就点点头答应了。

当喝得有点醉意之时，刘章走上前来，对吕雉说：“请允许我为太后唱支‘耕田歌’。”

吕雉不以为然地笑着说：“你生下来就锦衣玉食，哪知道什么是耕田呢？”

“臣知道！”刘章深沉地说。

“好，那你就唱吧！”

“田地要深深地挖，种子要密密地播，插上的秧苗要稀疏点，不是同种的杂草，我定要把它除去！”

吕雉听了默然不语。

过了一会儿，诸吕中有一人喝醉，逃席而去。刘章仗剑追上前去，“咔嚓”一声斩下那个人的人头，然后回来向吕雉报告说：“有一个人避酒而逃。臣谨遵太后命，已对他按军法处斩！”

吕雉和诸吕听了，真是哑巴吃黄连——有苦无处诉。

刘章斩了吕姓逃酒者以后，名声大振。

公元前一八〇年八月庚申日凌晨，太尉周勃、左丞相陈平、朱虚侯刘章一起行动——周勃持符，以“为吕氏者右袒，为刘氏者左袒”为号召，掌管了原由吕禄控制的北军；陈平调来刘章，请他以进宫保护皇帝（汉少帝，不久被废）为名，诛除吕产，刘章不辱使命，于日落时分诛杀了吕氏家族中最为凶悍的吕产，控制了南军。这样，再加上外面灌婴等人的配合，才取得了诛除诸吕、再造汉室的决定性胜利。

此时，距吕雉之死，不足一个月。

歪打正着的瞎眼女人

——汉文帝皇后窦氏

◎求赵得代遭愚弄，忍气吞声
塞翁失马受宠爱，扬眉吐气

◎一人得立荫同宗，姐弟喜团聚
双目失明厌儒学，投儒者虎笼中

◎宠溺幼子，纵其觊觎帝位
愁坏长子，忠孝难两全

公元前一八〇年八月，以周勃、陈平、刘章等人为首的倒吕保刘派在诛杀诸吕之后，废掉由吕雉拥立的少帝，而改立原来的代王刘恒为帝。

当时的形势是，刘邦的嫡长孙刘襄仍健在，而且在讨伐诸吕斗争中起了很大的作用。刘恒远在极北的代地，本无希望继承皇位，但由于周、陈、刘等人不喜欢刘襄，因而才让刘恒捡了个天大的便宜。

跟刘恒一起沾光的除了他的母亲薄氏薄太后以外，还有刘恒原来的一个小妾。

这个小妾姓窦，因此时刘恒的王后已逝，且先王后所育四子先后病逝，该妾生育的男孩被立为太子，即为后来的汉景帝。母凭子贵，妇以夫荣，窦氏一跃成为汉王朝的皇后。在命运之神的眷顾下，她一步步攀向人生的巅峰。

这个幸运的女人并非一直那么幸运，她的一生和其他宫廷奇女子一样，也是充满了波澜坎坷，失意过后是得意，得意之余又失意。

求赵得代遭愚弄，忍气吞声
塞翁失马受宠爱，扬眉吐气

窦氏，本是赵地清河观津人。在吕后执政时期被选入宫——不是服侍皇上，而是服侍太后。

大约在公元前一八六年左右，吕后心血来潮，欲释放一批宫人出宫，并在其中挑选了一些说得过去的，五人为一批分别赐予各诸侯王。窦氏就在这批被选中的宫人之中。

赏赐诸侯王宫女一事，总的说是由吕后决定的，但将谁赏赐给谁，却要由具体经办此事的宦官裁定。

裁定的依据是户籍（来自何处）。

当时负责其事的宦官是个像坑害王昭君的毛延寿一样的人物，他公然向这批宫女收取贿赂。

窦氏由于出身贫寒，加上入宫时间较短，可谓身无长物。她不止一次地告诉主管宦官，她的家在赵地，并苦苦哀求把她配给赵王，以离家近一些。但由于没有钱，她最后仍被那个宦官放到了代地的名单之中。

窦氏还蒙在鼓里，做她的回乡梦呢！由皇上（少帝）签批的诏书却已经颁布下来，那上面赫然写着：

“窦氏，发往代地，配代王为妾。”

这短短的一句话，不啻晴天霹雳，简直把窦氏给吓昏了。

此前，她一直憧憬着能够回家，能够再见到自己的亲人，尤其是朝思暮想的小弟，但此刻这一切都化为泡影。

悲从心底来，窦氏忍不住号啕大哭。她一边哭，一边埋怨那个宦官不该把她的籍贯搞错，并试图作最后的挣扎——不肯到代地去。

可是她一个弱女子浑身是铁又能捻几根钉。皇帝签发的诏书，白绢黑字，宦官哪敢放任她不去代国而去赵国。

万般无奈，窦氏只好忍气吞声，跟着专门护送她的宦官和另外四名被选中的宫人踏上了前往代地的漫漫旅程。

代地乃是西汉初年的同姓九国之一，它的形成经过了一番历史沿革。

公元前二〇一年，汉高祖刘邦以云中、雁门、代三郡五十三县设代国，封子刘恒为代王，当时建都代县（今河北蔚县东北）。到了公元前一九六年，刘邦又下令去掉云中郡，而益以太原郡，并徙都中都（今山西平遥西南），一说徙都晋阳（今太原市南晋源镇）。辖境约相当于今天的山西离石、灵石、昔阳以北和河北蔚县、阳原、怀安等地。

从汉王朝当时的首都长安（今陕西西安市西北）到代国的都城中都或晋阳（均在山西），中间要经过黄河、汾河，出潼关，翻越吕梁山。以现代人的观点，直线航空距离可能是不到一个小时的路程，可是在两千多年前的汉代，走完这段路程却要费尽千辛万苦。

一个如花似玉的妙龄女子要走过千里路，爬过万重山，其中的艰辛是一言难尽的。幸好，到了代地，窦氏一行受到了比较热烈的欢迎。

进入刘恒的代王宫以后，窦氏很快得到了刘恒的宠爱。

刘恒的后宫虽然不敢说佳丽三千，但出了名的美人也还不少，况且远的不说，就说眼前，吕雉可是送过来五个美人呢。但是为什么刘恒偏偏会对窦氏情有独钟呢？

究其原因，不外两点：一是出于政治上的考虑，窦氏系吕后所赐，不看僧面看佛面，刘恒不敢不爱窦氏；二是窦氏安守本分的性格使其时时处处都是一副与世无争的楚楚可怜样，这样的女子更容易激起高高在上的代王的保护欲。况且，窦氏比较温顺，得到宠爱后没有恃宠而骄，对王后和薄太后恭敬有加，甚至对王后所生的四个孩子也是嘘寒问暖，关怀备至。少有安宁的后宫出现这样一位女子，不仅代王喜欢，就连薄太后都对窦氏十分宠爱。

代王宠爱，窦氏的肚子也很争气。第一次被临幸不久，窦氏即告有娠，不久产下一女，此女即后来的长公主刘嫖。然后，她再接再厉，相继产下景帝刘启和梁孝王刘武。

通过与代王联姻，窦氏家族后来获得了许多他们原来连想也不敢想的好处。鉴于以上种种，那个主管宦官误将窦氏由赵国改派代国，却使窦氏因祸得福了。

一人得立荫同宗，姐弟喜团聚
双目失明厌儒学，投儒者虎笼中

公元前一七九年，窦氏之子刘启被立为太子。母以子贵，窦氏不久被册封为皇后。紧接着，汉文帝之母薄太后下令追封窦氏的父母，其中窦氏之父被追封为安成侯，其母为安成夫人，并在清河县设置墓园，邑两百家，派长丞奉守墓园。

使者将这些原原本本地报告给已迁至未央宫中的窦氏，窦氏对婆母的这一善举十分感动，感动之余，却又暗暗饮泣。

服侍她的贴身宫女关心地问："娘娘，您是不是有什么心事啊？"

"胡说，"窦氏嗔而不怒，"我哪有什么心事。"

"那您为什么要流泪？"这个宫女从在代地时就进宫服侍窦氏，二人虽然名为主仆，实则亲同姐妹，所以说话有些口无遮拦。

"我这是喜极而泣啊！"

窦氏真的是喜极而泣吗?

不然。

外面轰轰烈烈地追封死去的父母，使她不由想起了不知是否还活着的兄弟。人在几种情况下最容易思念家乡和亲人，其中之一就是取得一定的成就之时。从一个服侍别人的弱女子，变成了专靠别人服侍的皇后，窦氏怀有一种莫可名状的成就感。这时的她更加想念自己的亲人。

亲人们也在想念并寻找着她。

窦氏共有亲生兄弟二人，大哥名叫窦长君，小弟名叫窦广国，但人

们更愿意称他为窦少君。

少君四五岁的时候，窦家破落。窦氏之母病重在床，无钱延医诊治，万般无奈，窦氏之父只好将小儿子少君卖掉。

当时正是西汉初年，刚刚从战火中脱离出来的社会经济远远没有复苏，物资匮乏，物价高涨。据说当时连皇帝的御驾之车，也找不出四匹纯色的马来，公卿们坐的车往往只能用牛来牵引。一个小小的窦少君换来的钱也只是杯水车薪。卖儿子换来的钱没有治好窦母的病，不久老太太一命归西，窦父也撒手人寰。

少君呢？此刻连哭都哭不出来，因为他已先后被转卖了十几次，早已没有了父母的消息。

穷人的孩子天照应。公元前一八〇年十月，窦少君随主人来到宜阳。他最后的这个主人是个有名的大财主，一年光是烤火用的炭火就要用去许多。窦少君在主人的逼迫下，没日没夜地在山里替主人烧炭。

唐人白乐天有一首有名的《卖炭翁》，其中有一段专写烧炭人的艰辛，云：

卖炭翁，卖炭翁，伐薪烧炭南山中，两鬓苍苍十指黑……

唐代的烧炭人工作起来尚是如此艰辛，西汉时就更不用说了。

寒冬腊月，天寒地冻，主人睡在仆人们用炭火烤得暖暖的屋子里还直嫌冷，而窦少君他们却只能几十个人挤在山崖下的避风处，去抵御严寒和风雪的侵袭。

福无双至，祸不单行。也许是几十个人挤在一起汇聚成的力量太大了，他们避风的山崖突然崩塌，睡在其下的人差不多都被压死，只有少君幸免于难。

欣喜之余，窦少君掏出几十个钱请人算了一卦。卦象上说，过几天他会跟主人家到长安去，到了长安会被封为侯王。这个卦象当时看，实在是太离谱了，因而弄得连少君本人都不敢完全相信。

然而占卜的结果却很快得到了应验。主人带着少君一个人前往长安——卦象的前一半已经应验。后一半呢？

到了长安，正赶上窦氏刚被立为皇后。这条当时最引人注目的消息，很快引起了窦少君的注意。此时的京城，几乎每个人都在津津有味地谈论窦氏的个人履历：家住赵地清河观津，姓窦。

“清河观津”、“姓窦”几个字快如一道闪电划过窦少君的脑际，使他混沌初开，许多断断续续的往事，忽然被串在了一起。他想起了自己的姐姐，姐姐是很早就被选入宫中的啊！

离家被卖时少君年纪虽小，但他还记得自己的家也在清河观津，记得小时候与姐姐相依为命的种种情景。“难道会是姐姐？”少君在心里问自己。

这时，那个算命人的话又回响在耳际。“我可能被封侯？”少君想到，“只有姐姐当了皇后，我才有被封侯的可能啊！”

“这个人一定是姐姐！”

也不知窦少君从哪里生出的胆量，他请人代修一道表章，上书汉文帝，说新任皇后窦氏系他失散多年的姐姐。

这封书信尽管不是十分地词通句顺，但却有一处让读到此书信的窦皇后很是动心：“臣少年时常与姐姐同去采桑，现有姐姐常用的堕钩（采桑工具）可以为证。”

“是啊，上书的人一定是小弟，要不然谁会知道我采桑时使用的是堕钩呢？”窦氏百感交集。

坐在一旁的汉文帝刘恒见皇后一副激动的表情，也很高兴。为保险起见，他在金殿召见窦少君之时，请窦皇后躲在金殿屏风之后观详其人。

经过一番仔细询问之后，汉文帝突然提了一个窦少君的书信中没有提到的问题：“除了记得采桑之事以外，还有什么可做更进一步的凭证？”

窦少君想了想，答道：“姐姐当年被征召入宫时，舍不得离开我，我当时年纪虽小，但也舍不得离开姐姐，于是一直跟在姐姐的身后走到我们家附近的一座驿站。姐姐见我蓬头垢面，就向管驿站的人要了洗米的水为我洗了洗头，还要了一些吃的东西，喂我吃了才挥泪而别……”

还没等他说完，躲在屏风后面的窦皇后再也忍不住了。她几步走了出来，抱住跪在地上的少君，姐弟二人抱头大哭，涕泪纵横，尽情挥洒。左右的侍从目睹这个感人的场面，也都感动得趴在地上大哭。

高兴之余，窦氏请求文帝封小弟为侯，同时推恩给同一祖父的窦氏兄弟，并让他们世代住在长安。

文帝批准了窦氏的这一请求。

到这里，窦氏的人生似乎是好运连连、一帆风顺。殊不知，不幸正在悄悄向她靠近。大约在文帝后期，时任皇后的窦氏突然大病了一场，病后双目失明。突然失去光明的不幸没有击垮窦氏，反而让她活得更坚强。历经了文帝、景帝二朝，到孙子刘彻坐上皇位时，她被尊奉为太皇太后。

刘彻初登皇位时，由于天下承平日久，士大夫们都希望天子能举行封禅大典，改订制度。汉武帝也颇倾向于儒家学术，肯于招纳贤才忠良。于是，赵绾、王臧等人因为通儒学而官至公卿的高位。他们想仿效古代建立明堂于城南，使诸侯来朝，并且雄心勃勃地起草了巡狩、封禅、改易历数、服色等大事的方案。但很遗憾，这些宏伟计划都未能付诸实施。

原因是窦太后反对。

窦太后为什么要反对呢？因为窦太后信奉黄老之学，不喜欢儒家的学说。

秦汉时的儒家，直到董仲舒以前一般都以方技、星相等方式出现，秦始皇“焚书坑儒”中的“儒”就有许多是方术家。

汉文帝时赵国人新垣平（姓新，名垣平），操观望气数的方术来见文帝，说长安东北有一道神气，凝成五彩，简直像人的冠冕一样，并告诉文帝说：“东北方，是神明止宿的地方，西方却是神明的冢墓所在。上天既然降下祥瑞，我们就应祠祭上帝，以配符应。”文帝惑于他的言辞，就在渭阳作五帝庙，在一庙内又分设五殿，每殿一帝，五帝各依其方位，正门各如其帝的本色。

汉文帝最初对新垣平这套鬼话十分欣赏，不仅封新为上大夫，赏赐多至千金，而且还命博士诸生（儒家）采取《六经》的要义作《王制》（包括《本制》《兵制》《服制》等篇），并商讨巡狩、封禅等大事。

又过了一年，新垣平为了骗取更多的信任，精心设计了一个骗局：他事先叫人捧着一个刻有“人主延奉”的玉杯前往宫门外等候进献，然后由他本人去对文帝说：“殿阙下有宝玉的瑞气呈现。”文帝使人下殿查看，自然是一查一个准。

见文帝很高兴，新垣平骗意大起。他又吹嘘说他能使西斜的落日回到天的正中，能替皇帝寻来周朝的传国宝鼎。

这个牛吹得太大了，文帝对此不由得半信半疑。这时候，有人上书将新垣平所称宝气神异之事一一揭露。文帝听了，觉得自己受了愚弄，就将新垣平逮捕并杀掉，灭了他的三族。

从此，文帝恨死了这种撒谎行骗的儒生。受丈夫的影响，窦氏也一直信奉黄老之学，而对儒生不假以辞色。

见孙子刘彻竟和儒家学者打成一片，窦氏大怒。她派人在暗中侦察，发现了刘彻最宠信的儒生赵绾、王臧等人一些作奸犯科之事后，下令将绾、臧拘捕，并喝令将他们二人丢进虎圈中，要看看儒家的方术能不能斗得过猛虎的利爪。汉武帝私下里叫人制了两副铁制盔甲和铁爪，偷偷地为赵绾、王臧二人戴上，这才使得一向大言不惭、自以为有经天纬地之才的绾、臧二人没有死于猛虎的利爪之下。但是，他们提议的各项活动计划只能搁浅了。

宠溺幼子，纵其觊觎帝位
愁坏长子，忠孝难两全

窦氏这人很怪。文帝死了之后，儿子景帝继位。景帝之后呢？窦氏竟想让景帝的弟弟接着做。景帝的弟弟名叫刘武，是文帝之子，也是窦氏所生。

刘武先被封为代王，后又被封为淮阳王，最后被改封为梁王。从起初被封为代王到迁封梁王，中间经历了十一年的时间。

公元前一五四年，梁孝王刘武从封国进京朝见太后和天子。

其时，汉景帝刚刚即位不到三年，尚未来得及立太子。

按照汉朝的旧制，诸侯王朝见天子，一共只能见四次面：刚到朝廷时，入宫晋见，谓之“小见”；到了正月初一的清晨，拿着皮革摆上璧和玉向皇帝道贺正月，谓之“法见”；过了三天，皇帝为王侯设下酒席，赐给他们金钱和财物；再过两天，又入宫“小见”，然后辞别归国。留在长安的时间不得超过二十天。

正月初七，景帝刘启特为弟弟刘武在宫内摆上酒席。这是一次纯粹的家宴，参加者除刘启、刘武兄弟二人以外，还有窦太后的娘家侄子——官封魏其侯的窦婴。

一开始时，气氛还是很欢洽的。窦氏已完全从丧夫的悲痛中解脱出来，两儿一女——一个当了皇帝，另两个也被封为亲王、公主，可谓已经占尽了人世的风光，因而对于儿子所敬之酒，来者不拒。

母亲高兴，儿子也不能扫兴。有些醺醺然的汉景帝喝着喝着冒出了一句傻话：“好好干！”他对坐在身旁的小弟刘武说，“等我千秋万岁后，这个位置留给你！”

虽然年纪小于刘启，但酒量却远胜于乃兄的梁孝王刘武听了老兄这几句话，好比三伏天喝了一盏凉丝丝的甜水，心里那个美啊，简直就要跳起来了。

坐在首席的窦太后听了大儿子的话，也为二儿子的将来高兴。说实话，尽管刘启也是她的亲生儿子，而且还当了皇帝，但比较起来，老太后更喜欢的还是二儿子，这种喜欢已经远远超过了限度。据《史记》记载，窦太后赏赐给二儿子的东西之多，简直无法用数字计算。在窦氏的溺爱下，梁孝王刘武建了一座东苑，面积达三百余里，扩充淮阳城为七十里，然后大兴土木，构建宫室，修筑复道，从宫室连接平台达三十余里。此外，窦氏还赐给二儿子天子专用的旌旗。刘武外出时，护卫随从的车马有千乘万骑，他到处驰马狩猎，排场之壮盛实与天子无殊。刘武出殿则言“警”，入宫则称“跸”。他还招揽四方豪杰，像齐人羊胜、公孙诡、邹阳等一班居心叵测之人，都聚集在他的手下。另外，梁国还私造武器，光弓、箭、戈、矛之属就有数十万。饶是如此挥霍，梁国府库里的金钱仍有数百万，珠玉、宝器比京师还多。

现在见大儿子有传位于二儿子之意，老太太不禁喜形于色。

这娘儿几个正在那里高兴呢，冷不防有人给他们迎头浇了一盆冷水。谁这么大的胆子？

原来是窦婴。

窦婴其人，有名的直性子。他虽是窦太后的娘家侄子，却不想帮助姑姑犯错误。

只见窦婴避席伏在地上说："汉朝的法制规定，帝位的传承是传子不传弟。现在皇上酒后失言，要将帝位传给梁王，有违祖制，当罚皇帝陛下一杯！"

刘启此时也已醒过酒来，自知刚才过于冒失，只好默不作声。窦太后气得说不出话来。

窦婴的这一席话，虽然对景帝一时的失言有所匡正，但却无补于太后对二儿子溺爱的现实。

从刘邦时代起，诸侯王朝见贺正月的情形是每年一王和四个诸侯进京，其余诸侯王无令不得擅离封地。汉朝诸侯王虽然不是很多，但倘若照此规矩办事，也得十几年才能轮上一次。

由于窦太后的放纵，梁孝王刘武根本不遵从祖制，而是年年入京朝见，久留宫中，而且与皇帝同乘步辇游宫，同驾一辆战车出宫狩猎。

一人得道，鸡犬升天。梁国的侍中、郎、谒者，只需在名簿上记上姓名，就可以出入天子的殿门，和朝廷的官员没有任何区别。

俗语说"骄纵的孩子不知孝顺"，这话说得是有一定道理的。

据与梁孝王同时代的人褚少孙回忆，有一次梁王入宫朝见母后和皇帝，行过家人礼之后，坐下来闲谈。当谈及家常时，窦太后忽然对景帝刘启说："我听说殷商时代的制度是兄弟相传，而周代的制度是父子相继，常常私下里觉得还是殷商时代的制度好。在我百年以后，我以梁王托付给你！"

见母后一副郑重其事的样子，景帝只得欠起身子答："好的。"

宴会结束以后，景帝召集袁盎等精通经书的大臣，向他们转述了皇太后的那番话，并问道：“太后说了这样的话，是什么意思？”

袁盎等人一齐回答说：“太后的意思很明显，是要立梁王为陛下的继承人。”

景帝忙问此话怎讲，袁盎等人说：“殷商的制度亲其兄弟所以传其弟，周代的制度尊其祖先所以立其子。”见景帝仍不是很明白，袁盎接着进一步解释说：“殷商的制度较质厚，质厚是效法上天，亲其所爱的，所以立弟；周代的制度重于文饰，文饰是效法大地，尊是敬的意思，尊敬其本始的正体，所以立长子。周朝的制度是太子死了，立嫡孙；殷朝的制度是太子死了，立其兄弟。”

听了半天，景帝终于明白了。他故意问袁盎说：“你们的看法如何？”

袁盎等人一齐回答说：“现在我们汉朝的制度是效法周代。周代的制度不能立兄弟，应当立儿子，所以《春秋》以此非难宋宣公。宋宣公死后，不立儿子而传位给兄弟。这位兄弟继位为国君死后，又把君位归还给他哥哥的儿子。而他自己的儿子却起而争之，认为应当接其父之位为国君，因此，就杀了宣公的儿子，弄得国家大乱，灾祸不绝。所以《春秋》上说‘君子尊崇居于正位的人。宋国的祸乱，是宣公造成的’。臣等请见太后说明此事！”

景帝听了，这才将悬在嗓子眼的那颗心放了下来，于是，批准袁盎等人入宫。

见了窦太后，行过君臣之礼后，袁盎开口说道：“听太后对皇上说，希望皇上千秋万岁以后立梁王。将来一旦梁王捐馆舍（死的另一种说法），那时还请谁来继位呢？”

“老身再立今上之子！”窦氏理直气壮地回答。

“倘若梁王之子与今上之子不能相容呢？”

“焉有此理！”老太后有些不高兴地说。

“有春秋时代的宋宣公可以为证。”袁盎等人接着仔仔细细地把宋宣公传弟不传子，最后造成国家大乱，反倒害了弟弟的事讲给窦氏听。

窦氏听了默然无语，立梁王为太子的想法就此搁浅。同时，太后还下令梁王即刻返回封国。

急转直下的形势把正在那里“一枕梦黄粱”的梁王刘武惊醒。“噩梦醒来是早晨”，刘武气坏了。他像一头即将接近猎物而突然被绳索给绊住了的狼，目露凶光。

“去查查是谁坏了孤王的好事！”他咆哮着说。

“回大王，不用查，肯定是袁盎那伙人干的！”左右的人答道。

“袁盎？袁盎是什么东西？”刘武恨恨地说。

“回大王，”左右的人没有明白刘武话里所含的意思，以为刘武不知袁盎为何许人，因而献殷勤说，“这袁盎，又名爰盎，本系楚人，后徙安陵。他曾历任齐相、吴相，而且还是游侠出身，是个惹不起的人物啊！”

“惹不起？”刘武撇了撇嘴说，“我倒要看看这位袁大人是不是长了三头六臂！”顿了顿，他接着说：“他不是什么游侠吗，孤王也要用游侠来对付他，看是他硬还是孤王强！”

汉景帝中元二年（前148年）夏四月，袁盎等十余人血溅长安城的千里长街。

据同时代的人回忆，袁盎被梁王派来的刺客制住以后，曾回头看刺客，并坦然地对他说：“我是袁盎老将军，你不会认错人吧？”

“没错，杀的就是你！”刺客答道。

一剑下去，袁盎魂魄归西。

这件发生在天子脚下的长安谋杀案，震动了朝野。

汉景帝下令彻查。

种种迹象表明，梁王是此次暗杀的主谋。

结论是这样推论出来的：那名刺杀袁盎的刺客不知是心慌意乱，还是有意炫耀，刺杀了袁盎之后，竟没有把作为凶器的长剑拔出。

验尸官发现了这把长剑，经过检视，认定这把长剑是刚刚磨砺过的。

沿着这条线索调查访问长安城中做剑套和磨剑的工匠，有个工匠说：“这把剑我认识，梁国郎官某人的儿子，刚刚拿着它到我这里来磨砺过。”

顺藤摸瓜，从梁国的郎官一直查到刘武手下的几员大将羊胜、公孙诡等人的身上，而羊胜、公孙诡又是谁指使的呢？

朝臣纷纷上书，请求皇帝一定要挖出元凶。

皇太后窦氏很着急，在京城的人中，可能没有任何一个人比她更清楚地知道这桩案子的元凶是谁了。

此时，形势十分严峻。景帝刘启亲自派出的使者已数次前往梁国，要将羊胜和公孙诡缉拿归案。

公孙诡和羊胜躲在梁王的后宫里。使者虽然不敢直接朝梁王要人，但却抓住梁国两千石以上的官员责问。

当时梁相名叫轩丘豹，他和一个名叫韩安国的内史向梁王进谏，反复陈说“丢卒保车”的道理。这样，梁王才命公孙诡、羊胜二人自杀，然后把他们二人的尸首抬出王宫，交给景帝派来的使者以求了事。

这个欲盖弥彰的举动惹恼了景帝，他对梁王极为不满。有细作将此事探明，从京师返回梁国奏明梁王。一向天不怕、地不怕的梁王慌了手脚，急忙派韩安国赶赴京师，通过长公主刘嫖（系景帝之姐，也是刘武之姐），向太后道歉，然后才获得赦免。

轩丘豹又为梁王出主意，让他自请朝见。书上，景帝批准。

从梁国的都城到首都长安，要经过函谷关。当梁王的车队驶近函谷关时，梁王手下一个名叫茅兰的谋士为梁王出了一个主意。他请梁王不要再乘驷马高车，前呼后拥，而应乘坐布车，只带两个随从悄悄进京；进京以后不要直接去见皇上，而要先躲到长公主刘嫖家里，从而给人造成一种诚惶诚恐的印象。梁王想了想，答应了。

话分两头，且说由景帝亲自派遣出去迎接梁王的专使，在函谷关外迎着了梁王的车队，上前欲待见礼，忽然发现车队不过是一个幌子——那辆四匹马拉的车里，根本就没有梁王的身影。这一惊可非同小可，梁王哪里去了？

景帝接得手下的密报，也甚感奇怪。他正在这里疑惑呢，忽听传报，说太后不知从哪里得知，认为是皇上害死了梁王，正在寝宫里不吃不喝地哭泣呢！

眼看事情要糟，梁王这时才在长公主刘嫖的陪同下不失时机地前来负荆请罪了。

于是，母子三人相对而泣。恩情似乎又恢复到和从前一样，只是景帝再也不肯和梁王同车共辇了。

汉景帝后元二年（前 142 年）六月，已有很长一段时间没有入宫朝见的梁王上书皇帝，请求入京朝见并滞留京师。

奏折很快就批了下来，上面赫然是哥哥刘启的御笔：

“除留在京师一条以外，一切照准。”

那意思很明显，来京师探视太后，可以。但想就此留在宫里不走，门儿都没有！

见大儿子态度十分坚决，窦氏也不好再说什么，只能从自己的私房钱中再拿出一些来赏赐给二儿子，然后打发他返回封国。

闷闷不乐的梁王返回封地后，心情十分抑郁，内心恍惚。

梁相轩丘豹和内史韩安国为了帮助刘武排遣烦恼，提出到良山围猎的请求。梁王勉强答应了。

宋朝人苏轼有“老夫聊发少年狂，左牵黄，右擎苍”的诗句，刘武当时没有东坡居士那般潇洒，但也确实是想去散散心的。

孰料事与愿违。到了良山，众人还没有打完一围，就听前面有人高声嚷嚷：“逮着啦！逮着啦！快去献给大王！”

“逮着什么了？”刘武有些好奇地问。

“快抬上来！”韩安国见梁王对此事颇感兴趣，就高声命令道。

抬上来的东西吓了梁王一跳：原来是一头牛。这头牛不是一般的牛，一般的牛脚没有长在牛背上的，但这头牛却是。

本系比较豁达的刘武见了此牛，突然觉得有说不出的厌恶，刚刚开朗了一点的心情急转直下，草草地打了几围，立刻打道回府。回去不久，他染上了热病，过了六天就去世了。

远在长安的窦太后闻听二儿子的死讯，这次可是真的了——又一次绝食。明知道与景帝无任何关系，她还是坚持说：“皇帝果然杀了我的儿子！”

景帝又一次陷入了两难的尴尬境地：向太后说明弟弟是得热病死的

吧，梁国的那些臣子们可能要受责罚（没能照顾好梁王）；闷着头不说吧，真把太后饿坏了怎么办？不管怎么说，她毕竟是自己的母亲啊！

还是当姐姐的有主意，长公主刘嫖献上了一计：分梁国为五国，将刘武的五个儿子全部封为王（这在汉朝几乎是绝无仅有的，按汉制，王位只能由嫡长子继承，其余诸子应降封为侯爵），五个女儿都仿照公主封赐汤沐邑。

一切做好了之后，窦氏这才转怒为喜。

汉武帝建元六年（前 135 年），窦太后崩于长安未央宫中。

为子铺路的重婚皇后

——汉景帝皇后王氏

◎为温饱，母无奈再嫁人
求富贵，女抛夫入宫门

◎借联姻助子主东宫
计除栗姬荣登后位

◎得荫庇，兄弟被分封诸侯
子孝顺，长女赐食汤沐邑

公元前一五五年四月壬午日，汉文帝之母、景帝之祖母、太皇太后薄氏崩于长安。

早就不满于处处被老祖母掣肘的汉景帝刘启如释重负，认为自此以后“唯我独尊”了！

不久，他亲自下令，废掉由祖母薄太皇太后替他钦选的皇后薄氏（此薄氏系太皇太后薄氏之本家），理由是皇后没有为他生下一男半女。

这个理由是不是很充分，我们且不去评说，但中宫之位空缺，却是确定无疑的了。

谁能继任入主中宫？

当时的人们普遍看好齐地人栗姬，因为栗姬所生之子刘荣刚刚被汉景帝立为皇太子。母以子贵、妻以夫荣，这似乎是顺理成章的事。

可是结果如何呢？

结果谁也没有料到，中宫皇后的位置突然被一匹“黑马”占据。栗姬不但没能母仪天下，反倒被废忧郁而死。

这匹取代栗姬的“黑马”是谁？

她，就是后来成为景帝皇后、武帝之母的王氏。

这匹闯入皇宫的“黑马”有着颇为传奇的一生。

为温饱，母无奈再嫁人
求富贵，女抛夫入宫门

王皇后，姓王名娡，说起来也算是名门之后。

公元前二〇六年正月，西进破秦的项羽自立为西楚霸王，领有梁、楚九郡之地，并大封诸侯。比如，封原秦国的三员大将章邯为雍王、司马欣为塞王、董翳为翟王，封赵将张耳为常山王，不一而足。

受封的诸侯中有一人姓臧名荼。臧荼本系燕国大将，因握有一定实力，且曾随楚军救赵有功，被封为燕王。

王娡，就是燕王臧荼的曾外孙女。

当然，在动荡的年代，显赫的门庭并不一定能给名门之后带来多少好处。

还是在王娡的外祖父活着的时候，臧家就已经破落，全家也从蓟地迁至槐里（今陕西省兴平县南）。

槐里，本名废丘，原为秦将章邯的大本营。公元前二〇七年六月，刘邦引水灌攻废丘，城破后始更名为槐里。

王娡之母，姓臧，名儿。最初，臧儿曾嫁给槐里一个名叫王仲的人为妻，并为王仲生下了一男二女：男名王信，女一名王儿姁，另一个就是王娡。

不久，王仲得病身亡，臧儿拖着三个小儿女过日子。一家四口四张

嘴，很快就把丈夫留下的一点为数不多的遗产给坐吃山空了。

这一年王信六岁，王娡四岁，王儿姁两岁。

为了养活三个待哺的小儿，臧儿忍痛再嫁。

当时正是西汉初年，儒家思想尚未演变为禁锢人们的理学，且没有占据社会文化的主流，所以世人对寡妇再嫁没有什么舆论上的约束。

在这种宽松的环境下，臧儿嫁给了第二个丈夫——来自长陵的田氏，携儿带女，一起迁往长陵。

这长陵本系县名，汉高祖十二年（前 195 年）设，后因刘邦死后下葬于此，名声大噪。

随母迁往长陵，王娡得以从地缘上接近京师长安，但命运女神一开始似乎对她并不垂青。

十五岁那年，由母亲做主，王娡嫁给了一个名叫金王孙的人。夫妻二人男耕女织，倒也过得相安。

婚后第二年，王娡为金王孙生了一个女儿。没等孩子过完百日，突然平地一声雷：臧儿强行将女儿王娡接回娘家，并要求她和老公金王孙离婚！

这个要求简直把金王孙给气坏了，王娡也很吃惊。

她满腹委屈地说："当初嫁人时，女儿说年纪尚小，娘说不小了；女儿说不想嫁金王孙，娘把金王孙吹得天花乱坠。这些女儿都信了，都听了娘的话……"

"是啊，是啊！"臧儿没等女儿说完就打断她的话，像是安慰小孩子似的对她说，"所以娘说你是个听话的好孩子嘛！"

"但这次……"

"这次娘也是为了你好啊！"

"为我好？"

"是啊！"

"为什么？"

"这……"臧儿似有难言之隐，只是一味地说，"慢慢你就知道了，慢慢你就知道了！"

臧儿为什么不肯开诚布公呢？原来，一向信命的她最近算了一卦，卦象上说她将依靠两个女儿大富大贵。

“靠女儿大富大贵？”臧儿一开始时也觉得好笑。是啊，她的小女儿王儿姁尚未婚配，大女儿王娡倒是嫁了个“王孙”（金王孙），可是这个“王孙”仅是个名字而已，并非“公子王孙”的“王孙”；他们小夫妻二人勉强度日，靠他们给我带来大富大贵，谈何容易。

再占卜，结果相同。

臧儿不能不认真考虑了。思考的结果是：逼大女儿与金王孙离婚，再嫁一个真正的王孙。

于是，这才有了本节开头的那一幕。

这个如意算盘打得不错，可是有一步却是臧儿所没有想到的，那就是金王孙不肯与女儿离婚，竟追到娘家要人。

我们知道古代婚姻的主动权大多掌握在男性手中，婚姻关系是否能够维持主要取决于男性，所以离婚证说白了就是男人的一纸休书。现在金王孙却无论如何也不肯离婚，更别指望从他那里拿到合法的离婚证了。一怒之下，臧儿也顾不及有没有休书了，一乘青衣小轿，把大女儿送进当时还是太子的汉景帝刘启的宫中。据说，咽不下这口气的金王孙一纸诉状将臧儿告到了官府，官老爷连诉状都没看就直接把金王孙打发走了。原因很简单，这时候傻子都明白，接诉状就得把太子刘启和成为太子宠妾的王娡追加为被告，这事儿谁敢干，除非不要命了！王娡是犯了重婚罪，但是重婚的对象太牛啊，所以官府只能选择开罪没有权势的金王孙。

王娡被送到东宫后，很快就将老公金王孙和刚刚出世的女儿抛诸九霄云外，左右逢迎，开始谋划起自己在宫里的锦绣前程。

与其他朝代相比，西汉，尤其是西汉初年，皇宫内的宫女是比较少的。由于吕后一度以女主身份专权，善解风情的年轻女性更是寥若晨星。皇宫是如此，太子的东宫也不例外。

王娡有过一段夫妻生活的经验，可谓善解风情。虽然刚刚入宫，但王娡略施小计，就将太子刘启迷住，一时宠冠东宫。虽然不是“后宫佳丽三千人，三千宠爱在一身”，但王娡也常常得到太子殿下的“雨露之恩”。王娡又天生有“宜子之相”，所以接二连三地为刘启生了三女一儿。

刘启一高兴，登基后将王娡连升三级，封为美人，并赏赐给她娘家不少东西。

熟悉的人向王娡道贺，王娡却喜不出来，因为她给自己制定了更高的目标。在这个目标没有实现以前，她是高兴不起来的。

王娡的最高目标是什么呢？

借联姻助子主东宫
计除栗姬荣登后位

王娡，作为一个有野心的女人，她的最高目标是当上皇后，而要当上皇后就要把自己的亲生儿子刘彻扶为太子。

这在当时看来，简直是不可能的。

为什么呢？

因为景帝刘启已经立了临江闵王刘荣为太子。

刘荣的母亲栗姬，是齐国人。论起美貌和善解风情，她丝毫不比王娡逊色。但栗姬有一样却远远不能与王美人比，那就是：善解人情。

善解风情可以满足皇帝的私欲，但却不一定能做到上和下睦。只有既善解风情又善解人情，才有可能四处都讨好，最后问鼎中宫。

王娡，在这方面可谓专家。

景帝的姐姐馆陶长公主刘嫖是景帝最尊敬的人。她嫁给堂邑侯陈午以后，生有一女，取名阿娇。夫妇二人对阿娇视如掌上明珠，几度协商之后，一致认为只有把阿娇嫁到皇宫里才最安全。

于是，刘嫖遂决定与弟弟刘启联姻。

刘嫖一开始比较看好刘荣，打算选他做自己的东床快婿。刘荣当时已被立为太子，而且仅就人品而言，刘荣至少也与刘彻（王娡所生，即后来的汉武帝）同为一时瑜亮。

《史记·五宗世家》中有一段话，译成白话文如下：

“临江闵王刘荣被立为皇太子后不久被废，以故太子的身份被封为临江王，因为侵占宗庙墙外的短垣以扩建宫殿而获罪，被天子征召。他在出发前，于江陵北门祭祀行道之神后，登上车子，可是车轴却断了，车子也坏了。江陵父老看到此种情形，认为是不祥的征兆，就哭泣着私语道：‘我们的王爷恐怕回不来了。’刘荣到达京城，往中尉（主司法、治安之官）投讯。因看不惯中尉郅都的无礼，加上心中畏惧，刘荣自杀，被埋葬在蓝田。有好几万只燕子群集而来，衔土放在他的坟墓上。百姓都哀怜他。”

刘荣的不幸，就是因为自己没有一个精通人情世故的妈妈。

当长公主刘嫖满怀期许地向刘荣之母栗姬提出愿结秦晋之好时，栗姬竟一口回绝了。

栗姬为什么如此绝情？原来是出于嫉妒。

当时，刘嫖常应宫内其他妃嫔的请求，为她们在皇帝面前说些好话。刘启本人也乐得做个顺水人情，既多餐美色，又不拂姐姐的好意，于是也隔三差五地临幸几个美人。

欲独占帝宠的栗姬见了顿感气愤，认为长公主是故意跟她作对，所以一直想找机会“回敬”她的这位大姑子。现在大姑子遣人上门为其女提亲，真是个千载难逢的好机会，自己焉能放过，遂断然拒绝。

从汉文帝时代开始就说一不二的刘嫖，碰上了这个不软不硬的钉子，觉得受了侮辱。她气哼哼地正要出宫，赶巧遇上了漫无目的闲逛的王娡。

正愁无人诉苦的长公主可算是碰上了一个对脾气的人。

略事寒暄之后，长公主说：“今天差点没把我气死！”

王娡一听，忙问：“此话怎讲？”

“我算是看错人了！”长公主似乎忘了王娡这个人，自顾自地接着狠狠说道，“当初真不该向皇上建议立那个贱人所生的儿子为太子！”

“贱人？太子？”王娡略作思考，明白了：一定是那位目空一切的栗姬惹着这位大姑奶奶了。这真是个千载难逢的好机会。于是，王娡假装仍是不明白的样子，摆出一副洗耳恭听的架势。

长公主刘嫖不知是计，就一五一十地把她如何向栗姬提议让女儿和刘荣订娃娃亲，而栗姬如何断然拒绝的事情从头到尾地说了一遍。最后，刘嫖狠狠地加上了一句："真是不识好歹！我的女儿也是千金之体，没的会辱没你栗姬的宝贝儿子！"

"就是，就是！"王娡一边在那里随声附和，一边在头脑里转着一个奇特而大胆的念头："是个机会，抓住它！"于是，她故意叹息着说："荣哥儿（刘荣）真是不懂惜福，谁家的男孩要是娶了大姐（刘嫖）家的千金，那得烧多少高香庆贺啊！"

"唉，对了，"刘嫖一听王娡夸她的女儿，马上又来了精神头，"你们阿彻（刘彻）怎么样？我要收阿彻做女婿。"

"那真是求之不得了！"王娡说了一句，又马上以退为攻地夯实了一句，"就怕我那彻儿没那个福分。"

"此话怎讲？"

"陛下……"

"陛下那里我去说。"刘嫖一拍胸脯，"你怎么样呢？"

"我？我当然同意了。能结上大姐这门亲家，那真是小妹的福分啊！"

几句话间，两人就决定了儿女的终身大事。

既然已由姑嫂变成儿女亲家，亲家母自然要向着亲家母了。

刘嫖深知王娡想要当皇后，并且想要刘彻做太子。为了自己女儿的前途，她开始有计划地对栗姬展开各种各样的人身攻击。

有一天，刘嫖入宫探视母亲窦太后，弟弟刘启也在场，娘儿仨拉起家常。

谈着谈着，刘嫖突然对弟弟说："皇上要小心，我听说栗姬在和贵妇人、宠姬聚会时，常叫侍者在她们背后沾口水作咒，并使用各种邪媚的道术。"

"该不会又是一个新垣平吧？"窦太后随声附和女儿。哪有娘不向着闺女的！

一提起新垣平，景帝的心里"咯噔"了一下，"新垣平！那是先帝

（文帝）朝使用邪术最盛的奸人啊！难道太子之母真的那么坏吗？”

他有些不信，可是说这话的人却是两个他最爱也最爱他的人，不信她们的话，还能信谁的话呢？

聚会散了之后，刘启却并没有把此事真真正正地放在心上。

过了几天，大姐又遣人来，送给他一幅画。画上是吕后执政时吕虐待戚夫人，把她由漂亮少妇变成人彘的故事。画上题有两行大字：

前事不忘，后事之师！

“这是什么意思？”刘启不由想起不久以前他和栗姬的一次对话。

那天，刘启因为身体不好，突然心血来潮，派人宣来栗姬，又把所有已经封王没有前往封国的儿子传来，然后当着他们的面，对栗姬说：“我身体不好，心情烦乱，今天把他们和你找来，是想让你们见见面。”

见栗姬没有任何表示，刘启接着说：“见了面就熟悉了。俗语云‘天有不测风云，人有旦夕祸福’，阴间路上无老少！倘若朕撒手人寰，请你对他们视如己出，多多关照！”

栗姬仍没有任何表示。

“你倒是说话啊！”刘启催问道。

“陛下怎么说不吉利的话？谁没有个三灾六病的，莫不成就会不测？”栗姬前边这两句话还算得体，但接着说出来的就相当难听了，“至于说到这些小王爷，臣妾可不敢担当照顾之责。人家个个都有生母，又个个都是王爵，我算什么？”

在这么多晚辈面前，刘启失了面子，心里自然恨死了栗姬。

长公主不失时机所进的“人彘图”，更令刘启触目惊心。

“不行，我一定不能让人彘的悲剧重演！”此刻的刘启下定了决心：不能立栗姬为皇后，连她所生的儿子刘荣也要重新考虑是否适合做太子。

王娡、刘嫖的联合倒栗（姬）行动取得了初步成果。

这时，长公主趁热打铁，再次入宫。这次入宫也是打着探视母后（窦太后）的旗号的，但主要是为王娡唱赞歌。

也是从闲谈开始，今天谈话的题目是“本朝故事”。刘嫖与窦太后一起讲论起太祖高皇帝刘邦。

“母后，听说高皇帝所生甚为灵异，太上皇后（刘邦之母）曾梦见与天神相交合。可曾有此事？”刘嫖故意问。

“老辈子的人都这么说。”

“怪不得后来高皇帝能手提三尺宝剑平定天下呢！”顿了顿，刘嫖话里有话地接着问，“母后，你听说没有，胶东王（刘彻）之母王氏在怀阿彻时也曾梦日入怀，不知这主何征兆？”

“这可是大富大贵之兆啊！”窦太后像是富有远见卓识的智者一样说，“我看阿彻的命相比太子阿荣的要好。”

太后与长公主母女二人的对话，很快就传到了景帝刘启的耳朵里。一向对母后的话言听计从的刘启细细品味，加上自己对栗姬、王娡二人的观察和品评，决定采取一项重要行动。

还没等刘启这里动手呢，突然有侍者来报大行礼官求见。

“大行礼官？他来干什么？”刘启感到很奇怪，“叫他进来！”

被宣进殿行过君臣之礼以后，大行礼官言明来意。原来他是前来拍栗姬的马屁，促请景帝立栗姬为皇后的。

这个马屁可真是拍到马脚上了。尤其是大行礼官滔滔不绝、引古证今地讲了些“子以母贵、母以子显，栗姬之子已被立为太子，栗姬应立为皇后”之类的话，更是触发了皇帝心中的那股无名之火。

刘启咆哮着说：“这是你应该讲的话吗？”见大行礼官还要强辩，他怒不可遏，高声喝道：“来人，给我把这个不知天高地厚的家伙推出去砍了！”

直到此时，大行礼官仿佛才如梦初醒，原来拍马屁也能引来杀身之祸，但悔之晚矣。转眼间，刀斧手手起刀落，大行礼官一命归西。

躲在深宫的王娡闻讯，心里暗暗发笑。原来，大行礼官虽然是为栗姬说话，但实际上却是她派人唆使去的。

挟雷霆之怒余威，汉景帝亲自下令，废掉太子刘荣，改立胶东王刘彻为太子。

栗姬的皇后梦破灭了，不久即抑郁而死。

王娡的儿子终于当上了太子。这时，她又不失时机地与长公主刘嫖联姻，为儿子娶了个大媳妇（陈阿娇的年龄远远大于刘彻），调用一切关系，终于登上梦寐以求的皇后宝座。

得荫庇，兄弟被分封诸侯
子孝顺，长女赐食汤沐邑

公元前一四一年正月，汉景帝刘启得病，病势日趋严重。他自知可能一病不起，遂下令赏赐诸侯王、列侯马匹，又放宫女回家。这些办法均告无效以后，他发下诏书，诏令太子监国。

正月甲子日，活了四十八岁的刘启病死在长安未央宫中。太子刘彻于同日即位，是为汉武帝。

武帝继承皇位以后，第一件事就是秉承母意，封外祖母臧儿为平原君，追赠已经亡故了的外祖父王仲为共侯，并为其在槐里设置墓园，邑二百户。

见女儿、外孙富贵后不忘穷亲戚，臧儿很开心，认为那个神秘的卦象应验了。

王娡的两个同母异父弟弟田蚡、田胜以及同父同母哥哥王信也拼命巴结，王娡乐得做个顺水人情。一向以孝顺自诩的刘彻，亲自下令，封王信为盖侯、田蚡为武安侯、田胜为周阳侯。

王信、田氏兄弟三人或喜爱饮酒，或过于贪婪，很遭当时人们的非议。尤其是田氏兄弟之被封侯，已经很惊世骇俗了，但不久来自京城的消息，更让人吃了一惊。

在母后王娡的授意之下，汉武帝刘彻竟封自己同母异父的姐姐为修成君。此处所谓“同母异父”可不同于“同父异母”！只要稍稍动动脑筋，人们就会明白，皇族中可以有成百上千同父异母的兄弟姐妹，却绝不可能存在一个同母异父的姐妹兄弟，尤其是这个母亲系太后时。倘或出现，那就会使当时的皇上脸上无光——贵为天子之母的太后，竟是个再嫁的妇人，如何能够母仪天下？

因此，漫长的中国封建社会中，虽然不乏太后“偷人”或再婚的特例，但封建历史以及当事者本人对此却讳莫如深，三缄其口。而像王娡这样公然让儿子封自己与前夫所生之女为修成君的，真是“前不见古人，后不见来者”了。

与王娡等人同时代的褚少孙、钟离生二人回忆了王娡与前夫所生女儿的受封经过：

那是公元前一三九年前后，一向宠信儒教方术之学的武帝刘彻，因慑于老祖母窦氏的威严，不得不装出礼敬黄老之学的样子，整日里在皇宫“清静无为”。

一日，武帝的宠臣韩嫣（韩信的曾孙，刘彻任胶东王时的伴读）与刘彻闲谈。像是出于无意识地，韩嫣提起皇太后有个女儿住在长陵。

“你不是说谎吧？”刘彻漫不经心地问，“朕还有一个姐姐？失落在长陵？”

“臣该死！臣该死！”见皇帝脸上一副阴晴不定的样子，韩嫣遂以退为进跪了下去。

“起来！快起来！”刘彻见韩嫣一副诚惶诚恐的样子，忙说，“我又不是怪你，我只是想证实一下，你说的是不是真的。”

“臣焉敢欺君！”

“那好，你先不要告诉太后，我要给她老人家个惊喜！”

——刘彻也不知是犯傻还是装糊涂，还用得着“告诉太后”？太后实际上早就知道了，甚至连韩嫣的信息也是太后提供的。要不然，他一个小辈儿，又不是八辈子的老人，怎么会知道武帝还有个异父姐姐。

可笑！

次日，武帝暗里传下命令，派使者前往长陵，预先查探金氏（王娡前夫金王孙，故其女儿姓金）是否在家。使者快马回报说金氏在，武帝立即亲自前往迎接。

那时候帝王出巡，虽然没有后来如明清时帝王的那些排场，但也要经过清道才能起程。刘彻可能是思姐心切，不待清道完毕，就派人先骑着马打着旌旗出横门，然后自己搭乘车驾直奔长陵。

当时的长陵与长安之间有一小市，过了小市就是坊里。这坊里有点类似后代的团城，有围墙，有坊门，当时所谓的市井小民一般就住在这团城之中。

武帝刘彻的车子从长安出来后，经过长陵向西折入坊里。由于起得太早了，坊里的门还没有开，武帝就喝令手下的人敲开坊门，径直来到了金氏门前。

虽然是微服出行，但武帝的侍从也成百上千。刘彻命令手下的武士围住金氏的住宅，以防金氏受惊后逃走，然后令群臣入内宅请金氏出来。

金家人哪里见过这种阵势，一个个吓得坐也不是，站也不是，跪也不是。王娡所生的那个女儿，更是吓得躲在了内房的床下。

左右侍从费了好大的劲，才将她从内房"请"了出来。行过君臣之礼后，武帝刘彻下车笑着说："唉，大姐，为什么躲得这么隐秘啊！"

"大姐？"金氏女子如坠五里雾中，"皇帝怎么管我叫'大姐'？"

还是站在不远处的金王孙比较明白，他知道眼前这位天之骄子是谁了。

于是，金王孙分开众人，附在金氏的耳边，如此这般地说了几句，那个女人才惊魂甫定。

刘彻见姐姐不再害怕，就令人将她扶上早已准备好的另一部马车，姐弟二人打道回宫。

皇帝本是住在未央宫的，可是武帝与金氏的两部车子却绕过未央宫，直驱长乐宫。

长乐宫系太后王娡所居，他们要干什么？

原来，他们是去谒见母后。

西汉一朝，自高祖至武帝，近百年间，最讲究以孝治国。因此，即使贵为皇帝，倘无特许，也不能直接出入长乐宫。

武帝刘彻是个孝子，他当然不会贸然闯宫。没来之前，他就已经预先准备好通名状给看门的使者，让使者通报太后，即刻谒见。

见面后，刘彻对母亲说："儿子今天来，是请母后认一个人。"说着，他令人扶出金氏，对她说："快来见过母亲！"

"这孩子是谁啊？"王娡明知故问道。

"娘，我是大妞啊！"没有受过什么教育的金氏一急，道出了自己的乳名。这个乳名还是王娡给取的呢！

"你是大妞？"

"是啊，女儿的这个乳名还是太后给取的呢，太后忘了吗？"

"没忘，没忘！"王娡心想："怎么会忘了呢？你这个傻丫头，你这次能够被接进宫来，还是老娘我的干预呢。不然，你那皇帝兄弟会认你这个下九流的民妇为姐姐？"当然，这些话都只能放在心里。王娡和儿子刘彻彼此都心照不宣，这意外的惊喜只不过是做给外人看的。

见太后有些伤感，刘彻马上令人设宴摆酒为姐姐接风洗尘。

酒宴正酣时，刘彻在母后王娡的授意之下，赐给金氏钱千万，奴婢三百，公田二百顷，甲第一区。

接着，刘彻命人请来了三个姐姐平阳公主、南宫公主和隆虑公主，让她们也来一起拜见这位同母不同父的姐姐。

王娡在有生之年，一下子达成了这么多的愿望，心里真是高兴极了。

不久，在王娡的授意之下，汉武帝刘彻又封金氏所生之男为修成子，将金氏所生之女嫁给淮南王刘安的儿子。

修成子金仲仗恃母亲与皇帝同母异父的关系，经常欺凌官吏和百姓。刘彻看在母亲和姐姐的份上，对他的胡作非为，也常采取睁一只眼闭一只眼的态度。

可以这样说，在王娡的有生之年，刘彻没有让他这位母后皱过一次眉头。

做女人做到这个份上，可真是不容易了！

公元前一二六年，孝景皇后王娡病逝于都城长安。

谱写未央神话的歌伎

——汉武帝皇后卫子夫

◎仆人女，出身卑贱做歌伎
天作合，更衣入侍悦君心

◎入宫年余，宫门似海不得临幸
临别回眸，君恩如山平步青云

◎得宠时姐兄裂土尚公主
失意后家族星散多自裁

汉武帝征和元年（前 92 年），汉帝国的都城长安突然关闭城门达十一天之久。这大概是中国历史上有确切文字记载以来的第一次关闭京师城门的“大戒严”。

事情的起因，据说是汉武帝在建章高台上赏景时，看见有一男子带剑走进中龙虎门，觉得形迹可疑，命人追捕，竟无所获，又令武士搜上林苑，仍无所获引起的。

此时的汉武帝，已非复当年阿彻，六十五岁高龄的他总觉得有人要诅咒暗害他，由此，兴起了一场巫蛊大祸，不知株连了多少无辜之人。

在那些无辜被株连的人当中，有一位美丽、善良的女子——她就是由汉武帝刘彻亲自选定的皇后，姓卫，名子夫。

既由皇帝亲自选定为皇后，又因皇帝掀起冤狱而身亡，这位卫皇后的一生该是大起大落了吧？许多人读及于此，定会产生这个疑问，问得有理。

卫皇后的一生的确富有戏剧性、传奇性。

仆人女，出身卑贱做歌伎
天作合，更衣入侍悦君心

说来也怪，汉代的众多皇后中，出身显贵的寥寥无几。她们中大多数都是出身寒微，甚至颇为世人所不齿。比如我们前篇提到的武帝刘彻的生母王太后，出身于没落已久的贵族也就罢了，竟然还是重婚女人。这也不得不让我们感叹汉代的民风之开放。

汉武帝的第二任皇后卫子夫，也是汉代出身寒微的皇后的代表。据史料记载，卫子夫的父亲是一个不知名字的卫姓男子，母亲是卫媪。“媪”是老妇人的意思，卫媪就相当于我们今天喊卫老太太一样。因此，她母亲也是不知名字。

卫媪本是平阳侯府的下人，所以卫子夫和两个姐姐卫君孺、卫少儿，以及哥哥卫长君都算是平阳侯府的家奴。正如大家所知，卫子夫还有三个弟弟，最知名的是后来官拜汉朝大将军的卫青。卫青并不姓卫，其实姓郑。

当时，在平阳县当差的有一个姓郑名季的刀笔小吏。此人虽然并无太大的本事，却生有一副好皮囊，人送外号“赛子都”。这子都本系古时传说中的美男子。《诗经·郑风》中有“不见子都，乃见狂且”的诗句，孟轲孟老夫子在《孟子·告子上》中更有“至于子都，天下莫不知其姣也”的说法。

郑季既然落下一个这样的美称，想必长得一定是一表人才了。事实上也正是因为“悦其貌”，卫媪才与其私通的。

当时，郑季以平阳县小吏的身份在平阳侯曹府里当差。平阳侯府里僮

仆众多，主子们忙于酒色征逐之事，对于下人们偷鸡摸狗的行为鲜有顾及。

郑季和卫媪在这种氛围中大胆私通，先后生了三子：卫青、卫步、卫广。因郑季已有妻室，而且其妻是一个标准的悍妇，所以这三个孩子也只能作为私生子充任平阳侯府的家奴。

也许有人要问，既然这三个孩子都是郑季的，为什么不姓郑而姓卫。据《汉书·卫青霍去病传》记载："子夫自平阳公主家得幸武帝，故青冒姓为卫氏"，"子夫男弟步、广，皆冒卫氏"。改姓其实就是为了攀龙附凤，提高自己的地位。

回到正题，我们来说卫子夫。低微的出身决定了卫子夫只能操持低微的行业。很小的时候，她就在平阳侯府当了一名歌舞伎。这歌舞伎有点类似于现代的歌女，不过她们一般是卖艺不卖身的。据史料记载和专家们考证，在公元前二世纪以前，贵族公卿都拥有自己的歌舞伎，她们的存在往往只为主人及嘉宾提供耳目之娱，有时她们也被当作一件增进感情的小礼物而被主人辗转相送。

公元前一三九年，汉武帝刘彻到位于长安东北的灞上行祓禊之礼，礼毕回宫时正好路过平阳公主的府邸——平阳公主因其夫曹寿有恶疾而不住平阳县，常住京师长安附近武帝特为她修建的公主府。卫子夫等一班歌舞伎随侍在侧。

公主与皇帝姐弟二人从小感情就好，彼此都很记挂对方。既然路过，武帝焉有过门而不入之理。

早就有人将皇帝可能要过府造访的消息告诉公主，公主特意为弟弟准备了一份"礼物"——十名良家女子。

这是干什么？

原来，武帝虽然早就由母亲和大姑馆陶长公主做主，与表姐陈阿娇结了秦晋之好，但无奈陈阿娇的肚子不争气，结婚几年，尚未开怀。古语云"不孝有三，无后为大"，贵为万民之主的皇帝怎么能没有子嗣呢？

平阳公主想替弟弟解决这一问题，所以特意命人找了十个有"宜子之相"的出身清白的黄花少女，打算让弟弟带回去享用。

姐弟二人略事寒暄之后，手下人摆上酒宴。平阳公主命人唤出那十名良家女子为皇上侑酒。

坐在一旁悉心打量，平阳公主发现弟弟刘彻对这十名良家女子视而不见，而视线始终不离正在边歌边舞的卫子夫。

“噢，阿彻原来看上了这个丫头！”平阳公主暗暗撇了撇嘴，心道：“格调太低了！”

可是刘彻不光是她的弟弟，还是皇帝，因此她也不好说什么。

再说刘彻已等不及她说什么了。他这时已起身前往尚衣轩更衣，点名卫子夫跟着去服侍他。

见皇帝有令，卫子夫焉敢不从。

春风一度之后，武帝刘彻春风得意地回到了宴会厅。

宴会结束，就要打道回宫了，刘彻向姐姐平阳公主提出，想带卫子夫回宫。

虽然很不满意弟弟选择这样一个出身下贱的女子，但平阳公主还是很乖巧地答应了，而且还随机应变地做出舍不得卫子夫离去的样子——原来她因卫子夫出身低贱，根本不曾和她说过什么话。平阳公主还搬出许多原本准备送给选中的良家女穿的衣服，将这些衣服一股脑全送给了卫子夫。

汉武帝也很会凑趣，见姐姐也喜欢自己喜欢的女人，不由喜从心上来，下令赏赐平阳公主金千斤。

车子就要起程了，很会迎合上意的平阳公主一边抚着打扮得焕然一新的卫子夫，一边做出伤感的样子，说：“走后，多吃些饭，保重身体。显贵时，别忘了我们！”

入宫年余，宫门似海不得临幸
临别回眸，君恩如山平步青云

宫怨，是一个永恒的主题。

唐代大诗人李白曾有诗叹曰：

天回北斗挂西楼，金屋无人萤火流。
月光欲到长门殿，别作深宫一段愁。

桂殿长愁不记春，黄金四屋起秋尘。
夜悬明镜青天上，独照长门宫里人。

进宫后不久，卫子夫就深深体会到寂寞是什么滋味了。

入宫一年有余，她竟连一次被皇帝召幸的机会都没有得到，整日里独处深宫，所见到的无非是四堵高墙和高墙圈起来的一块狭小的天空，还有那些和她一样无聊、一样不幸的宫女。

不久，恰巧赶上武帝拣选不中用的宫女出宫，卫子夫也在被遣之列。

她彻底失望了。

这算什么？那日尚衣轩中的春风一度，留给她和原来熟悉她的人的印象是刻骨铭心的，难道皇帝就一点印象也没有了吗？

临行前，皇帝要接见每个人。这时，一个颇具戏剧性的场面出现了，命运之神重新对卫子夫青眼有加。

武帝在几十名宫女中一眼就认出了她，而且还准确地叫出了她的名字。

感极而泣，卫子夫哭得很伤心。她使出当歌舞伎时学到的全部本领，以退为进，一枝梨花春带雨般地请求武帝放她出宫。

从再次见到卫子夫，刘彻就暗暗在心里骂自己，忙于封禅忙昏了头，竟差点儿把一个如花似玉的美人放走。

“卫爱卿！”刘彻也不管是否还有其他宫女、太监在场，一把将卫子夫拉入怀里，说，“朕如何肯舍卿离朕而去呢？这一定是手下的人不晓事！”

“你才不晓事呢！”卫子夫暗暗在心里娇嗔道，“入宫一年多，你干什么去了？直到人家要离开了，你才假情假意！”

武帝这次倒不是假情假意。

几天以后，卫子夫被人接入刘彻专门为她准备的寝宫。从此，武帝几乎是每天都要到她这里过夜，卫本人也很争气，一口气为刘彻生下了三女一男。

在皇宫中，男女之间的爱是开放的，又是排他的。开放是皇帝对妃嫔、美人的，排他则限于女人之间。每个女人都希望自己能得到皇帝的宠幸，而且长久不衰；每个女人都不希望别人与她分享皇帝的爱，倘遇到分享者，则视为情敌。

卫子夫得到刘彻宠爱之后，就遇上了一个强有力的情敌。这个情敌不是别人，正是我们前边屡屡提及的陈皇后陈阿娇。

关于刘彻与阿娇，曾经有过一个“金屋藏娇”的美丽动人的故事。

据说那还是武帝未当太子时，阿娇之母馆陶长公主曾将他抱在膝上，以姑姑的身份问他：“彻儿想不想娶媳妇？”

刘彻笑了笑，笑得很痞。

长公主指着一个站在不远处的宫女开玩笑说：“娶她做媳妇，好不好？”

“不好！”

“那你想要谁？”

“阿娇！”

“阿娇？”

“对，要是姑姑把阿娇给我，我一定盖一间用金子造的房子给她住！”

这个故事轰轰烈烈地演绎了许多年，女主角误以为她的情郎弟弟真会对她海枯石烂心不变呢，谁料想竟经不起一个小小卫子夫的脆弱一击。

追本溯源，陈阿娇觉得事情都坏在了那个出身微贱的歌伎身上。

有一次母亲馆陶长公主进宫，阿娇哭诉卫子夫种种横刀夺爱之事，激得这位一向以手狠心辣闻名的大长公主性起：治不了卫子夫，就拿卫氏家族的其他人出气。

当时，卫子夫的长兄卫长君已经过世，弟弟卫青却在宫中任职。

大长公主命手下人捕得卫青，将他囚禁起来，想随便找个罪名把他给杀了。

如此的草菅人命，激起了一个名叫公孙敖的壮士的义举。汉代游侠之风盛行，大侠如朱家、郭解等人皆以侠行名动公卿。受时代影响，公孙敖等人闯进囚禁卫青的私牢，将卫青救出。

得悉此信的卫子夫向武帝哭诉，说大长公主仗势欺人，请皇上开恩救卫青一命。

“怎么个救法？”刘彻问，他想试试卫子夫的见识。

“要是能将臣妾之弟安置在宫门内行走，当个小黄门或侍中什么的，大长公主就不会再找他的晦气了！”卫子夫将家人教给她的话一字不漏地重复了一遍。

“想不到爱卿还真聪明，进宫没多久，就熟悉了宫内掌故！”武帝此时正对卫子夫宠爱日深，对她自然是言听计从。

于是，武帝下令任命卫青为建章宫总管，兼任侍中。

这侍中系官名，始置于秦代，沿置西汉，为列侯以下至郎中之间的加官，无定员，常侍从皇帝左右，出入宫廷。别看此官系闲职，但由于常能接近皇帝，地位日趋显贵，以至到了唐代时成为左相、门下省最高长官的代称。

卫青有了侍中这个官衔，就再也不怕大长公主和陈阿娇了。

事实上陈阿娇此时已是“泥菩萨过河——自身难保了”。原因是有人告发，说她“使用妇人邪媚的道术——巫蛊”诅咒皇帝和卫子夫。

在汉代的宫中，最忌讳的就是“用蛊”，陈阿娇如此举动，使得刘彻对她更为疏远。据说为了挽救垂死的爱情，陈阿娇不惜千金请当时名满天下的大诗人司马相如，为她代拟一篇赋，取名《长门赋》。赋写得哀婉动人，被称为“古今闺怨第一诗”。（亦有人说，《长门赋》并非司马相如所作，原因是此赋的序言中提到汉武帝的谥号孝武皇帝。我们知道谥号是皇帝死后才有的，司马相如比武帝早死了三十余年，所以不可能知道武帝的谥号。）无论此赋是否真的是陈阿娇重金请司马相如所作，都不重要，重要的是，饶是作者如何妙笔生花，也挽不回刘彻移情别恋的爱。

阿娇之母大长公主好几次亲自去找小长公主（平阳公主），以责备的口吻说："皇上不是因为我从中出力，就不会被立为太子而登上帝位。现在翅膀硬了，竟要抛弃我的女儿，真是得鱼忘筌、过河拆桥啊！"

见姑母有责备之意，小长公主连忙为弟弟刘彻辩解说："语云'不孝有三，无后为大'，阿彻是因为阿娇不能生孩子，才动了废立的念头的！"

接着，平阳公主替姑姑出主意，让她花大价钱延请名医，为阿娇诊治，以期产下一男半女。

大长公主母女还真听话。为了使女儿身怀六甲，大长公主不惜花去九千万钱，但治病的医生最后都宣告束手无策。

汉武帝元光六年（前 129 年），陈阿娇被废。

一年以后，卫子夫产下一子。母以子贵，卫子夫被刘彻立为皇后。

得宠时姐兄裂土尚公主
失意后家族星散多自裁

公元前一一五年，汉朝京师长安出了一桩丑闻：当朝皇帝的姐姐平阳公主的第二任丈夫夏侯颇因与自己父亲的小妾通奸暴露，畏罪自杀。经历了第一任丈夫曹寿的过世后，平阳公主再度守寡。

当吃惊的人们尚未将大吃一惊的嘴巴合上时，另一桩更让他们吃惊的事发生了。

平阳公主宣布即将再婚，她此次的丈夫是她原来的骑奴，现任大将军之职的卫青。

"哇！"

作为当朝皇帝一母所生的嫡亲姐姐，平阳公主一开始时，可没想找卫青做她的三婚丈夫。

再度守寡以后，她命手下为她物色门当户对的丈夫人选。

因为异姓不能封王，所以，她选择的最高目标只能是在京的列侯了。

在京的列侯中，像开国功臣留侯张良之子张不疑、献侯陈平之孙陈河、郑侯萧何的后代以及绛侯周勃之子、条侯周亚夫的后代等，死的死，亡的亡。次于这班名门之后的一些准名门之后中，也没有几个说得过去的。

挑来拣去，左右的人来报，只有关内侯合适。

“关内侯？关内侯是谁？”平阳公主好奇地问。

“关内侯就是大将军卫青啊。”左右的人见公主不耻下问，乐得献殷勤，为平阳公主详细地讲述了卫青如何从建章宫总管、侍中之职干起，如何领军一万，出塞北击匈奴，其后又如何连着十次不辞辛劳，甘冒锋矢，将匈奴逐出塞外，因而被今上赐爵关内侯的事详细地讲了一遍。

平阳公主似听非听地说：“不就是我原来的骑奴吗？选他做丈夫，那不是太失身份了？”

“公主此言差矣！”一个平时以敢言著称的总管直言道，“若是论出身，关内侯可能是有些低微，可是‘寒门贵子，白屋公卿’，自古已然。我们的高皇帝不也不过是泗水亭下一亭长吗？”

“大胆！”平阳公主佯怒道，“卫青那厮怎么能与高皇帝相提并论，我看你是有点活腻歪了！”

“小的是为公主着想。公主请想，目前的朝中，谁家一门六侯？谁家之女最为今上宠爱？谁的外甥已贵为太子？”

那还用想吗？当然是卫家了。卫青又是卫家的佼佼者，不嫁给他又嫁给谁呢？

“罢了！罢了！”平阳公主暗暗在心里叹了几声。于是，她请人传话给卫子夫，请她出面告诉武帝。于是，武帝亲自下诏，着令卫青与平阳公主完婚。

婚后，卫青以大将军的身份由关内侯晋爵为长平侯。卫青有四个儿子，全部被封侯，当时民间流传着这样一首歌谣：

生男无喜，生女无怒，独不见卫子夫霸天下！

以卫子夫为代表的卫氏家族，享受到的荣宠到卫青与平阳公主完婚时达到了高峰。其后不久，卫氏一族就开始逐渐走起下坡路来了。

武帝刘彻晚年，渐渐迷上了封禅。大概从继位后的第八年（前123年）初次行幸雍县，看见祭五帝的祭坛开始，武帝开始迷信起神仙和方士来。他先后迷信过自称长生不老的李少君、亳人薄诱忌、齐人少翁、乐通侯栾大、汾阴巫锦等。武帝一改往年的英明果断，开始变得昏庸起来。

这时，一个秦桧式的恶人——江充出现了。

江充，赵国人。他本是赵敬肃王刘彭祖（武帝之弟）的门客，由于冒犯了刘彭祖的王太子刘丹而由邯郸逃亡到京师。为求活命，他向武帝告发了刘丹的隐私，使刘丹因此被废。

事成后，刘彻召见江充，见他容貌伟壮，穿着轻暖华丽，心里暗暗称奇。与江充谈论国家大事，大为高兴，武帝从此对江充十分宠爱，任命他当直指绣衣使者，负责督察皇亲国戚与亲近臣僚们的不法行为。江充检举弹劾，毫无顾忌，刘彻却认为他很忠心正直。而且江充所提的建议，都正是刘彻想做的。

有一次，江充跟随刘彻去甘泉宫（今陕西淳化），正碰到太子刘据（卫子夫所生）派往皇宫的信使在御用大道上奔驰，江充把他逮捕，交付审判。刘据得到消息，派人向江充道歉说："我并非爱惜自己的部下，只是不想让皇上知道，认为我平时没有对部下好好约束。敬请江先生从宽处理。"江充断然拒绝，径自上奏。此举震动了朝野，刘彻对江充此举大为赞赏，称许道："当臣僚的，就应如此！"

公元前九十二年十一月下旬，长安戒严。堂堂的汉帝国为了对付阳陵大侠朱安世，竟不惜出动全国兵马。正在苦无所获之际，有人前来报告，愿用朱安世来做一宗交易。

来人复姓公孙，单名一个贺字，乃是卫子夫的姐姐卫君孺的丈夫。公孙贺当时已是宰相，他要用朱安世来换谁呢？

换他的儿子公孙敬声。公孙敬声当时正担任太仆之职，骄横不法。他曾擅自挪用北军（首都警卫部队）公款一千九百万，因事情败露而被收监。

公孙贺不知用什么方法捉住了朱安世，提出用他来交换儿子。刘彻批准。

朱安世在狱中上书汉武帝，告发“公孙敬声跟阳石公主（刘彻女儿）私通，知道皇上常去甘泉宫，曾经教人在御用大道上埋藏木偶，诅咒皇上，口出恶言”。

此书一上，刘彻狂怒。

次年（前 91 年）正月，武帝下诏诛杀公孙贺、公孙敬声父子。

这一年的闰五月，诸邑公主、阳石公主以及皇后卫子夫的侄儿卫伉（卫青之子）都因牵连到“巫蛊案”而被诛杀。

刘彻与卫子夫夫妇之间，以及刘彻与刘据父子之间的关系，开始出现明显的裂痕。

以前，刘彻每次出游，总把朝廷的事托付太子刘据，把后宫的事托付皇后卫子夫。等刘彻回京后，刘据把最重要的事情向他禀报，刘彻一般都没有什么意见。有时候，刘彻更是连看都不看。

刘彻、刘据父子二人，老父用法严苛，任用的多是刻薄寡情的官员，而儿子则心地善良，常从诉讼中发掘冤狱，减免罪刑。刘据这样做的结果是得罪了许多当权派。老母卫子夫深恐这样对抗下去，太子可能会遭人陷害，于是常常告诫刘据应遵从老父的意见，不应自作主张。

刘据却总是自有主张。

当时，朝中残忍的酷吏们结成一党，刘据与他们水火不能相容。

老舅卫青在世时，这班酷吏还不敢把太子怎么样，而当卫青病逝以后，那些人开始争着对付刘据。

据史料记载，刘彻晚年跟亲人们非常疏远。贵为皇后的卫子夫，也见不到他的面。

有一天刘据进宫探母，很久才出来。小黄门苏文立即向皇上打小报告说“太子与宫女私通”。

当时与苏文狼狈为奸的还有常融、王弼等人。卫子夫对他们也恨之入骨，想要奏请皇上把他们三个处死，刘据却说：“只要我不犯错误，何必怕苏文的小报告。再说父皇圣明，不会听信他们的邪恶谗言的，母后不必担心！”

刘据这样的宽厚，却未换来好的回报。

不久，刘彻偶感风寒，命常融宣召太子入宫。常融回来后使坏说：“太子听到皇上生病，面有喜色！”刘彻黯然无语。

一会儿，刘据来到，武帝见儿子脸上挂着泪痕，却强颜欢笑，深为奇怪。经过详细盘查，他探知了真情，大怒，诛杀常融。

武帝这一敲山震虎式的做法，并未获得预期的效果。

苏文、王弼等人还在，而江充又正得宠。豺狼当道，杀一只狐狸有什么用呢？

不久，江充等人腾出手来决定对太子和皇后进行致命的打击。

由于“巫蛊案”株连杀人太多，武帝老觉得有些精神恍惚。有一天夜里，他做了一个梦，梦见有数千木人，手持木杖攻击他，惊醒后顿感身体不适。

随侍在侧的江充得知此梦后，趁机向刘彻进谗，说皇帝之所以精神恍惚，是因为朝中有人想要皇帝快死，说穿了仍是巫蛊邪术在作怪。要想解脱，必须揪出施用巫蛊邪术的奸人。

武帝刘彻竟相信了江充的鬼话，于是，一场浩劫开始。

江充采用的是由宫外到宫内的策略。他先在各郡国搜寻，然后又在长安四处掘地，一有发现，立即穷追不舍，采用种种令人发指的酷刑，大搞逼供信。前后遭迫害的竟达几万人之多。

牛刀小试以后，江充向武帝进谗说：宫中也有邪气，如不清除，陛下的病还是难以彻底痊愈，因而请求入宫彻查。

聪明一世，糊涂一时的汉武帝刘彻竟然愚蠢得像个三岁的顽童，江充怎么说他就怎么答应，立命江充领人入宫。

江充率同按道侯韩说、御史章赣领着兵丁四处掘地。

小人一旦得志，便会猖狂。江充取得武帝手诏这把“尚方宝剑”之后，锋芒所向，直指太子和卫后。整个皇宫乱成了一锅粥。蚯蚓般的江充一伙，把本来平展展的屋地“翻”得七高八低，以至于末了，皇后和太子竟找不到一块平地放床。

饶是如此，掘地者仍一无所获。

但内外隔绝，向以圣武神明自诩的刘彻，却用一堵自己造的“墙”，隔住了明察是非的视线。江充颠倒黑白、指鹿为马地诬陷太子宫中多木人，上面多书有大逆不道之语，并写好了奏章，准备上奏。

这时，悲剧发生了。

鉴于皇上对江充言听计从，太子刘据觉得江充表章一上，会使他欲辩不能，怎么办？

他找来了太子太傅石德商议对策。

“情况确实很危险！”石德深谋远虑地说，“江充有意栽赃，我方无人作证，是非恐一时难明。”说到这里，石德顿了一顿，突然问起一个看似不相干的问题：“殿下有陛下的消息吗？”

“没有。”刘据有些不快，火烧眉毛地要对付江充，你提父皇做什么？

但石德毕竟是他的老师，于是他又补充了一句：“几天前，孤曾与母后一起前往甘泉宫问安，被苏文那厮挡驾，没能见到父皇。”

“这就更危险了！”

“此话怎讲？”

“殿下还记得前朝秦始皇帝之子扶苏的一些往事吗？”

“唔？”

“扶苏本系始皇之长子，最有希望承继皇位。但由于奸臣赵高假托圣旨，最后却落得个含冤自尽的下场！”

“卿家之意莫非是说江充那厮想当赵高？”

“正是如此。不过事情尚有可为！”

“计从何来？”

“殿下可假托皇上诏命，发兵收捕江充等人，穷治其栽赃陷害之罪，录得口供，然后奏明圣上，庶几可免扶苏之祸！”

“这个……”刘据有些犹豫。他觉得此计虽然痛快，但总有不妥之处，不如自己亲自前往父皇所在的甘泉宫谢罪，或可洗清冤屈。

刘据的善良，再一次换回了江充等人的以怨报德——他的进宫门牌被小黄门收缴。

走投无路的刘据见事急，只好听从石德的建议。他先派人冒称是天子使者，进入卫子夫所在的未央宫，向卫后禀报。事已至此，母子情深，卫子夫只好令皇后御厩车马、射士统归太子调遣，并下令打开长乐宫武库，调集长乐宫卫士统一行动，收捕江充。

已近百年未见兵戈的汉帝国都城沸腾了。仓促起事的刘据犯了两个不可宽恕的错误：一是只是捕杀江充，没有尽诛江充的同党，致使一个奸诈程度仅次于江充的小黄门苏文乘乱逃走；二是没有取得握有实权的朝廷大臣的谅解，尤其是没有与宰相商量。

第一个错误直接导致苏文向汉武帝的诬报，第二个错误使得朝臣也认为他谋反。

这两个错误都是致命的。

当时，朝中宰相系刘据的庶伯父刘屈牦。血浓于水，倘若做侄子的能对伯父晓之以理，动之以情，相信伯父会有所考虑的，至少，到了后来能有个回旋的余地。

令人遗憾的是，这些刘据都没能做到。而且，在收捕江充以后，他还错误地命人攻打宰相府。刘屈牦见老侄动了真格的，遂对下人们盛传的“太子谋反”确信不疑。乘乱逃出后，刘屈牦派丞相府长史飞报刘彻，说是太子已经谋反。

“丞相作何举措？”武帝问惊魂未定的长史。

“回皇上，丞相说兹事体大，他一人不敢独专。”

“优柔寡决！”武帝本来想骂“蠢货”，但一想到刘屈牦是自己的庶兄，且有下人在场，遂改口下了个四字评语。顿了顿，他接着说道：“事实俱在，还说什么‘体大’？我让他留守京师，就是想要他能独专则独专。‘不敢独专’？好吧，打完了这一仗，我一定让你彻底地脱离‘体大’的事情，连‘合力专权’的差使也沾不上。”

于是，武帝下令起程回长安。

此时的长安，局势非常微妙。太子率领长乐宫卫士、皇御厩壮士、太子府卫士，与官军苦战，双方处于相持的胶着状态。负责京师警备的北军没有投入战斗，他们在其首领任安的率领下暂时作壁上观。

北军是一支装备精良、战斗力极强的部队。当年绛侯周勃之所以能平定诸吕，最主要之原因就在于他左袒入北军，取得北军将士的支持，才掌握了京师的主动权。

刘据不是不想得到北军的支持，他曾数次派人以天子使者的名义着令北军出战，无奈统领北军的任安老奸巨猾，不肯从命。

这时，汉武帝已飞快赶回了长安，车驾驻跸在长安西郊建章宫，直接投入指挥。双方激战了五日，死伤极多。

最后，由于任安的北军也投入了战斗，战场形势急转直下，刘据弃兵逃亡。

把守南城城门的将领是官拜司直的田仁。他见太子一人兵败而逃，不由动了恻隐之心，放开一条“华容道”，让刘据逃生去也。

逃出长安以后，刘据一路上凄凄惶惶。历经千辛万苦后，他逃到阌乡（今河南灵宝境内），藏在一户同情他的老农家里。

按下太子这头不表，且说长安城中，太子一走，与官军对阵的这方群龙无首，很快被剿灭。太子老师石德被诛。

武帝回到未央宫，得知“乱军”中有许多原本是皇后宫的卫士，大怒，逼令卫子夫自裁。

可怜卫子夫，以一介歌伎有幸成为皇后，历三十八年，中间有欢乐、有痛苦、有激动、有失望，酸、甜、苦、辣可谓备尝之矣！谁能想到，最后还是被自己的丈夫亲手下令逼死。

再说太子逃到阌乡以后，隐藏在泉鸠里的一户农家之中。主人家境贫寒，经常靠贩卖草鞋来奉养太子。太子因有一位熟人住在附近的湖县，而且很富有，遂派人前去联系，于是消息泄露。

公元前九十一年八月辛亥日，地方官率兵包围了太子的住处。刘据估计此次难以逃脱，便回到屋中，紧闭房门，自缢而死。

前来搜捕的兵卒中，有一山阳男子名叫张富昌，用脚踹开房门。新安县令史李寿跑上前去，将太子抱住解下。农家主人与搜捕太子的人格斗而死，两位皇孙也一同遇害。

怎能想到谱写未央神话的一代歌伎卫子夫和她的后代竟是这样一个结局？

改衣固宠的醋坛子皇后

——汉昭帝皇后上官氏

◎防风挡雨，祖父意不在马
结党营私，父亲拉拢面首

◎酒后失仪无纲纪
谋反不顾父女情

◎为保后位绞尽脑汁
欲固专宠发明穷裤

公元前八十七年二月丁卯日，西汉孝武帝刘彻在远游封禅的路上突然病逝。汉王朝的最高权力继承人人选成了人们普遍关注的热门话题。

以大将军霍光、外籍客居中国的车骑将军金日磾、左将军上官桀等人为首的一班老臣，受武帝临终顾命之托，扶立年方八岁的武帝少子刘弗陵继皇帝位，是为汉昭帝。

昭帝系武帝宠爱的钩弋夫人所生，年方五六岁时即“壮大多知”。

被扶立为帝后，刘弗陵常抑郁不言。左右以为他仍在思念母亲——钩弋夫人（刘弗陵继位时年龄小，武帝怕子少母壮，吕后之事重演，于是便立子杀母，赐死了钩弋夫人），为了释解皇上的情怀，霍光等人做出两项决定：

一是敦请武帝的长女，今上之姐鄂邑盖长公主入宫不离皇上左右。

二是立即着手为皇帝选良家女册封为皇后。

第一项工作很快得到执行。第二项工作却遇到了一点小小的波折——最初由长公主做主选定的周家女最后被人玩了个“掉包计”，来了个李代桃僵。

那位取周氏女而代之的女子就是本文的主角，汉昭帝的正宫皇后上官氏。

与昭帝成亲的这一年，上官氏只有六岁。一个六岁的女孩怎么能够跟长公主玩儿“计”呢？这里一定另有奥秘。

防风挡雨，祖父意不在马
结党营私，父亲拉拢面首

上官氏一家，在武帝一朝，尤其是武帝后期，可谓声名显赫。他们是怎样发迹起来的呢？

据《汉书·外戚传》记载，上官氏的祖父上官桀，本系陇西上邽（今甘肃天水）人氏，年轻时因性喜游侠而从缨入伍，初为羽林期门郎（一种低阶武官，约略相当于后世的七品带刀侍卫）。有一年，汉武帝刘彻驾临甘泉宫，途中遇到暴雨大风，把当时全国最好的马——皇帝御马连吹带淋，弄了个晕头转向，走也走不动，停也停不安稳，折腾来折腾去。老天爷不知和谁斗气，没有一点晴的意思，武帝在车里面可有些受不了。

古时候的马车，与我们今天所见到的载人马车有着很大的差别。今天的载人马车有车棚、车厢、座位，而古时的载人马车则只有盖、有座位而无车厢。那时的车无非是两个轮子几块木板，再加上几根纵横交叉缚在一起的木棍（轼）和一柄支起来的遮阳（雨）伞而已，是一种构造很简单的车子。这种车子平常乘坐还觉不出什么，可是一遇到刮风下雨就会令车主窘相百出。

刘彻坐的就是这种没有车厢的马车。因此，当狂风暴雨有增无减时，他只能连叫“苦也”！

就在刘彻还有随侍刘彻左右的人束手无策之时，一直站在旁边的上官桀，突然一把扯下车盖，将这面硕大无比的伞盖从高处降到一个合适的位置，由他本人代替原来借以支撑车盖的伞柄，随着风向，前后左右地为武帝遮雨。这办法简直就是将古时的车盖变成了现代的遮雨伞。你还别说，这一招还真灵，哆哩哆嗦地坐在车里的刘彻终于免去风吹雨淋之苦，一高兴，当场就封上官桀为未央厩令（掌管皇宫中的御马。这个官职，套用《西游记》中的官衔就是“弼马温”）。上官桀因其在突发事件中的出色表现，赢得了汉武帝刘彻的赏识。

不久，在另外一次窘境中，上官桀又一次化不利为有利，取得了刘彻的进一步信任。

那一次不是遇到雷雨大风，而是遇到武帝生病。上官桀其时突然染上了斗鸡的嗜好。为了斗鸡，他节衣缩食，不但顾不上管理未央厩中的马匹，而且连自己的身体也折腾得瘦弱不堪。当然，与他一起消瘦的还有他“治下”的那些御马良驹。

武帝的病是小病，不久就好了。病愈后，他到未央厩中散心，突见自己心爱的这些大宛宝马瘦骨嶙峋，不由怒火冲天。

这大宛马一名天马，乃是汉朝时对得自西域的良马之总称。据《史记·大宛列传》记载：汉武帝时“得乌孙马好，名曰‘天马’。及得大宛汗血马，益壮，更名乌孙马曰‘西极’，名大宛马曰‘天马’”。这是汉武帝最最心爱之物，为取得几匹这样的宝马，他甚至不惜派大将领兵远征异域，以死伤几万人、历时数年之久的惨痛代价作交换。那位赫赫有名的贰师将军李广利就是因为领兵出征大宛，获取宝马有功，才最终被赐封为贰师将军的。

“这些命根子竟饿成这个样子，看来今天得破杀戒了。”武帝心想。

早有人将此事飞报未央厩令上官桀。刚刚从斗鸡场上回来的上官桀一听皇帝要查问御马变瘦一事，当时脑袋就“嗡”地一下子“大”了起来。

该找个什么样的理由呢？他一边匆匆前去厩中见驾，一边在脑子里飞快地打着主意。见到武帝的一刹那，一个好主意成形了。于是，他叩下头去，口称："臣未央厩令上官桀见驾来迟，死罪！死罪！"

"你就是上官桀？"刘彻用冷得令人发抖的语调调侃式地问，"你就是未央厩令？"

"臣是。"

"这些汗血宝马是怎样变瘦的，你知也不知？"

"臣不知！"

左右的人都为他捏了一把冷汗。有些性急的甚至暗暗在心里骂道："这个上官桀，大概是活腻了！"

果然，武帝的脸由白转青，由青转紫，差一点就要拔剑杀人了。

只听上官桀不慌不忙，又火上加油似地来了一句："臣不但不知，而且根本没往宝马身上想！"

武帝气极反转平静，他问："那你一定另有大事可想了？"

"是的！"上官桀忽然激动起来，他又叩了一个头，带着哭音说，"臣闻圣体不安，日夜忧惧，意诚不在马。陛下只见马瘦，没见臣瘦过马！"

刘彻听了上官桀这一番话，回想一下巡幸甘泉宫时那个身强体壮的上官桀，再看看眼前这位骨瘦形销的未央厩令，竟相信了上官桀的鬼话，不但没有处罚他，而且升他为侍中。不久，上官桀又由侍中提拔为太仆，进入朝廷九卿的行列。

武帝去世前，上官桀被授予左将军之职，成为受遗诏托孤的顾命大臣之一。而且，上官桀之子上官安，还娶了霍光的女儿。上官氏、霍氏两家有姻亲之好，汉朝的天下差不多成了上官氏、霍氏两家的了。

前面我们已经说过，霍光做主，为昭帝选后，并选中了周阳氏之女。上官桀、上官安父子因为想攀皇亲，就挖空心思地想让上官安的女儿取代周阳氏之女。

李代桃僵的妙计被霍光以上官氏年龄太小为由一口回绝，上官父子便转而寻求皇帝的大姐鄂邑盖长公主。有一件事很麻烦，那周阳氏之女本也算不得什么，但却是长公主亲自挑选出来的。要想踢开周阳氏，长公主不点头是不行的。

长公主这个人不喜欢钱，没法贿赂她；不惧势，因为她是皇帝的姐姐，没法用九卿的身份压她，但却有一个弱点，就是比较“好色”。

在以男尊女卑为天经地义的古代，男人好色是司空见惯的，女人好色却很少见。刘宋王朝的那位有名的山阴公主，不就是因为有了一句“妾与陛下，男女虽殊，然俱托体先帝。陛下六宫万数，而妾唯驸马一人。事不均平”而“名传千古”吗？长公主与稍后于她的山阴公主相比，倒还算是好的。她的好色，只“好”面首一人。此人姓丁，名外人，英俊神武，多才多艺。长公主本来已经是已嫁之妇，她的丈夫是盖侯王信（一说是王信之子王充），但夫妻二人感情不好，因此，当霍光请长公主入宫抚视昭帝时，长公主连想也没想就答应了。这位皇姐把丈夫抛在家中，带着丁外人就直奔京师，这一举动给上官父子留下了深刻印象。因此，他们决定从丁外人身上打通长公主的“关节”。

丁外人其人，是个官迷。有一天上官安把他请入家中，二人同桌对饮。半醉半醒之际，上官安借酒盖脸，提出想请丁外人帮忙，将自己的女儿送入宫中，立为皇后。

“不行，不行！”丁外人尽管说话有点舌头发硬，但头脑却清醒，“长公主已经为皇上选了周阳氏之女了。”

“知道，我知道。”上官安喝了一口酒接着试探性地问，“不知立了周阳氏之女对外人您有什么好处？”

“好处，什么好处？”外表漂亮，实际上却没有什么文化的丁外人粗鲁地反问，“是替皇帝选皇后，又不是替我娶老婆！能有什么好处？”

“这就对了！”上官安接着推心置腹地说，“我有个主意，能让外人得个好处。”

“讲，讲！”

“小女容貌端庄，出身高贵，兰心蕙质。倘若外人能说服长公主，以小女充后宫，取代周阳氏之女，以我们上官家在朝中的权势，再加上椒房之重，想要给外人一个好处，岂不易如反掌！”见丁外人傻兮兮的还是不明白，上官安接着启发道：“按照汉朝的故例，常以列侯尚主，反过来说，既尚主——与公主有夫妻关系，朝中再有人为你说话，何愁不能封侯？”

丁外人一听，既可当官，又能封侯，大喜过望。辞别上官安后，丁外人即刻去见长公主，向长公主吹起了枕边风。长公主对于为弟弟选媳妇，本来也是无可无不可，现在见自己的心上人求情，乐得答应。

上官安听了丁外人的回话，即刻将自己六岁的女儿装扮起来，准备送入宫中。

年方六岁的上官氏一听说要送她进宫，吓得大哭，边哭边叫："我不入宫，我不会侍候别人！"

"乖孩子，不是要你侍候别人，是要让别人侍候你！"

"家里就有人侍候我，干吗要入宫去呢？"

"入宫能当皇后啊！"

"当皇后？皇后是干什么的？"

"皇后是皇帝的媳妇啊。"

"媳妇？我才不给别人当媳妇呢！"上官氏仍是哭哭啼啼。

见女儿"榆木脑袋不开窍"，上官安急了。想了一下，他又蹲下身来哄劝女儿："咱们先不说入宫的事。乖孩子，我问你，咱们家谁最厉害啊？"

"爹爹！"

"爷爷呢？"

"爷爷比爹爹还厉害。"

"可是皇上比爷爷还厉害啊。你想不想当比爷爷更厉害的人呢？"

这一招真灵。一想到上官桀老头经常对自己吹胡子瞪眼，上官氏就有气，现在听爹爹问自己想不想当能管住爷爷的人，那当然是想了。于是，她很爽快地就答应说："想当。"

"那好，"上官安话锋一转，说，"那你就只得入宫了，因为只有入宫给皇帝当媳妇才能管住爷爷啊！"

"我入宫，我要入宫！"上官氏听了爹爹的一番"启蒙"教育，茅塞顿开。

汉昭帝始元四年（前 83 年）春正月甲寅日，年方六岁的上官氏，被年方八岁的汉昭帝刘弗陵册立为后。

酒后失仪无纲纪
谋反不顾父女情

汉昭帝元凤元年（前 80 年）六月，皇帝的三哥燕王刘旦突然上书朝廷。书云：

昔秦据南面之位，制一世之命，威服四夷，轻弱骨肉，显重异族，废道任刑，无恩宗室。其后尉佗入南夷，陈涉呼楚泽，近狎作乱，内外俱发，赵氏（秦始皇本姓赵）无炊火焉。高皇帝览踪迹，观得失，见秦建本非是，故改其路。规土连城，布王子孙，是以支叶扶疏，异姓不得间也。今陛下承明继成，委任公卿。群臣连与成朋，非毁宗室，肤受之诉，日骋于廷。恶吏废法立威，主恩不及下究。臣闻武帝使中郎将苏武使匈奴，见留二十年不降，还亶为典属国。今大将军（指霍光，燕王的死敌）、长史（杨）敞无劳，为搜粟都尉，又将军都郎羽林，道上移跸，太官先置。臣旦（燕王刘旦自称）愿归符玺，入宿卫，察奸臣之变！

这篇洋洋洒洒的表章看起来义正词严，实际上却包含着一个阴谋。它的矛头所指似乎是当朝重臣、大将军霍光，而实际上却是想通过打倒霍光最终废黜汉昭帝。表章虽然是以燕王刘旦的名义上呈给皇帝的，但其真正的主笔人却是上官桀、上官安父子。

上官桀、上官安父子这样做是有他们的原因的。

还是在女儿入宫后不久，上官安被昭帝封为桑乐侯，食邑一千五百户，后更被擢升为车骑将军。手握兵符，上官安开始狂妄起来。

由于皇后年纪尚幼，经常想家，上官安获昭帝特准自由出入宫中，还偶尔“受赐殿中”。他就抓住这一机会多次向人们吹嘘，说他如何受皇帝的倚重、与皇帝女婿对饮之类的话。

昭帝是否真的与他的这位糊涂丈人在一块儿喝过酒，我们不得而知。但据史料记载，上官安这位国丈老爷本人倒是经常独酌独饮，而且每喝必醉，“醉则裸行内”——醉了就脱光了衣服在宅院内四处闲逛，可谓无耻至极。

到了后来，上官安简直从不要脸而发展成了一头畜生，竟在百无聊赖中，干起与老父的小妾们私通的勾当。

其他诸如什么“子病死，仰而骂天”啊，什么屡屡“为丁外人求侯”啊，不一而足。

大将军霍光对上官安的举动十分看不上眼，便以岳父（上官安之妻是霍光的女儿）的身份训斥了他几次。上官安因一直向霍光讨要丁外人的侯位而不得，加上被训斥，遂与父亲上官桀“狗咬金镶玉——不识好歹人”，对政见不合的霍光怀恨在心。父子二人暗中搜集霍光的“黑材料”，派人送到燕地，唆使头脑简单的燕王刘旦上“清君侧”的呈文，公开向霍光叫阵。

这一切的一切都是背着上官皇后进行的。

阴谋正在酝酿的过程中，有人曾这样问上官安：“我们的目标是只搞掉霍光呢？还是通过搞掉霍氏，另外扶立新主？”

“当然不能只搞掉一个霍某人！”上官安斩钉截铁地回答。

“那么，车骑将军是想把‘北边来的’（指燕王）扶正了？”

“知道了你还问。”

“可是皇后怎么办？皇帝我们可以不去管他，谁当皇帝都行，反正都是刘姓子孙。但皇后是我们上官家的人啊！”

“又不是你的女儿，你到这里献什么殷勤！”上官安暗暗在心里骂那名忠心耿耿的家人。但表面上，他却故作深谋远虑地说：“俗语云‘逐麋之狗，当顾菟（兔）邪（耶）’，我们要干大事，顾不了这许多了！”

见那人还想说什么，上官安接着解释道：“况且还有一层，你可能没有想到。现在皇后还是皇后，但倘若我们当断不断，事情为皇上侦知，人主定会意有所移。那时，就是当个老百姓都办不到了，这是百世之一时的机会啊！”

在中国历朝历代的宫廷野心家、阴谋家中，上官桀、上官安父子可能是最没有人情味儿的！即使如王莽、曹操、杨坚之流，他们篡夺别人的政权时，往往还要顾及到自己嫁到宫中的亲人。上官皇后竟摊上了这样的家人，真是“悠悠苍天，曷此其极”！

年幼入宫、家长不顾，上官皇后是不幸的，但“祸兮福之所倚，福兮祸之所伏”，老祖宗的话可一点也没错，至少上官父子的无情到后来也救了上官皇后一命。

话说上官桀、上官安勾结燕王刘旦上书诬蔑霍光的那篇洋洋洒洒的文章，昭帝刘弗陵看了之后，密压不发。十四岁的刘弗陵以其过人的才智发现了上官父子和燕王上书中的多处漏洞，因而知道他们是在诽谤霍光。上官父子见一计不成，便在其他事情上时不时地上书诋毁霍光。昭帝不仅没有疏远霍光，反而对其更加倚重，渐渐疏远了他们。

眼看扳倒霍光无望的上官父子、燕王刘旦、鄂邑盖长公主、御史大夫桑弘羊等人，于汉昭帝元凤元年（前80年）九月公然谋反。

据后来公布的谋反罪状表明，他们的叛乱步骤是这样的：

先请鄂邑盖长公主置酒，埋伏下刀斧手；然后派人礼请大将军霍光，在酒席上将其捕杀；随后废掉昭帝刘弗陵，改立燕王刘旦。

这个计划是很歹毒的。因为长公主尊比皇帝，她之置酒，霍光若不去，必有“大不敬”这顶帽子压过来；若是去了，刀斧手手中的刀斧可不是吃素的。

幸亏有一个名叫燕仓的稻田使者（官名）发觉了上官父子的阴谋，并密报霍光的亲信大司农杨敞。杨敞将此事转报谏议大夫杜延年。杜延年一听，觉得此事非同小可，不敢怠慢，立即禀明霍光。素有干练之称的霍光闻讯后，立即采取果断措施：派丞相征事任宫捕杀上官桀，派丞相少史王寿诱杀上官安，并迫令燕王刘旦、鄂邑盖长公主自杀。

一场变乱过后，有人提出应斩草除根，废掉上官皇后，多亏昭帝、霍光等人还算念及旧情、亲情，以“少不与谋”的理由，保住了这位乱臣后代。

值得一提的是，上官皇后其人，尽管在《汉书·外戚传》中所占篇幅不多，班固等人花在她身上的笔墨也很少，但从现有的史料上看，她还是一个很有孝心的女人。

爷爷、父亲对她冷酷无情，她却不忘为人子女应尽的孝道。她不避忌讳，用自己的私房钱雇人看守爷爷和父亲的坟墓。

为保后位绞尽脑汁
欲固专宠发明穷裤

上官皇后在西汉众多后妃，乃至在中国古代历朝历代后妃中，都是一个很特殊的个例。她六岁成为皇后，创帝王早婚之先例；身为叛臣之后而未受株连，更是羡煞了其后的众多女人。

其实，上官氏也有自己的苦恼：少小离家，祖父、父亲和其余家人又因谋反被诛杀。

这些外在的苦痛足以叫一个十二岁的女孩叫苦连天。长大之后，一直没有子嗣，更使她隐隐觉出有一种潜在的危机。她的第一个婆母，武帝的第一个皇后陈阿娇就是因久无子嗣而被第二个婆母卫子夫夺走皇后宝座的。这件事给上官皇后的印象太深刻了。

“不行，说什么也得想法给皇上生个一男半女！”上官氏这样想，“可是想什么法子呢？”

上官氏动开了脑筋，就目前的情形看，只能在宫外延请名医为自己调理，或者釜底抽薪——自己生不下儿子，也不能让别的女人生。在宫外请医生需要钱，釜底抽薪需要权，这二者到哪里去找呢？

上官氏想起了外公。外公霍光虽然与父亲、祖父是死对头，但对她这个外孙女还是蛮疼爱的。自己的母亲系霍光的长女，自己则是霍光的嫡长外孙女，不去求他还去求谁？

诛杀了上官桀、上官安父子之后，霍光心里总觉得空荡荡的，尤其是面对新寡的女儿。他也曾暗暗在心里问自己是不是做得有点过分了。

思之再三，他觉得虽然在当机立断剪除政敌方面自己没有做错，但好歹与上官氏一家几代世交，自己一定要想法补救一下。

因此，当上官皇后托人向他致意，请求帮助时，他想也没想就答应了。

不过，霍光毕竟从政多年，知道哪些事可以做，哪些事不可为。对于外孙女所提诸项请求，他否决了其中的从宫外延请名医疗治不孕症一项。在他看来，此举过于招摇，而且所谓“名医”，往往不是贪财好利之徒，就是浪得虚名之辈。武帝时大长公主刘嫖花钱九千万，为女儿阿娇延医疗治不育之症，最后一无所成，这是见诸史册的，他可不想当“冤大头”。

对于杜绝别的女子接近皇帝这一主意，霍光倒是觉得较为可行，但要等待时机。

不久，机会来了。

大约是在平定燕王刘旦、上官父子等人的叛乱之后一年的时间，昭帝刘弗陵的身体一直不怎么好。由掖庭令、侍中等人奏请，并报大将军霍光核准，朝廷罗致天下名医，进宫为皇帝诊病。找来找去，找来一位“名医”。此人复姓公孙，单名一个胜字，医术极高，人送外号“赛扁鹊”。那扁鹊本系春秋战国时代的神医，能预知人的生死，公孙胜能赛过他，必也不凡。昭帝听了手下人的介绍之后，颇为满意，着令公孙胜即刻进宫面圣。

见到皇帝以后，公孙胜装模作样地按照老祖宗传下来的规矩，“望、闻、问、切”了一番，然后煞有介事地对刘弗陵说：“陛下的病乃是积劳成疾，气虚血亏所致。按医理，须服以益气补血之药。然《内经·素问》中有内治、外治、治标、治本之说。臣观陛下之病，乃临幸过多所致，是故服臣之药，可治标，是外治；陛下养身自爱，保精固阳，从而气、血两补，则谓内治，是为治本。不知陛下是要治标，还是标本皆治？”——这个“赛扁鹊”早已被上官皇后和霍光收买，他们做好“治本”的圈套，想让昭帝自己往里钻。

“当然是标本兼治了！”一直守候在旁的上官皇后一副忠心耿耿、爱夫心切的样子。

“那陛下就应独处宫中，一人静养，一切饮食起居由皇后单独照料。”

“皇后乃六宫之长，”昭帝不知是计，开口说道，“岂能由她亲侍汤药！”

“君为天，后为地；君为父，妾为子。臣妾侍奉皇上是天经地义的！”上官氏假惺惺地说。

“不行，不行！”刘弗陵断然拒绝，“可找几个稳便可靠的宫女，代皇后之劳。这事就这样定了！”

“你说的‘稳便可靠’，我看可一点也不可靠，干柴怕烈火，馋猫怕见荤腥！”上官氏听了丈夫的话，心里暗道，可是她也不好硬把丈夫的话驳回去。幸得霍光派来的那个心腹从中转圜，事情遂暂告一段落。

回到自己的寝宫后，上官氏越想越不是滋味。“男人没有一个好东西！”她暗暗在心里想道，“我得尽快想个办法才是！”

经过一番冥思苦想，她终于想出了一个好主意，即令“宫人使令皆为穷裤，多其带”。这句话是什么意思呢？东汉人服虔解释说：“‘穷裤’有前后当（裆），使不得交通也！”唐朝人颜师古解释说：“‘使令’，所使之人也。‘裤’，古裤子也。‘穷裤’，即今之绲裆裤也。”

他们解释了半天，不明白古代服饰文化的人，还是搞不明白的。

原来，中国古代，在相当长的一段时间内，无论男女都是穿一件类似今天的裙子的东西蔽住下身，这种东西有个专名叫作“裳”。我们今常用“衣裳”泛指一切衣服，而古代，衣和裳是有严格区分的。还有，最重要的一点是古时候的人下身除了穿一件“裳”以外，里边一般穿胫衣。胫衣，就是套裤，“左右各一，分衣两胫”。用今天的话说就是两个裤管，一条腿套一个，然后用绳子系上，所以是没有裆的。当阅读古汉语文献时，我们常能遇到一个表示不礼貌的词语“箕踞”。对于这个“箕踞”，许多词典都照字面予以解释。

如《现代汉语词典》中解释是“古人，席地而坐，随意伸开两腿，像个簸箕”，是“不拘礼节的坐法”，抑或甚而是一种不礼貌的行为。这一切的一切都与古人里面的胫衣没有裆有关。古时无坐椅（至少宋代以前没有），席地而坐时，你两腿叉开，那你的一切不该见人的地方都会一览无余地展示出来，这才是不礼貌的原因之所在。

在上官皇后所生活的汉代，宫中的女性本来也都是以没有裆的胫衣套在裳里的，这样，就给皇帝随意临幸宫女提供了一个方便的条件。上官皇后经过几度构思，想出的“多其带的穷裤”，其实就是将胫衣稍作改良：将胫衣裆部加上前后挡布，用带子系上。由此可见，这种绲裆裤和今天的裤子还是不同的。

让宫女都穿上新发明的穷裤，这招还真的是很灵。从生病到病死，好几年的时间里，昭帝没有临幸过任何一个宫女。上官皇后终于靠自己的创造性“发明”保住了皇后的位置。《汉书·外戚传》上称，自实行了这项“发明”以后“后宫莫有进者”。

公元前三十七年（汉元帝建昭二年）闰六月丁酉日，已是太太皇太后的上官氏崩于宫中，享年五十二岁。

从糟糠之妻到母仪天下

——汉宣帝皇后许平君

◎父因事被废成宦者
邂逅皇曾孙喜结缘

◎丈夫立后非她不可
霍妇心狠命人投毒

公元前七十四年四月癸未日，在位十三年的汉昭帝病死。几度动乱的汉王朝最高权力层出现了令人难堪的真空。

八岁即位，二十一岁驾崩，汉昭帝刘弗陵没留下一男半女。

当朝重臣、大将军霍光请求皇太后上官氏征召昌邑王刘贺入朝，授予他皇帝符玺。不久，这位昌邑王因为淫乱而被霍光废掉。

同年七月，大将军霍光上书皇太后，议曰：“《礼》曰：‘人道亲亲，故尊祖，尊祖故敬宗。’大宗无嗣，择支子孙贤者为嗣。孝武皇帝曾孙病已（即后来的汉宣帝），武帝时有诏掖庭养视，至今年十八，师受《诗》《论语》《孝经》，躬行节俭，慈仁爱人。可以嗣孝昭皇帝后，奉承祖宗庙，子万姓！”

书上，上官皇太后批曰：“可！”

于是，年已十八岁的刘病已（刘询）被接入宫中，登基为帝，是为汉宣帝。

登基后不久，朝臣及皇太后筹划为刘询选聘一位入主中宫的皇后。

该选谁呢?

众人从巴结权贵的角度出发，大都举荐大将军霍光的女儿，而汉宣帝本人则属意于另一位来自民间的女子——他的结发妻子。

这位在宣帝眼中足可以与霍光之女媲美的女人是谁呢?

她就是史称孝宣皇后的许氏。说来你也许不相信，许氏竟是一个宦官的女儿。

宦官怎么会有女儿？宦官的女儿又是怎样成为母仪天下的皇后的呢?

父因事被废成宦者
邂逅皇曾孙喜结缘

许皇后的父亲许广汉原本是个正常人，并不是自小入宫为宦官的（倘不如此，则许皇后将何所出？宦官是没有生儿育女的能力的）。

在汉武帝时代，许广汉在昌邑王刘髆（刘贺之父）手下做事，充任郎官之职。

有一次武帝驾临甘泉宫，昌邑王随行。作为郎官，许广汉也随侍在侧。由于行色匆匆加上天色未明，许广汉误把别人的马鞍子备到了自己的马上。上路后由于型号不同，马失去了控制，狂奔起来，惊了武帝的车驾。许广汉被主吏弹劾，获下“从行而盗”的罪名，按律当斩，由于昌邑王求情，改判“待罪蚕室”。

蚕室，乃古时受宫刑（阉割男性生殖器）的牢狱。《后汉书·光武帝纪下》中有“诏死罪系囚，皆一切募下蚕室”的记载。学者李贤解释说：“蚕室，宫刑狱名。有刑者畏风，需暖，作窨室蓄火如蚕室，因以名焉。”

在汉代，“待罪蚕室”乃是被阉割、成为宦官的代名词。

许广汉被阉割以后，进入宫中，充任宦者丞。

后来，太仆上官桀（上官皇太后之祖父）谋反。

这次谋反是一次颇为奇特的“叛乱”。与上官桀水火不相容的权臣——大将军霍光在指控上官桀的反状时，却找不到任何足以证明上官桀谋反的证据。

没有证据是没有办法处置上官桀的。证据该到哪里去找呢？霍光令许广汉去想办法。

要说许广汉这人可真不是当官的材料。霍光叫他去“找”证据，他便不动动脑筋就真的去找，找来找去，饶他把全宫内都翻遍也没找到任何证据。

相比之下，另一名宦官就比较机灵。他出去了不长时间就“找”回上官桀的谋反证据：数千条可以用来绑人的绳索。

“领会”长官精神不力，许广汉被罚入掖庭，后来又充任暴室啬夫。

说来也巧，许广汉被罚入掖庭时，结识了一史姓青年。这个年轻人很快就引起了许广汉极大的兴趣。他自称姓“史”，可是主管掖庭的掖庭令张贺却对他毕恭毕敬，背地里还不止一次地称他为“皇曾孙”。这是一个疑问。他究竟是谁？经过进一步的接触，许广汉发现，这个青年人不简单，甚至可以称得上是文武双全。据观察，他曾拜东海澓中翁为师，学习经学；又性喜游侠，有一身上好的武功；至于什么“斗鸡走马，具知闾里奸邪”，更是为常人所难及。于是，许广汉就倾全力与之结纳。

说来人们也许不信，这个人称“皇曾孙”的青年人浑身上下都长满了浓密的体毛，甚至连脚底板下都长满了。每逢夏季，燥热难当。许广汉就经常为他擦背，修剪体毛。皇曾孙喜欢吃炊饼，许广汉就常叫家人买来，分文不取地奉送。

一来二去，两个人结下了忘年之交。

光阴似箭，转眼间皇曾孙已经十六岁了，到了该娶妻生子的年龄。

掖庭令张贺曾经担任过皇曾孙的祖父卫太子刘据的家吏，见被冤致死的卫太子有了这样一个聪明的好孙儿，心里十分高兴，想将自己的孙女嫁给他。当他把自己的这一想法告诉家人时，遭到了时任右将军张安世的反对。张安世是张贺的弟弟，权臣霍光的亲信。他反对兄长的理由是：皇曾孙本系卫太子之孙。卫太子起兵谋反被杀，其后代能够出一名平民百姓保住性命就不错了，哪能将孙女嫁给他呢？

拗不过弟弟，张贺痴心仍然不已，转而向许广汉求助。

许广汉在没有成为宦官之前，与其妻曾育有一女。此女名平君，时年十四岁，已被内者令欧侯氏聘为子妇。

有一天，张贺与许广汉一起饮酒。酒过三巡，菜过五味，张贺慢悠悠地开了口："今天请许先生来，是想和许先生商量一件事。"

"请讲。"

"听说许先生与皇曾孙是好朋友？"

"是的。"

"我想替皇曾孙向许先生求个婚。"

"我？"许广汉一副不知所措的样子。

"不是让你与皇曾孙结婚，而是为其求聘许先生之女。"

"可是我只有一个女儿，这个女儿早已许配给他人了！"

"不错，"张贺一副胸有成竹的样子，"我不但知道你的女儿已经许配别人，而且还知道男家复姓欧侯。同时我还知道，令千金未来的丈夫已突患重病身亡，你的女儿未过门就成了未亡人，对不对？"

"这……"许广汉心想，"还能不对？你比我都清楚！知道我与皇曾孙交好，故而出此难题。"他只好答应了。

于是，不待酒宴终了，许广汉就先行告辞。回到家中，他将张贺的话原原本本地讲给妻子听。没等听完，妻子就炸了："把我的女儿嫁给罪人的孙子？"

许广汉怎么解释都没有用，后来是由张贺以掖庭令、右将军之兄的身份出面，才将这门亲事敲定下来。

公元前七十五年，许平君与刘询正式结为夫妻。婚后，小两口情爱甚笃，虽无张敞画眉之欢，倒也有举案齐眉之乐。

一年以后，许平君为刘询产下一子。此子名刘奭，后来也当了皇帝

（元帝），不过那是后话了。

又过了几个月，到了公元前七十四年七月，有一天许平君正在屋里操持家务，忽听门外有人敲门，说要求见皇曾孙。

“见就见呗，”许平君小声嘟囔着，“孩子他爹又不是皇帝，‘求见’什么！”

打开门一看，外面停着一辆小巧的猎车，车旁站着几名宫服打扮的人。为首的一人自称姓刘名德，现充任宗人府宗正之职。

“宗正？”许平君也读过一些书，“宗正是掌刘氏家族族内刑罚的，难道孩子他爹犯了什么杀头之罪？”

见许平君面露惶惑之色，刘德赶紧上前躬身行礼，然后开口解释说，他们此来并无他意，而是奉了上官皇太后和大将军霍光的命令，前来礼请皇曾孙入宫。

许平君愣在了那里。她那小小的脑袋里飞快地将几种可能都转了一遍，得出一个结论：来人有诚意，可令丈夫出去试一试。

刘询这时却比较拘谨，甚至有些害怕。因为从小到大，他几乎都是在逆境中度过的。尚在襁褓之中的时候，他的曾祖汉武帝望见他所居之地上空有“天子气”，使人尽诛那方罪囚，多亏了一个名叫邴吉的好人把他救出，他才免遭一死，现在是不是又有谁发现“天子气”了？他征询似的看了许平君一眼，只见爱妻一副豁出去的目光，胆子也不由壮了起来，连衣服也没换，就起身和刘德等人一起走了。

临行前，他发现爱妻在与他默默地告别。那满脸的关切，是他有生以来很少见的，一股暖流顿时涌上了心头。

告别了妻子许平君，刘询来到京师，那辆小巧的猎车将他一直送到未央宫中。

“未央宫是皇太后所居之地，”刘询在掖庭时常听人说起，“莫非是要我见太后？”

他想的一点也不错，不过不是要他见太后，而是太后要见他。

前面我们已经说过，汉昭帝病逝以后，大将军霍光曾扶立昭帝之侄昌邑王刘贺继皇帝位，后来又废掉刘贺，致使皇位出现真空。霍光这才想起有个刘询，于是才有了猎车迎接这一说。

未央宫会面以后，上官太后和大将军霍光对刘询都很满意。因为刘询当时尚是布衣，汉朝无有立庶人为天子的成例，因而，霍光提议，得上官太后批准，先封刘询为阳武侯。

公元前七十四年七月庚申日，刘询接受群臣所上的皇帝玺绶，即帝位。

丈夫立后非她不可 霍妇心狠命人投毒

许平君的命运就像她父亲许广汉的人生一样，充满了坎坷。

夫君面南背北，成为九五之尊以后，以往“穷在街头无人问”，现在他们突然“富在深山有远亲”起来。

夫君的婚姻，突然成了权贵们最热门的话题。

以前，掖庭令张贺想将孙女嫁给夫君，霍光的爪牙张安世怎么都不同意，现在连霍光本人都动起做国丈的念头。

人啊，人！这就是人！

刘询是公元前七十四年七月登基的，登基后不到一个月的时间，一向只会磕头、不言政事的丞相杨敞病逝。操持着为杨敞办丧事，九月份又要大赦天下，所以，立后一事尽管嚷得满城风雨，但直到十月份才提到议事日程上来。

三天两头就有人进宫来向皇帝吹嘘霍光之女霍成君是如何如何地好，把皇帝弄得不胜其烦。时已受封为婕妤的许平君心里也暗暗打鼓：“人之常情，往往是可共苦而难同甘。不错，当夫君微贱时，自己和父亲曾对他有恩。但此一时彼一时，现在丈夫当了皇上，自己却是宦官的女儿。就算皇帝念及私情，与自己仍存有夫妻之义，但他也不能找个‘刑余之人’做国丈啊！”

许平君的分析不能不说有一定道理，以之衡量常人可谓放之四海而皆准，但刘询偏偏不是个常人。

许平君有福了。

公元前七十四年十月下旬的一天，早朝散毕，刘询突然召见几个为霍光之女吹嘘最卖力之人，请他们出宫，帮他寻找一柄剑。

“剑？什么样的剑？”那些人问。

“一柄朕微时所佩之剑。”刘询缓缓而答。见左右露出不解的神情，他充满深情地接着说道：“朕这个人，可能卿等所知不多，是念旧之人。人情，常喜新厌旧，朕却反其道而行之。”说到这里，刘询顿了顿，接着说道：“也许卿等会以为一柄故时之剑，又非‘干将’、‘莫邪’之属，朕何故珍爱如斯？朕就是想在今天郑重地告诉你们几位，朕对微时的一切都一往情深……”

这一番话可谓字字千钧。那些拼命想拍霍光马屁的人稍一思忖，就知道皇上令他们寻找“微时故剑”的本意是什么，知道从这里讨不出好来，一个个高兴而来，败兴而去。

这一年的十一月壬子日，汉宣帝刘询宸寰独断，扶立许平君为皇后。

当了皇后，许平君的命运似乎出现了莫大的转机，然而，一个更大的危险却在悄悄地向她袭来。

公元前七十二年三月，许平君怀上了第二个孩子。

十月怀胎期间，有很长一段时间丈夫不能与她过夫妻生活，倘若换了别的男人，早就名正言顺地到别的女人那里快活去了。要知道，皇帝与常人不同，他有三宫六院七十二御妻啊，更何况还有一位霍成君霍贵人日夜扫榻以待呢！

但刘询没有，他除了处理政务以外，可以说日夜不离许平君左右。

刘询的举动令一些见惯了男人朝三暮四的白头宫女发自心底地赞佩，但也招致了霍光之妻、霍成君之母的嫉恨。霍妇不敢将矛头对准皇帝，于是就想方设法算计皇后。

这位身为朝廷重臣夫人的霍妇就像一只蓄谋已久的老虎，正虎视眈眈地盯着许平君的一举一动，时刻准备着扑上去置许于死地。

开始，霍妇准备用巫蛊的罪名对许平君进行诬陷。很快，她就发现，许平君之父许广汉熟知掖庭掌故，许氏家人十分端谨，洁身自爱，别说是巫蛊，连一点法术之类的左道旁门都不沾，再加上皇上的祖父就是死于巫蛊冤狱，因而对诬人以巫蛊有天生的反感，所以霍妇思来想去，没敢拿这个做由头贸然出手。

但她仍然贼心不死。

不久，机会来了。

那是在公元前七十一年春正月，经过十个月的怀胎后，许平君就要分娩了。

为了帮助爱妻顺利产下孩子，刘询特征召当时最有名的女医生淳于衍（复姓淳于，名衍）进宫为皇后接生。

问题就出在这个复姓淳于的女医生身上。

淳于衍早已嫁人。她的丈夫曾经担任掖庭护卫，后因事被免官，时正赋闲家中。此人奸诈而多智，熟知宫廷内幕，见妻子要入宫为皇后接生，忽然心生一计，命妻子进宫前去霍府拜见霍夫人。

“我又不是去给霍贵人治病，去拜见霍夫人干吗？”淳于衍不解。

“傻瓜，叫你去，你就去！”那位前掖庭护卫以一种专横的口吻说道，接着又补充了一句，“见了霍夫人后，替我向她求个情，就说我不但想官复原职，而且还想弄个安池监当当！”

“你不是在做梦吧？”淳于衍没好气地说，“你以为大将军夫人像我一样任你颐指气使吗？做梦吧你！”

“我自有主张。快去，快去！”

见丈夫一副胸有成竹的样子，淳于衍半信半疑，末了，还是去了霍府——反正去皇宫是要路过霍府的。

到了霍府，一经通报，里面立即传出一个“请”字。

淳于衍有点受宠若惊。大将军乃是三朝重臣，而将军府邸不亚于皇宫禁地，她一介平民，求见大将军夫人，能落个“请”字，看来丈夫的话有门！

到了里边，分宾主坐定以后，略事寒暄，淳于衍说出了来意：一是向大将军夫人请安，二来顺便为丈夫求官。

当她吞吞吐吐说出来意后，霍妇屏退左右，一副老谋深算的样子，对她说：“你有事求我，这很好！我也正有事求你呢。”

“您？有事求我？”淳于衍惊得半天说不出话来。她想，看来丈夫必然知道点内幕，不然他怎敢叫自己坦言向霍夫人求官呢。只是不知霍夫人以堂堂的大将军夫人之尊，要向她一介女医“相求”什么。

“不必惊慌！”霍妇做了个稍安毋躁的手势，然后接着说道，“你知道吗？大将军和我都十分疼爱我们最小的女儿……”

“是不是现在皇宫中的霍贵人？”

“正是。”霍妇说到这里，略微有些激动，平静了一下之后，接着说，“大将军和我都十分希望小女能位主中宫，这个愿望埋在我们心里已经很久了，却一直未能达成。”说到这里，霍妇又顿了一顿，然后叫着淳于衍的名号“少君”，对她说：“少君，这个忙只有你能帮！”

“我？”

“对，正是你。”

“此话怎讲？”

“小女位主中宫的最大障碍是皇后许氏。你也不是外人，我实话对你说了吧：大将军和我有个主意，想请少君帮我们除掉许氏那个贱人！”

“小人哪有那么大的胆子？即使有那么大的胆子，也没有那样的机会啊！”淳于衍推辞道。杀皇后，那可是要满门抄斩的啊！

“机会现在就有，就看你想干不想干了！”霍妇用一种既充满威胁，又带有几分诱惑的语调说，“事情完成了，天下富贵可与少君共之。你的丈夫想要做安池监，岂不易如反掌！要是不干嘛，我也不勉强！”

淳于衍此时突见所处堂中风吹帷幕，隐隐露出外面似伏有刀斧手。她知道，今天做也是死，不做也是死，同样是死，干还说不定能闯出一条活路来，于是点了点头，说：“我做。可是我该怎么做啊？”

“你要真打算做，事情就很容易了。”霍妇前移数步，压低声音说，“我们都是女人，女人最怕生孩子。古语说‘妇人免乳，十死一生’。现在许氏将要产子，你应圣上之召进宫，倘能于接生之后，进上一剂汤药，不就功德圆满了吗？”

“这个法子恐怕不行，”淳于衍想了想说，“首先，‘药’到哪里去找？其次，给皇后进药，医者须先尝以示无他。”

“好办！好办！都包在我和大将军身上了。大将军权倾天下，搞点‘药’还不易如反掌。你进宫后，我请大将军下令遣开诸医。想许氏那贱人产后疲乏，你届时当机立断就是！你看如何？”

淳于衍想了想，点点头。

公元前七十一年春正月癸亥日，许平君产下一子。

此胎系难产。胎儿倒着（腿先出来）产出来，花去了许氏许多气力。

止住血以后，许平君昏昏睡去。

这时，霍妇安插在宫内的亲信假传皇帝圣旨：只留淳于衍一个人服侍皇后，其余诸医全部退出。待众人走后，那心腹将外面传进来的“药”递给淳于衍。淳于衍接过药之后，正要送到许平君嘴里，她突然醒了过来。

只见她睁着一双美丽的眼睛，口里喃喃地说：“辛苦你了，淳于医官！”

面对着这双善良的眼睛，听着这在宫中绝难听到的慰劳话语，淳于衍心里正义与邪恶剧烈地交战着。一个声音在说：“她这样年轻，这样美丽，这样善良，你难道忍心亲手毒死她吗？”另一个声音反驳道：“可是你不毒死她，你本人就得死啊！”

“不！不！”淳于衍差点叫出声。她在心里默默地说：“我既不想害人，也不想害己。天啊，我该怎么办啊？”

由于疲劳，许平君说了两句话以后，又昏昏睡去。那枚丸药却还留在淳于衍的手中。她还在犹豫，可是那名霍氏心腹却不容淳于衍再犹豫。她一把夺过淳于衍手中的丸药，以一种威胁的口吻说：“淳于医官，还不动手，更待何时？你现在想要打退堂鼓，那是不成的！你想想，大将军、大将军夫人能饶得了你吗？你可是有丈夫有孩子的啊！”

一提到丈夫与孩子，淳于衍心中邪恶占了上风。她发疯似的从霍氏心腹手中夺过毒药，别开许平君的嘴，送入她的口中。

片刻，许平君又醒了。她呻吟着对淳于衍说：“我头很疼，你刚才给我吃的是什么药啊？”

淳于衍不敢正视许氏的目光，像被抓住了的贼似的惊惶不安。

经过一阵剧烈的疼痛，许平君这个美丽、善良的女人，在产下儿子不到两个时辰后，含恨死去。

这一年，许平君只有二十一岁！

断送大汉江山的七朝太后

——汉元帝皇后王政君

◎连克二夫之命
竟是三奇之格

◎太子不喜宫中老面孔
政君独衣绛缘受临幸

◎有子不才好酒乐燕乐
无人可比同日封五侯

◎七十老妇性喜游乐
五十侄儿改朝登基

在中国古代流传下来的成语中，有一个成语叫作“三朝元老”，它往往用来形容那些身历几朝几代的老人。

有没有比“三朝元老”资格更老的老人呢？当然有。以中华历史之悠久、国土之广袤，什么样的人都有。

譬如说我们本文的这位女主角，她的一生，经历了何止区区三朝？她生在汉宣帝时代，嫁给元帝，历成帝、哀帝、平帝、孺子婴四世，死在王莽新朝，身历七朝。这位长寿的“七朝元老”既没有倾覆江山的绝世容颜，也没有驾驭群臣的铁血手腕。相反，相貌平平的她最为缺乏的就是政治野心。但确是这样的她，竟改变了大汉历史的走向，葬送了刘姓江山。

她是如何葬送大汉江山的呢？

连克二夫之命 竟是三奇之格

在中国古代星相学和命相学中，有所谓相生相克之说。什么“乾、坤、坎、离、震、艮、巽、兑”，什么“土、木、水、火、金”，什么“十二生肖”，只要搭配不当，就会相互妨碍，小则造成人际失和，大则导致家破人亡。这种缺乏科学根据的说法，往往很能蛊惑人心，因为鼓吹者们往往从历史典籍中寻找一些并不具有普遍意义的例证，断章取义地证明他们的结论。

汉元帝皇后王政君就是常常被星相家和命相家们挂在嘴边的“命相奇特”的典型。

王政君生于公元前七十一年，亦即西汉宣帝本始三年。其父王禁，字稚君，少学法律于长安，当过一段“廷尉史”（司法部秘书），后因不得志，遂不修廉隅，广置姬妾，生有四男八女。王政君是王禁的第二个女儿。

少年时代的王政君，其家屡遭变故。她的生母是魏郡李氏之女，因看不惯王禁的好色愤而离婚。其时，王政君尚不满十岁。

动荡的童年将王政君磨炼得十分婉顺，落下个“得妇人道”的贤名。

可是，长大成人以后，她的婚姻却屡遭不幸。

十六岁那年，由父亲王禁做主，她被许配给一赵姓人家。男方家道殷实，相貌堂堂，是一门颇为不错的亲事。谁知就在即将择日合卺之时，男方突然暴病身亡。

未过门就成了未亡人，王家觉得有些扫兴。好在汉代允许寡妇再嫁，社会风气也十分宽松。不久，东平王遣人上门，向王禁请求聘王政君为姬。王禁一见有人上门向女儿求婚，觉得挣足了面子，想也没想就答应了。可是未等王政君过门，东平王又死于非命。

有些迷信的亲友们开始私下里嘀咕了。他们说："王家的这个老二怎么这么命硬，竟连克两夫！以后谁还敢要她啊？"

"是啊，恐怕只有命更硬的皇上了！"另一个接着说。

说者无心，听者有意。政君之父王禁听了不由心头一动：他想起政君之母李氏刚刚怀上政君之时，曾对他说过"梦月入其怀"。不管此说是真是假，这孩子的命可真是够硬的了！

恰好，此时王家来了一个人称"小子牙"的相者，王禁决定请他为女儿相上一卦。

"令千金的命相贵不可言！"相者仔细地看了王政君一番后对王禁说道。

"先生，我可想听真话！"

"王大人，我小子牙讲的也不是假话！"

"愿闻其详。"

"令嫒的相，相法上有云，叫作'三奇之格'。"

"请教先生，何谓'三奇'？"

"夫三奇者，"小子牙摇头摆脑地说，"乃相术术语。我们术数家以乙丙丁为地下三奇，甲戊庚为天上三奇。这人中三奇嘛，乃壬癸辛之谓也。"

"先生既说小女有'三奇之格'，且又面相贵不可言，何以却连克二夫？"王禁忍不住提出这个久已埋在心里的疑问。

"王大人稍安毋躁，这正是小人所要说的'三奇之格'的一部分。这'三奇之格'绝非常人所能消受。天上三奇，唯天神可当之；地上三奇，唯地祇可当之；这人中三奇嘛，"小子牙说到这里，把头凑到王禁耳边，故作神秘地悄声说道，"唯天之骄子可当之！"

"先生的意思是，小女的婚姻只能在皇宫内寻找？"

"此乃天机，王大人何必问我！"

"多谢先生指点迷津！"王禁立马有了好主意。

太子不喜宫中老面孔
政君独衣绛缘受临幸

汉宣帝甘露二年（前52年）春三月，皇太子刘奭所居之东宫，满宫肃然。时令虽然已是春季，但太子宫里的人却好像遭了霜打的茄子一般，有气无力。

发生了什么事？

原来是有一个人病了。莫非病者系太子本人？非也。那为什么满宫的人高兴不起来呢？因为病了的这个人虽然不是太子本人，但却最为太子所宠，她就是人称东宫第一美人的司马良娣。

司马良娣空长了一副漂亮的外表，却有着一颗并不怎么漂亮的心。

她自己起居无时，饮食无节，染上重病，却反以为有人在害她。

当刘奭守在她的床边时，她哭泣着对刘奭说道："修短有命，死生在天，妾却于心不甘！"

"良娣此话怎讲？"

"妾之病，非天数，而实人为之！"

"谁这样大胆？敢陷良娣于疾恙？"

"就是宫中的那些骚狐狸！"司马良娣有些急不择言，"是那些娣妾、良人欲诅杀我！"

刘奭安慰了司马良娣几句，并没将此话放在心上。

但说来也怪，平常身子骨颇为硬朗的司马良娣，竟没能挨过这场疾病的折磨，不久便一命呜呼。

见爱妾果真死得蹊跷，刘奭于伤悼之余恨屋及乌，将东宫中的上千佳丽视为粪土，看也懒得看上一眼。到了后来，他更是染上了一种抑郁症，整日里连话都懒得说。

见爱子日渐一日地消瘦下去，舐犊情深的汉宣帝刘询很痛心。

为了排遣儿子心中的郁闷，刘询在宫中踌躇了许久，想出一个办法——再为儿子找一个像司马良娣那样的女人。在他看来，不就是一个女人吗？再找！

于是，刘询动用御玺，下了一道诏书，令有关人等协助皇后“选择后宫家人子”服侍太子。

当刘询的贴身太监将此恩诏颁给太子时，刘奭十分冷淡。这位死心眼的痴情太子，一点也不买老爸的账。在他看来，人死如灯灭，势难复生。

两片完全相同的树叶子都找不到，到哪里去找一个与司马良娣完全相同的人呢？但他也不敢公开违抗父亲之命。

几天以后，入宫朝见的时间又到了，刘奭无精打采地到老父的宫中例行公事。到了皇后的宫中，行了叩拜之礼后，他抬头一看，“嗬！”不知什么时候，皇后的身旁站出来五个女人。

“这大概就是皇后选来的那些家人子吧。”刘奭在心里暗道：“看她们一个个打扮得蛮漂亮，但有谁能及得上我的司马良娣呢！”

他正在这里胡思乱想，皇后在那厢说话了：“皇儿，你近来日渐消瘦，我和你父皇看了都于心不忍。我知道你是因伤悼司马良娣所致，是故特意挑选了五名家人子。你可从中任选一人带回东宫。”

刘奭一副漠然的神情，这在当时无论于家法还是于国法，都是十分失礼的。

皇后身旁的长御官，以及太子家令不约而同地疾走数步，低声提醒太子赶紧谢恩。

“谢恩？谢什么恩？”刘奭倔强地想，可是当他抬头看见皇后不怒而威的样子以及左右人期待的目光，又不由软了下来，“挑就挑吧！可是挑谁呢？反正我一个也没看中，挑谁还不都是一样。”

思及于此，刘奭抬头瞥了那五名家人子一眼，见有一人身穿大红色勾边披风（绛缘诸于），面目也与死去的司马良娣颇有几分相似，于是，向她一指说：“就是她吧！”

“遵命！”长御官那颗提到了嗓子眼的心放了下来，不由高声喊道，“皇太子选定家人子王政君为姬！”

“王政君？”细心的读者可能会问，是那个连克二夫的王政君吗？她是什么时候又是如何进入宫中的呢？

不错，此政君正是彼政君。

那日其父王禁听了相者小子牙的那番鬼话后，觉得有理。他认为一般的人家“水浅”，养不住女儿这条“大鱼”，思来想去，只有送女儿入宫一途可走。

然而，当朝皇帝汉宣帝刘询已年过半百，且故剑情深，不喜渔色，女儿不能做他的妃子，剩下来的只有东宫的太子了。

太子与乃父刘询不同，个人对女人的要求极高。凡入太子宫的女人，只有能歌善舞、知书达理，能够鼓瑟吹箫者，方有获宠之可能。

为了女儿的前途，王禁不惜花重金礼聘名师教王政君学习各种技艺。

转眼到了汉宣帝五凤四年（前 54 年），王政君已经“满师”。王禁看着年纪已经不小的女儿，觉得一天也不能拖下去了，于是托人将王政君送入宫中成为家人子。入宫后一年多，就赶上这次挑选家人子备太子临幸。阴错阳差，王政君在入后宫备选时穿了件“绛缘诸于”（“诸于”，颜师古解释是“大披衣”），因而，目标突出，一下被太子选中。

善于仰察上意的太子家令早就准备好了新房。是夜，太子就宿在王政君房中，王政君“得御幸，有身（怀孕）”。在此之前，太子“后宫娣妾以十数，御幸久者七八年”，却没有一个怀上孩子的。王政君被宠幸一次，就有了身孕。别说此时太子的其他娣妾眼红妒忌，就连我们也不得不感叹，上天对王政君还真是厚爱啊。

十个月以后，在东宫甲馆画堂，王政君为思子心切的刘奭生下一子。此子便是后来的成帝。

思孙心切的刘询对这个姗姗来迟的孙儿非常喜爱，封他为世嫡皇孙，并亲自为其取名刘骜，赐字太孙，并将其常置左右。

又过了三年，宣帝驾崩，太子刘奭继位，是为元帝。刘骜顺延为皇太子，母以子贵，王政君晋封为皇后。

王政君的这个皇后可真是“命中注定”啊。

有子不才好酒乐燕乐
无人可比同日封五侯

皇长孙刘骜没有长大成人以前，是个“宽博恭慎”的孩子，不仅爷爷刘询喜欢他，当时身为皇太子的刘奭也喜欢自己这个唯一的儿子。但是不知为何，刘奭却对儿子的生母王政君日益冷落，“皇后自有子后，希复进见”。

这厢正愁“圣宠日衰”，儿子也不让王政君省心。

从小爱读经书、喜欢文辞的刘骜长大了之后突然性情大变，终日贪乐，沉迷于酒色。《汉书·元后传》称他“幸酒乐燕乐”。刘骜渐遭其父刘奭的白眼。这时，有一个傅昭仪又赶巧为已继位为汉元帝的刘奭生了一个儿子。此子多才多艺，刘奭十分喜爱他。因了这个缘故，王政君的寝宫，更是几个月也见不到刘奭的身影。而且，朝里朝外纷纷传言，说元帝将要废掉王政君所生的太子刘骜，而改立傅昭仪所生的儿子定陶共王刘康。

王政君忧心如焚，她不止一次地在心里自嘲道：“都说母以子贵，我这可倒好，十月怀胎，一朝分娩，却产下这样一个儿子！不但没借上他多少力，反倒连累了自己，这算什么事啊？简直是母以子贱！”

也该王政君母子有福。朝中诸臣对元帝欲行废立太子一事，大都持反对意见。其中一个名叫史丹的侍中，更是以死相谏，感动了元帝，才保住了王政君母子的特殊地位。

公元前三十三年五月壬辰日，刘奭崩于长安。同年六月己未日，刘骜继皇帝位，是为成帝。

十八岁入宫，苦挣苦撑了二十一年，王政君终于成为母仪天下的皇太后。

王政君当上太后之后的第一件事，就是命令自己的宝贝儿子封自己的大哥王凤为大司马大将军，领尚书事，并在原来所食采邑之上追加五千户。接着，她又命成帝封同母弟王崇为安成侯，食邑万户；封王凤的庶弟（亦是王政君的庶弟，即王禁小妾所生之子）王谭等人为关内侯。

这种大肆分封外戚的做法，遭到了一部分大臣的极力反对。恰赶上“其夏，黄雾四塞终日”，谏议大夫杨兴、博士驷胜等人在回答皇帝有关天象的垂询时认为，出现黄雾四塞的原因，乃是因为阴盛侵阳。他们搬出汉高祖刘邦“非功臣不侯”的遗训，认为太后封无功的诸弟为侯，是违背了高祖的遗训。这在汉朝的外戚史上是不曾出现过的，所以天象异常。朝野上下都倾向于他们的说法。

王凤等人见了十分恐慌，忙自己主动上书，请求辞去本兼各职。

书上，成帝准备照准。王政君听了勃然大怒，怒斥儿子没有良心。

见母亲动怒，成帝再也不敢同意外祖父家各位娘舅辞职的请求了。而且，为表孝心，他还亲自草拟了一道诏书，诏书上说：

朕承先帝圣绪，涉道未深，不明事情，是以阴阳错谬，日月无光，赤黄之气，充塞天下，咎在朕躬。今大将军乃引过自予，欲上尚书事，归大将军印绶，罢大司马官，是明朕之不德也。朕委将军以事，诚欲庶几有成，显先祖之功德。将军其专心固意，辅朕之不逮，毋有所疑。

此书一下，哪个言臣还好再多嘴？

公元前二十七年，王政君又授意儿子一日连封五个舅舅为侯。即：王谭，平阿侯；王商，成都侯；王立，红阳侯；王根，曲阳侯；王逢时，高平侯。人称“同日五侯”。

大概是分封娘家人上了瘾，王政君突然想起了改嫁的老娘李氏：“不知她现在过得怎么样了？”

李氏还真是心有灵犀，不久就找上门来，请求封她改嫁后所生的儿子苟参为侯。

王政君想也没想就同意了。她命人请来了儿子成帝刘骜，让他写一道诏书，比照汉武帝封田蚡（武帝之母王娡的同母异父弟）为侯的故例，封荀参为侯。

成帝这人与武帝不同，是个很爱面子的人。他坚决反对封荀参为侯，照他看来，这无疑会将外祖母曾改嫁他人之事公诸世间，这是很丢面子的事。

为这事，母子俩闹得很僵。后来有人从中转圜，成帝给了老娘一个面子，将不识之无、身无寸功的荀参封为专管财政的侍中水衡都尉。

由于王政君的“特殊关照”，王氏家族在汉成帝时代达到了第一个鼎盛期。史称：“王氏子弟皆卿、大夫、侍中、诸曹，分据势，官满朝廷。大将军凤用事，上遂谦让无所颛。”

有一件事很能说明问题。

成帝手下有个光禄大夫名叫刘向。此人是个很有名的学者，曾著有《洪范五行传》《新序》《说苑》《列女传》等。向子刘歆是西汉末年古文经学派的开创者，又是目录学家、天文学家，曾撰有《七略》（即辑略、六艺略、诸子略、诗赋略、兵书略、术数略和方技略），并较早地计算出圆周率为3.1547，世有“刘歆率”之称。有人向成帝荐举刘歆。成帝召见之时，刘歆即席诵读诗赋，君臣甚为相得。成帝一激动，就叫人拿一套中常侍的衣冠给刘歆——他要任命刘歆为中常侍。

他这里正在兴头上呢，手下的人给他泼了一瓢冷水。他们以“未晓大将军”（没有让王凤知道）为由，不肯去取中常侍的衣冠。

“这是件小事，不必告诉大将军。”汉成帝晓谕左右道。但任凭他说破了嘴皮，身边的那些侍从也不敢奉诏。不得已，刘骜命人宣来王凤，向他说明此事，王凤也不同意。此事竟告作罢。

王氏家族的骄横跋扈，引起了一些正直朝臣的不满。当时的京兆尹王章（不是“王家班”成员）上书皇帝，认为不久以前所发生的日蚀，实在是由于王凤等人不行正道所致。他列举了王凤等人的几大罪名：如王凤将自己小妾的弟媳张氏迎进宫中时，张氏已身怀有孕；再如前丞相王商（嗣位乐昌侯，与成都侯王商同名不同人，也非“王家班”成员）因不阿附王凤，而被诬以闺阁私事不谨致仕等，因而请求成帝罢免王凤。他还劝谏成帝任用贤臣，再振大汉之雄风，并荐举琅琊太守冯野王入朝辅政。刚刚从王凤那里窝了一肚子火的成帝刘骜觉得王章的表章上得及时，准备采纳。然而此事却被时任侍中之职的王家班成员王音（王政君的堂弟）侦知，并悄悄地报告给了王政君。

为了保住娘家人，王政君再次出面，命其兄王凤“称病，出就第”，而且令其以退为进，上疏“乞骸骨”。

这封据说是由王政君授意王凤起草的辞呈写得很有意思，我们不妨移录于下。辞呈曰：

臣（王凤自称）才驽愚戆，得以外属兄弟七人封为列侯。宗族蒙恩，赏赐无量。辅政出入七年，国家委任臣凤，所言辄听，荐士常用，无一功善，阴阳不调，灾异数见，咎在臣凤奉职无状，此臣一当退也！《五经》传记，师所诵说，咸以日蚀之咎在于大臣非其人。《易》曰‘折其右肱’，此臣二当退也！河平以来，臣久病连年，数出在外，旷职素餐，此臣三当退也！

辞呈很长，我们只能摘引其中的一部分。据说书上，王政君“为垂涕，不御食”。见母亲为老舅连饭都拒绝吃了，成帝的心又软了下来，遂下诏挽留舅父王凤。挽留诏书中有“《书》不云乎？‘公毋困我’”，请舅父“务专精神，安心自持”。

又一场风波，由于有了王政君这个大靠山而被消弭于无形。

经此一役之后，朝中大臣凡与王凤不和者，均遭王家班成员的暗算。王章被杀死于狱中，妻子被贬合浦。公卿大臣见了王凤，都不得不忍气吞声。

王家班的成员也就更加不知天高地厚起来。

有一年夏天，成都侯王商病了，想找个地方避暑，竟选中了皇宫。

一天，他借酒盖脸，向成帝提出了这一请求。

几经“磨炼”的成帝不知这是否又是母亲的主意，就试探着问：“不知阿舅欲借哪一座宫殿？”

“臣欲借明光宫避暑！”

“明光宫？”成帝有些不悦。这明光宫已在皇宫的腹地，接近桂宫，当外臣的岂可轻易张口朝皇上借这个地方避暑？

他刚想张口说不借，突见母亲正用一种异样的目光看着他，遂在心里想道：“罢了！罢了！借就借吧！”他又自嘲道：“不就是一座明光宫吗？又不是朝我借未央宫！”

于是，成帝很爽快地答应了。

王商哪里是有什么病需要避暑，他不过是为向别人显摆罢了。

是以，借到明光宫后，王商竟做起长住不还的准备。他先是凿穿了长安城将沣水从城外引到自己所借住的明光宫中，然后聚水为池塘（大陂）。王商本人则在池塘中行船，船上张羽盖，船周围五彩装饰。王商又择选年轻美貌的女子，命其扮作越女，边摇船边唱越地民歌取乐。

无独有偶，王政君的七弟——曲阳侯王根见五哥王商从皇宫里借来胜地避暑，心中不忿，自忖自己借不来明光宫，就决心仿造。

有一天，汉成帝刘骜临幸七舅府第，发现一个小小的曲阳侯府后花园中的土山渐台竟与未央宫中的白虎殿一样规模，心中很不是滋味。他回宫后立即召见辅政的车骑将军王音，令他追查为人臣者何敢僭越。

没事总想惹事，惹出事来又怕事的王商、王根这对难兄难弟，见皇帝动怒，又慌了手脚，“欲自黥、劓以谢太后”。

刘骜见了，更加恼怒，决定新账、老账一起算。于是，他紧急召见车骑将军王音，让他傅诏命尚书查问下述人的下述不法行为：

一是司隶校尉、京兆尹、成都侯王商擅穿帝城长安，决引沣水入宫。

二是曲阳侯王根骄奢僭上，后花园内土山渐台竟有红色台阶青色门户。

三是红阳侯王立父子藏匿作奸犯科的亡命之徒，而且红阳侯府的宾客公然为盗。

成帝最后命王音传召王家班成员待命王音家中，听候处理，又令尚书查考文帝时诛杀外戚薄昭的先例……

这一连串的举动简直把平日里自以为“天老大，我老二”的王家班成员给弄糊涂了。

王音自己虽然未受到查问，但因系王家班成员，且又是辅政大臣，因此，按古礼坐在朝堂前的“藉槁”上请罪。王商、王根、王立等人更是自负斧质，请求自尽。

轰轰烈烈的王家班眼看就要落个“白茫茫一片真干净”的下场。这时，王政君又出来说话了，她连哭带号，使得成帝再一次罢手。

七十老妇性喜游乐 五十侄儿政朝登基

有句成语叫作“自古雄才多磨难，纨绔从来少伟男”，这话说得对极了。

在王家班的第一代成员中，“同日五侯”那五侯——王商、王谭、王立、王根、王逢时只不过是一些酒囊饭袋。王家倘若没有第二代中的王莽，那也不过是西汉王朝诸多外戚中的一支罢了。

王莽是王政君的二哥王曼的儿子。王曼早逝，家道很早就已中落。

在王家班的第一代成员中，几乎没有谁注意过王莽，王政君更是对自己这个嫡亲侄儿所知甚少。

大约在公元前二十三年前后，王家班的老大王凤大将军染上一种怪病，眼看将死，平日里围在王凤身边的王氏诸子见他已失去利用价值，一个个都躲得远远的。只有不经常到大将军府里走动的王莽衣不解带，日夜守在王凤的床边，一连数月，亲侍汤药，令王凤十分感动。因此，当临终托付后事时，王凤对赶来见他的王政君极力推荐王莽，认为王氏子弟唯有王莽才是个可托以大事、甘苦与共的人。

人之将死，其言也善！王政君对于大哥王凤的这一嘱托很当一回事。不久，她就将还是布衣的王莽提拔为黄门郎，然后又升他为射声校尉。

由于王莽本人确有才华，再加上王政君的大力提携，不久王莽又由射声校尉晋升为骑都尉、光禄大夫兼侍中，并特蒙太后恩诏，赐爵新都侯。

公元前八年，王政君再一次提拔王莽为大司马。

可惜，好景不长。公元前七年二月丙戌日，汉成帝刘骜因纵欲过度死在未央宫。成帝养子刘欣继位，是为哀帝。

由于哀帝并非成帝亲生，所以王政君虽然仍是太后（太皇太后），但却因与新皇帝没有血缘关系而对朝政失去了控制力。

相反的，哀帝的祖母傅太后，也就是当年曾差一点夺去王政君元帝皇后宝座的傅昭仪，却卷土重来。这一下宫中可就热闹起来了。除了王政君为太皇太后，赵飞燕（当时尚未被废）为孝成太后以外，傅昭仪逼令自己的孙儿哀帝刘欣也封她为太皇太后，刘欣的母亲丁氏也母以子贵，被儿子封为帝太后。一个宫中四个太后并存，这下子就有好戏看了。

有一天，哀帝在未央宫中置酒，款待四位太后。赵飞燕和丁氏的位置分别在其婆母的下手，自不必说。礼宾人员在安排傅太后的座位时动了一番脑筋：为了讨好哀帝，将傅太后的座位放在了王政君的坐席旁边。

这种安排倒也说得过去，但傅太后的本命星不好，偏偏让她遇上了王莽。

王莽当时巡视了一番。他见手下人为了讨好新皇帝，竟将傅太后与王太后并座，大为恼火，遂将安排座席的人找来训斥说：“定陶太后（即傅昭仪）不过是一个藩妾，而太皇太后却是天下的至尊。怎么能将藩妾的座位与至尊挨在一起呢？”

“您的意思是？”手下的人嗫嚅道。

“撤掉！将定陶太后的座位摆到下手！”

“遵命。”

座位被换，傅太后觉得这是对她的一种污辱，大怒之后竟不肯出席。

从此，王政君、王莽与哀帝及其祖母定陶傅太后结下了仇怨。

公元前六年，定陶太后傅氏授意自己的孙儿哀帝刘欣，将王莽贬出长安回新都侯封地。

当时的丞相朱博为了讨好哀帝，上书指责王莽“前不广尊尊之义，抑贬尊号，亏损孝道，当伏显戮。幸蒙赦令，不宜有爵土，请免为庶人”。此时的王政君审时度势，认为侄儿宜取守势，于是暗示王莽闭门思过。

福无双至，祸不单行，王莽的二儿子王获突然杀死了一个家奴。倘在平时，杀死一个家奴，本也算不上什么大事，但在这动辄得咎的非常时期，这事可就大了。老谋深算的王莽思来想去，决定舍卒保车，于是迫令儿子自杀。这一举动为王家班换取了宝贵的声誉。

身为姑妈的王政君对老侄王莽有了更进一步的认识。

公元前一年六月戊午日，汉哀帝刘欣突然驾崩于未央宫中，享年二十五岁。

像成帝一样，二十五岁的哀帝刘欣也没有留下子嗣。谁来承继大统呢？

王政君再一次表现出远远高于定陶傅太后的政治才能。

当定陶傅太后与哀帝之母帝太后丁氏还在那里悲泣不止时，太皇太后王政君却已采取了一系列果断措施。

首先，她即日驾临未央宫，收取玺绶。将皇帝的御玺收走，此举在封建时代具有极深远的意义：在古时的中国最讲究做官先须有印，从七品县令到万人之上的天之骄子，印绶之重要，几乎等同于身家性命。汉高祖当年率军西向破秦，秦王子婴无奈出降时，首先向刘邦呈上的就是传国玉玺。后来，王莽篡汉自立时，为求名正言顺，首先想到的也是“皇帝之宝”——玉玺。王政君把皇帝玺绶拿到手里，等于再一次掌握了汉王朝的统治权。

接着，王政君又派遣使者，急召侄儿王莽入京共襄国政。

哀帝生前有一个男宠董贤，二人出则同车，入则同辇，食则同席，寝则同床。据说有一天昼寝，君臣二人相枕藉，哀帝醒来时，董贤尚在熟睡。哀帝为了不惊醒董贤，就把被董贤枕在头下的袍袖斩断。后来，在古汉语中，有一个专门用来形容同性恋的成语“断袖之癖”，即源于此。

由于哀帝的过分宠爱，到哀帝死前，董贤已由一介布衣被提升为一人之下、万人之上的大司马。但王政君明白，他不过是一个漂亮的面首而已。所以，等王莽到京后，姑侄二人当即将他逼死。

逼死董贤以后，王政君下令，以后凡“诸发兵符节，百官奏事，中黄门、期门兵皆属莽”，让自己的侄儿掌握了允文允武的大权。

接着，她们姑侄合谋，迎立中山王刘衎入京，承继皇位，是为平帝。

由于平帝时年只有九岁，还是个童稚未脱的小孩子，无法处理国政，于是，王政君开始临朝称制。

几十年的磨炼，终于挣来了“临朝称制”这个无数人为之朝思暮想的权力。按理说，王政君该满足了吧？

否。因为王政君其人与其前的吕后不同，与其后的邓绥也不一样，有政治才能，而无政治欲望，她的兴趣根本不在政治上。

出身于“不修廉隅”家庭的她，从小就喜欢出外游玩，这个兴趣至老不改。相反的，对于三更灯火五更鸡、夙兴夜寐地处理国政，她会觉得不胜其烦。

她烦，有人不烦。

王莽早就盯准了姑姑的这个弱点，极力把朝政抓在自己的手里。他先后废掉前将军何武、后将军公孙禄，赶走了丁、傅二姓及董贤家族，计除太后外甥淳于长及王家班中不党附于王莽的红阳侯王立等人。

据说，王立是王政君的亲弟弟。弟弟怎么也应该比侄儿亲，那为什么王政君能够宁信侄儿而不信弟弟呢？

这和王立只喜欢自己独乐，而王莽却能够让太后快乐有关。

依照高祖刘邦时传下来的规矩，任何女人，一旦进入皇宫，就很少能随便出宫，即使贵为皇后、皇太后也概莫能外。

王政君，由于有王莽在外面策应，却可以随便出宫游玩。

为了扯大旗作虎皮，王氏姑侄二人还给这种游玩冠以“巡狩四郊，存见孤寡贞妇”的美名。

于是在中国历史后妃史上一个少见的现象出现了。

寡居多年的太后在一大群宫妇、太监的护卫下：

“春幸茧馆”——率领皇后、列侯夫人游玩于灞水之上，名之曰“祓除”。

“夏游御宿户、杜之间”——夏天时远足到达陕西户县、杜县之间。

“秋历东馆望昆明，集黄山宫”——秋日里登高远眺，远望昆明湖，汇集于黄山宫。

“冬飨饮飞羽，校猎上兰，登长平馆”——冬天在飞羽殿里豪饮，行猎于上兰苑中，再到长平馆游玩。

每到一处都是尽兴而饮，寡居多年的王政君第一次觉得人生除了嫁人，当皇后、皇太后、太皇太后以外，还有如此多的乐趣。

有一天，她设宴招待王莽。席间，姑侄二人闲话家常，王政君很悠闲、很随便地说：“我刚到太子（刘奭）家里时，是在丙殿见到太子殿下的。现在转眼之间已过了五六十年，也不知那里有没有什么变化，真想再到那里去看看啊！”

正在想方设法讨好姑母的王莽听了立刻接言说：“昔日的丙殿就在太子宫，而太子宫又恰好离这里很近，太后何不前往一游，以观其是否风貌依旧呢？”

“怕不太方便吧！”王政君假意推托道。

“很方便！”王莽一副忠心耿耿的样子，“我马上安排。”

于是，时隔五六十年以后，王政君又故地重游。当年那个连克二夫的黄毛丫头，如今已是前呼后拥的老太后；当年风华正茂的太子殿下，如今早已作古；当年的小姐妹们如今也已星散，而自己却留了下来。这是多么令人感慨啊！

频繁的出游，释解了王政君心中的郁闷，也使得她无暇去处理国务。于是，朝廷的大权自然就全部落在了王莽手里。

王莽先是毒死了平帝刘衎，然后又扶立年仅两岁的刘婴为帝，最后代汉自立。

王政君在这一连串的政治事件中一直放任王莽，最后终于将刘邦开创的已经延续了二百余年的西汉江山拱手交到王莽的手里。

公元十三年（王莽新朝始建国五年二月癸丑日），王政君崩于长乐宫。

这位身历七朝的老太后虽然屡经坎坷，“克”死了不少的人，但自己却很高寿，竟活了八十四岁。

舍身救驾却难免一死的宠妃

——汉元帝嫔妃冯昭仪

◎大熊攀槛欲上 淑女舍命挺身

◎小吏阴谋被拆穿 冯氏自裁保家人

汉元帝刘奭并不是一个荒淫好色的皇帝，至少与他的儿子成帝刘骜相比，他还算得上是个多才多艺的正人君子。他的众多后妃中：皇后王政君他并不喜爱，之所以立其为皇后，纯系由于王氏所生之子深得元帝之父宣帝刘询的喜爱，刘奭不过是爱屋及乌罢了；他之宠爱傅昭仪（即后来的定陶傅太后），也不过是因为傅所生之子“多才多艺”，与他本人颇为相似。因此，熟悉这段史实的人，不难得出同样的结论，元帝之爱傅昭仪，也并非爱其本人。

终元帝一生，唯一能靠本身的义举赢得元帝由衷爱慕的，大概唯有冯昭仪一人而已。

为什么会这样讲呢？

大熊攀槛欲上 淑女舍命挺身

在《汉书·元帝纪》中有关建昭元年（前 38 年）这一年的记载十分简略："建昭元年春三月，上幸雍，祠五畤。秋八月有白蛾群飞蔽日，从东都门至枳道。冬，河间王元有罪，废迁房陵。罢孝文太后、孝昭太后寝园。"至少有一件对本文主角至关重要的大事没有载入皇帝的本纪之中，这是很不公平的。这就是冯昭仪（当时她还是婕妤）挺身挡熊事件。

话还得从上一年（前 39 年）十二月元帝生病说起。

元帝自幼生长于民间。少年时微贱的生活，使他不同于那些一出娘胎就锦衣玉食的公子哥儿，身体还是挺棒的。可是不知为什么，自十二月乙酉日下诏毁了孝惠皇帝的寝庙园之后，竟突然染上了一场大病。御医诊治说是偶感风寒，而巫者则说是孝惠皇帝的鬼魂在作祟。

不管结论如何，元帝病得很重，却是个不容否认的事实。

有病就得治。经过细心调治，到了第二年（前 38 年）的春天，元帝才基本痊愈。

好久没有出去活动了，元帝很怀念宫外的生活，未央宫中的小天地憋得他十分难受。静极思动，他很想到外面去走走。

到哪里去呢？

左右的人推荐说，可去长杨射熊馆。

"长杨射熊馆？那地方有什么好玩的？"元帝不解地问。

"回陛下，那里的大熊十分有名，能做各种各样的戏耍，什么攀树啦，什么摘果啦，看了定会让陛下开怀一笑的！"

"好吧，那就去长杨射熊馆！"

长杨射熊馆坐落在长安北郊，是一片占地很大的围场。这里其实并不是只可射熊，还有许多与熊有关的游戏，比如说熊虎相斗就是最"打"

人的一种。因此，虽然名以“射熊”，其实其中却辟有“虎圈”。

元帝刘奭领着一群妃嫔，在射熊馆里游幸了半天，最后来到了虎圈。执事人员见皇上有点累了，慌忙备好座位接驾，匆忙中忘了检查看台与斗兽场之间的栏杆是否结实。

坐定之后，元帝问：“你们这虎圈中有什么好玩的啊？”

“回陛下，”管理人员毕恭毕敬地回答，“有虎熊相斗，煞是好看。”

“演来朕观！”

“是！”

役夫打开了圈门，一只大熊先跑了出来。可能是关的时间太长了吧！这只熊竟晃晃悠悠地爬过圈门，走近看台前的栏杆。

元帝刘奭和左右的妃嫔们一开始还以为这是一个特别节目呢，但侍立于侧的冯婕妤却敏锐地察觉出事情有些不对。

她的第六感觉是正确的！

就在大家笑吟吟地观赏熊出圈门时，这头大熊突然攀上看台前的护栏，它大概是嗅到了人的气味，想要来顿丰盛的午餐。于是，它径直向元帝和他的妃嫔们扑来。

“哎呀！”那些六宫粉黛们平日里只知道服侍皇上，习学女红，闲暇时不过斗嘴闲聊，哪里见过这种阵势。一个个吓得花容失色、玉脸变青，恨只恨爹娘少给生了两条腿，谁也顾不上久病初愈的皇上了。

就在这时，本来站在元帝身后，最有机会逃开的冯婕妤却逆着人流的方向返身向大熊走去。她是那样地镇定自若，那样地义无反顾，仿佛不是去面对死亡，而是去应皇帝之召，或是去赴小姐妹们的约会。那头气势汹汹的大熊仿佛也被镇住了，竟愣在那里。它大概也拿不定主意，是进还是退。它可能在想：“眼前的这个人怎么有这么大的胆子？难道她身怀绝技要置我于死地吗？”

就在大熊愣神的工夫，醒过神儿来的侍卫跑了上来，七手八脚将大熊制住。回头再看冯氏，她仍兀自站在那里，一动也不动。细心的侍卫发现，冯婕妤的腿有些发抖。

“这也难怪，”那个侍卫心想，“不要说是一个女人，就是我们这些大男人，见了刚才的场面都有些害怕！”

这时，惊魂甫定的元帝刘奭已经在左右的前呼后拥下返回看台。

作为刚才那一幕的亲历者，元帝觉得冯婕妤的表现有点令他不可思议，于是，他走上前去，想要问个究竟。

“陛下刚才受惊了吧？”没等元帝开口，冯婕妤先开口说话了。仍是那么平静的声音，只是今日这声音里仿佛糅进了许多关怀。

“还好。”元帝一想到刚才自己仓皇遁去，觉得根本不是“还好”，于是他岔开话题问道：“刚才事出意外，大家全部遁去，为何婕妤反倒直身向前？”

“回陛下，臣妾曾听人说起，猛兽得人即止。刚才那头大熊来势汹汹，臣妾唯恐其惊扰陛下，所以想先以自身挡住大熊。”

“这，这岂不太危险了！”

冯婕妤深情地说：“臣妾之命与陛下相比，又算得了什么？大不了，让那畜生把我吃了，但陛下却可借以脱险啊！以臣妾一命换来陛下的平安，诚为小女子的最大心愿！”

元帝听了，十分感动。由感而生爱，由爱而生情，由情而生欲，这晚上，他就宿在了冯婕妤那里。

在以后相当长的一段时间里，刘奭专宠冯氏，把以前的王政君、傅昭仪等人都冷落在一旁。

公元前三十六年，冯氏为元帝产下一个儿子。这一年的六月，元帝下令封新生儿刘兴为信都王，冯婕妤也因之被封为昭仪。

昭仪，是仅次于皇后的汉代宫中的女官。元帝一朝除冯昭仪之外，还有一个女人获此殊荣，她就是我们前面提到的傅昭仪。

一山难容二虎。儒文多礼的汉元帝刘奭做梦也不会想到，他将冯氏由婕妤提升为昭仪，会给冯氏带来一场杀身之祸。当然，那是几十年以后的事了……

小吏阴谋被拆穿 冯氏自裁保家人

汉成帝元延四年（前9年）春，按照汉王朝定例，近支亲王定陶王刘欣、中山孝王刘兴各自从封地赶奔京师，去朝见成帝。

定陶王刘欣是之前提到的傅昭仪的孙子。傅昭仪的儿子早死，所以刘欣三岁时就袭父爵，做了西汉第三任定陶王；中山孝王则是冯昭仪的儿子，亦即成帝的庶弟（同父异母）。论血缘关系，后者（中山孝王）要比定陶王更与成帝亲近一些，然而中山孝王的表现却很让其兄刘骜失望。

当时，刘兴只带一个师傅（王太傅）进京朝见，而定陶王刘欣却将手下辅佐他的傅、相、中尉（均系官名）全部带到京师。见二人举措有如此之不同，刘骜很奇怪，就叫他们各自陈述这样做的理由。

定陶王刘欣因为自幼就“好文辞法律”，因而，面对皇帝的询问，侃侃而谈。他说：“按照汉王朝的法令，诸侯王入京朝见天子，可以带着封国内食俸二千石的官吏同行。而傅、相、中尉正好都是食俸二千石，所以臣就带着他们来晋见皇上了。”

轮到刘兴答话时，他吭吭哧哧地说不出个子丑寅卯来。

接着，成帝刘骜以兄长兼长辈的身份问他的这一弟一侄，都读过哪些书。

“回陛下，”定陶王刘欣再一次抢话，“臣近来正在研习《诗经》。”

“研习？”成帝心想，“你个小孩子不知天高地厚。想那《诗经》三百，乃孔夫子花毕生心血删定，你能诵读就已不错了，还谈什么研习？”

见皇帝有些不以为意，刘欣随便地背了两首《诗经》中的诗，并把这佶屈聱牙的《周颂》解释得头头是道，令成帝不得不刮目相看。轮到中山王刘兴了，成帝问他读过什么书，他吭哧了半天，说读过《尚书》。

“《尚书》？《尚书》也不错嘛！”成帝很随和地对老弟说，“你背一段给我听好吗？”

“是！”刘兴答应得可挺爽快，但背了没几句就背不下去了。

见老弟背不下来，成帝倒也并不勉强，命手下人摆宴款待两位亲王。

酒席摆上来之后，刘欣吃得很少，而刘兴却饱饱地吃了一顿，中间还松了好几次腰带。

坐在上位的成帝见中山王如此地不成器，只好长叹一声，转而“看好”定陶王。

其实，中山王即使应对如流，举止得体，恐怕最终也难得到重用，因为他的母亲冯昭仪立身处世十分讲求原则，而定陶王的祖母傅昭仪就不同了。

这次入京，傅氏不但亲自跟孙儿同行，而且还将多年私蓄拿出来贿赂成帝的宠妃赵昭仪（赵合德）以及帝舅、骠骑将军曲阳侯王根，请他们在成帝面前进言立定陶王为皇太子（成帝无子）。

一心想自己生个儿子给皇帝承继香火的赵合德，见想千方设百计也生不出儿子来，就接受了傅昭仪的请求，遂在成帝面前经常称赞定陶王刘欣，再加上王根从中游说，成帝遂于不久以后派执金吾任宏以守大鸿胪的身份持节封刘欣为皇太子。

刘欣上表章一道，假意推辞说：

“臣幸得继父守藩为诸侯王，材质不足以假允太子之宫。陛下圣德宽仁，敬承祖宗，奉顺神祇，宜蒙福祐子孙千亿之报。臣愿且得留国邸，旦夕奉问起居，俟有圣嗣，归国守藩。”

成帝不允。于是刘欣从定陶来京，住进东宫，成为成帝的合法继承人。

公元前七年三月丙戌日，汉成帝刘骜病死于未央宫。同年四月丙午日，刘欣继皇帝位，是为哀帝。

登基伊始，哀帝谒高庙（刘邦之庙），大赦天下，并大肆分封祖母、母亲娘家诸位成员。刘欣下令，封祖母傅昭仪为恭太皇太后，母丁姬为恭皇太后；封傅昭仪之父为崇祖侯，丁姬之父为褒德侯；封舅父丁明为阳安侯，舅父丁明之子丁满为平周侯……

真是一轮明月照九州，有人欢乐有人愁。刘欣、傅昭仪这里正春风得意，冯昭仪所在的中山国却出了一件十分不幸的事：中山孝王刘兴其时已经病死，他的一个儿子承袭了王爵，这个小中山王突然染上了一种名叫眚病的怪病。什么是眚病？目前存有两种解释，一种是孟康所说的“妖病”，另一种则是苏林的“肝阙——肝昏迷”。当时，大多数人倾向于第一种解释。

在科学技术并不发达的汉代，这种怪病是很吓人的。冯昭仪怀着一颗仁慈的祖母之心，日夜为孙儿祈祷。

远在京师的哀帝闻听中山小王病重，派遣中郎谒者张由前往中山探视。

说来也巧，这位派去探病的使者张由，本身竟也是一个神经病患者（素有“狂易病”）。

出了长安没多远，张由突然发病，竟掉转车头，又折了回来。

到家之后，他自知犯了欺君之罪，心里很害怕。负责监察工作的尚书“簿责擅去状”——责问张由为什么擅自回来，恐慌之中，他编造了一个恶毒的谎言。所言大意是中山小王并没有病，而中山冯太后（即冯昭仪）却借之诅咒皇上和定陶傅太后。

此封奏对一上，傅太后十分重视。说老实话，自从几十年前出现冯昭仪挺身挡熊救驾那一幕以后，傅昭仪一直在心里对其既羡又妒。当岁月的风霜染白了她的鬓发，傅昭仪变为定陶傅太后最终又变成太皇太后以后，这种复杂的情感竟变成了恶毒的怨恨。

“终于让我有机会来收拾你了！”傅太后在心里暗道。于是，她派遣心腹御史丁玄“案验”此事。

禀承太后的旨意，丁玄来到中山。下车伊始，他不作任何调查，就先主观认定冯氏及所属中山国诸人有罪。于是，他“尽收御者、官吏及冯氏昆弟在国者百余人”，并将这些无辜的人分别关押在洛阳、魏郡、巨鹿等几个不同地方，日夜刑讯，以期有意外的收获。

丁玄想要指鹿为马，可是那些被他无故扣押的人，却谁也不肯昧良心。几十天过去了，丁玄一无所获。傅太后闻听大为恼火，再派亲信中谒者令史立与丞相长史、大鸿胪卿等人联合审理此事。

史立是个“秦桧”式的人物。他为了贪图封侯，就下令把冯太后的妹妹冯习以及弟媳等近亲抓来，拷打致死，最后终于从一个名叫刘吾的巫者和一个名叫徐遂成的医生那里“打开”了突破口。

刘、徐二人作伪证说：“冯太后的亲属冯习等人曾经说：‘武帝时，延请御医为皇上治病，武帝痊愈后曾赏赐御医两千万钱。而前不久，今上请人为他治病，病好却无任何封赏，这样的皇上，为他治病还不如杀了他呢。杀了他，立中山小王，我们都可封侯！’”

丁玄、史立等人好不容易得来了这个口供，真是如获至宝，立即封好转呈傅太后。傅太后不等看完，就立即下令将冯昭仪逮捕收审，诬以诅咒今上的罪名。冯昭仪自然是不肯接受了。这时恼羞成怒的史立急不择言，竟将从傅太后那里听来的一句话脱口说了出来。这句话是：“熊之上殿，何其勇，今何怯也？”意思是说当年元帝在时，大熊惊驾，你冯昭仪只身向前，那股子劲头怎么今天一点也没有了呢。

本来还如坠五里雾中的冯昭仪听了史立等人的话，一下子什么都明白了。她满腔悲愤地对家人说：“我早就觉得这件事来得蹊跷，现在终于明白了。大熊上殿，我只身护驾，这都是宫中秘事，而且事情已经过去了几十年，史立这个小小的中谒者令怎么会知道？一定是傅太后还记着当年让她失面子的老账，想置我于死地。我不死，此案不会了结，傅氏也不会善罢甘休的！”

言罢，服毒药自尽。

傅氏果然是必欲置冯氏于死地方才甘心。在没有得到冯氏死讯之前，她曾经动过“令有司诛之”的念头，但当冯氏自杀的消息传来后，她的一腔怒火也就烟消云散了。

行文至此，使笔者不由对中国传统道德中的“善有善报，恶有恶报”

的古训产生了怀疑。想那冯氏一生正直，几十年前的一桩舍己救人的善事，竟埋下了几十年后的恶因，天理何在？

当然，历史还是公正的，它毕竟留下了一些还算平直的史实，让后来者评说。

玩弄皇帝于股掌的姐妹花

——汉成帝后妃赵飞燕、赵合德

◎妇人微贱，生为父母弃
三日不死，姐姐命大

◎伴君昭阳，姐妹恃宠而骄
燕啄皇孙，罪行令人发指

◎酒色侵骨，成帝中风暴卒
天道轮回，姐妹双双自尽

在唐代大诗人白居易的一首《咏藤》中，诗人笔下的藤“缠树木，成枯株”，害人也害己，是令人厌憎的。这当然是一种拟人化的写法。与那些邪恶的人们比起来，区区枯藤，为害几株老树又算得了什么呢？

就拿本文中写到的汉成帝的两个老婆赵飞燕、赵合德姐妹来说吧，她们为了满足自己的私欲，背着丈夫与人私通。自己生不出儿子，而当别的女人为皇帝生了儿子之后，她们却残忍地将新生婴儿连同他们的母亲一起害死。这种“妖妇人，绸缪蛊其夫”、“先柔后为害”的种种行径，不知比藤要丑恶多少倍！

可叹的是，心如蛇蝎的赵氏姐妹不仅没有因其丑恶行径招致汉成帝的厌烦与冷落，反而在某种程度上，成帝也成为她们作恶的帮凶。是什么在驱使成帝助纣为虐？又是什么原因能使她们将几十岁的皇帝像婴孩一样玩弄于股掌之上？

待笔者慢慢道来。

妇人微贱，生为父母弃
三日不死，姐姐命大

像武帝的皇后卫子夫一样，赵氏姐妹的老大也是歌女出身。与卫子夫略有不同的是，赵飞燕的童年远不如卫子夫幸福。卫子夫虽然没有爹，但一生下来最起码还有娘疼爱，而赵飞燕刚出生时就被父母丢到一边，整整三天没有给她哺乳，这是为什么呢？

有一种说法为飞燕之母本系一贵家小姐，即江都王的孙女姑苏郡主。飞燕系她与一冯姓仆人所生。小姐生孩子，即使在开放的汉代，也不是一件很光彩的事。姑苏郡主不愿留下这个累赘，因此，不给小飞燕哺乳。说也奇怪，饿了整整三天的新生婴儿居然大难不死。姑苏郡主此时早已心软，将她喂到三岁后送到长安，后来成为阳阿公主家的歌女，进而为汉成帝刘骜看中，选入宫中。

这种说法因不载于《汉书·外戚传》，我们只能姑妄言之，姑妄听之。

但赵飞燕出身微贱，自小在长安宫中的奴婢家里长大，却是见诸史籍的。

据唐人颜师古考证，汉代的都城虽然在长安，但皇帝却经常住在甘泉宫中。长安宫并非皇宫，自幼养在长安宫中的赵飞燕也只不过是一个小奴仆而已。不如此，就无法解释八岁以后，她又出长安宫到阳阿公主家去做歌舞伎一事了。

汉成帝鸿嘉元年（前 20 年）春二月，汉帝国的京师长安沸沸扬扬地盛传，说当今圣上常“为微行出”。

什么叫“微行”呢？古人的解释是：“谓帝于后门出，从期门郎及私奴客十余人白衣、组帻、单骑出入市里，不复警跸，若微贱之所为，故曰微行。”用今天的话来解释，就是皇帝偷偷摸摸地非正式出行：不带正式官属，而只领着十几个护驾的羽林期门郎和家奴；不穿衮龙袍，而是穿着白色布衣，头戴用丝织成的头巾。众人每人一骑，招摇过市。

与历史上那些性喜胡闹的少年天子不同，成帝刘骜其时已经三十三岁了，并非少年。他“微行”的原因可能一半是对自己少年时代弄虚作假、充斯文的一种“反叛”，另一半则是为自己访美。

就在“为微行出”后不久，刘骜领着一班亲信来到了阳阿公主家。这阳阿公主生父不详，史料并未提及，推测其是汉宣帝或是汉元帝，因食邑在阳阿而得名。此人一生最崇拜的人就是曾替汉武帝选了一个皇后（卫子夫）进宫的平阳公主，因此，很早就网罗了一批能歌善舞的小女子们备用。赵飞燕就是其中之一。

且说成帝领人来到公主府第之后，阳阿公主大喜过望，急忙命人摆上酒席，然后命人唤出赵飞燕等一班人歌舞侑酒。公主的府第虽然说不上十分奢华，但也够富丽堂皇的了，可是当赵飞燕袅袅娜娜走出来时，汉成帝刘骜却觉得那堂皇的大厅与眼前的美人相比，实在俗不可耐。因此，没待酒宴结束，刘骜就向阳阿公主提出要将赵飞燕带回宫中。早就盼着能送个美人进宫，从而巴结上新皇帝的阳阿公主，焉有不允之理，于是将歌女赵飞燕送入未央宫中。

到了宫里，赵飞燕发现，自己处在一种很尴尬的境地，因为宫里还有一个许皇后、一个班婕妤。

许皇后、班婕妤二人都不是泛泛之辈。据史料记载，成帝河平元年（前23年）夏四月，长安一带的天空突然出现日食。在科技并不发达的古代，日食通常被认为是国有灾难，天象示警。光禄大夫刘向等人上书，说日食发生的时间恰好是四月癸未日，这一天曾是孝昭皇帝的忌日（汉昭帝死于公元前七十四年四月癸未日），而昭帝是无子嗣的，由此牵强附会劝谏成帝要节制后宫。成帝认为刘向说得有理，下令减裁后宫用度。许后竟抗旨上书：

妾夸布服粝食……今壹受诏如此，且使妾摇手不得。今言无得发取诸官，殆谓未央宫不属妾，不宜独取也。言妾家府亦不当得，妾窃惑焉！幸得赐汤沐邑以自奉养，亦小发取其中，何害于谊而不可哉……设妾作某屏风张于某所，曰故事无有，或不能得，则必绳妾以诏书矣！

大意是说时代不同了，宫中的一切事务不能像理想中的那样。倘若一切都墨守成规，连皇后本人的个人财产都任由别人说三道四，那将很不方便。比如，皇后想做一个屏风放到某处，但手下人说于古无之，不肯从命，那皇后的脸面还往哪里摆？

许皇后敢公然忤逆皇上，这已经够令人侧目的了，而那位班婕妤竟能用一番大道理迫使成帝自认有错，则更令赵飞燕感到敬畏。

那是发生在不久以前的一件事。一天，成帝刘骜游于后庭，想请班婕妤与他同辇而行，夫妻同乐，班氏死活不肯。成帝面带愠色，问其所以，班婕妤答道："臣妾闲暇时曾观览过古人留下来的图画，见那上面的圣贤之君，皆有名臣在侧，只有三代以下的穷途末路之主，才有女侍侍从左右。臣妾不敢以一时之欢，坏陛下圣贤之名，是故不敢遵命。"

为了自保，赵飞燕暗中授意随她一起进宫来服侍她的中表姐姐，叫她设法在成帝面前透露赵飞燕还有一个亲妹妹，长得比飞燕还要美上三分，以诱使刘骜为她拉来亲妹妹做帮手。

刘骜自然乐得中计，立即下令将其招揽宫中。

伴君昭阳，姐妹恃宠而骄
燕啄皇孙，罪行令人发指

汉朝京师长安皇宫中的昭阳舍突然来了许多工匠。这些工匠是奉皇帝之命前来对这座久已闲置的别馆进行装修的。不愧是专为宫廷服务的尚方监工人，短短几天就将昭阳舍变了个模样，但昭阳舍未来的新主人看了之后却仍不满意。

“什么玩意儿！这破房子也让我来住！”

“你算什么玩意儿！”尚方监的工匠听了之后在心里暗暗骂道，“你不也和我们一样都是穷人家出身吗？若不是因为长了一张漂亮脸蛋，你不也得像你姐姐进宫前那样当歌舞伎！”

骂归骂，可是活还得再干。因为皇帝有令，一切都须照昭阳舍的新主人之命令执行，有抗命不遵者照抗旨论斩。

此令一下，工匠们只得硬着头皮按照那个刁女人的要求，将昭阳舍重新又装修了一遍。经过这番装修后的昭阳舍，可谓美轮美奂、富丽堂皇。

这样大动干戈，不惜重金地装饰一座别馆究竟是为了什么人呢？

是为了昭阳舍的新主人。这位昭阳舍的新主人不是别人，就是赵飞燕的妹妹赵合德。

赵合德入宫之后，凭借着美艳的外貌把汉成帝迷得神魂颠倒，更是令成帝发出“宁愿醉死温柔乡”的感叹。之后，赵合德成功助其姐姐赵飞燕夺得后位，自己也被册封为昭仪，并获得独享昭阳殿的殊荣。

翻新后的昭阳殿，据史书记载：“中庭彤朱，而殿上髹漆，砌皆铜沓黄金涂，白玉阶，壁带往往为黄金釭，函蓝田璧，明珠、翠羽饰之。”其奢华程度达到“自后宫未尝有焉”。

就在赵氏姐妹圣宠正浓之时，宫外却盛传关于两人的负面消息……

大约是在公元前十五年左右，汉都长安城里流传着一首童谣：“燕燕尾涎涎，张公子，时相见。木门仓琅根。燕飞来，啄皇孙，皇孙死，燕啄矢！”

这首童谣是什么意思，当时只有几个人清楚。

这一年的前一年（前16年）夏六月，赵飞燕、赵合德姐妹二人合谋，运用种种下流手段逼使成帝废掉许皇后，并追令其自杀，然后赶走了班婕妤。

尽管班婕妤在驳斥赵氏姐妹对她的诬陷时，曾讲出了一段千古名言——“妾闻死生有命，富贵在天。修正尚未蒙福，为邪欲以何望？使鬼神有知，不受不臣之诉，如其无知，诉之何益？”——但仍被逼走，退入太后宫中以求自保。

赵飞燕当上了皇后，赵合德升为仅次于皇后的昭仪，好事似乎都让她们姐俩占尽了。然而上天有眼，送子娘娘却迟迟不敲她们的门。为了固宠，赵氏姐妹想出一个主意：选择一些已有子嗣，而又多子多女的侍郎官属和宫奴等，将他们安置在别宫，姐妹二人与之私通，以期能够借之受孕产子。

为防皇上发觉，姐妹二人各自在皇上面前为对方打掩护。赵合德就不止一次地对刘骜说："我姐姐性情刚烈，易遭人嫉恨，倘若有人诬陷她不贞，皇上无论如何也不要相信！"已被赵氏姐妹迷得团团转的成帝自然相信了她们的鬼话，他可能至死也没有想到，除了那皇帝专用的紫金冠之外，他还有一顶"绿帽子"！真是可怜啊！

赵氏姐妹胆子越来越大，但还是生不下一个儿子。

她们生不下儿子，可有人能替皇上生儿子。

公元前十二年元旦过后不久，一个名叫曹宫的宫女突然身怀六甲。

是谁干的好事？皇宫中只有一个正常的男人，那自然是汉成帝刘骜的"杰作"了。

由于赵氏姐妹是出了名的醋缸，曹宫不敢声张，挨到十月，跑到掖庭牛官令舍分娩，产下一个男婴。

此事不幸为赵氏姐妹得知。姐妹俩派中黄门田客拿着皇帝的玺书、封御史中丞印，交予主管掖庭监狱事务的掖庭狱丞籍武，命令他"取牛官令舍妇人新产儿，婢六人尽置暴室狱"，而且不要管婴儿是男还是女，也不用管他是谁家的孩子。

出生刚刚三天的小孩子有什么罪？籍武有些不愿意执行这一缺德的命令，可是命令上盖着皇帝的玉玺，他又不能不执行。最让籍武感到不忍的是，那位新产妇直到进监狱时，仍天真地以为皇上只会杀了她本人而不会伤及孩子，因此临入狱时还告诉籍武，要藏好孩子的胎衣，因为自会有人来认这个婴儿的。

"真是太天真了！"籍武暗暗在心里叹息道，"覆巢之下岂能有完卵？"

果然，又过了三天，还是那个中黄门田客，仍是拿着盖有皇帝玉玺的诏书，前来催问“儿死未”。

籍武一看就知道来人的本意，但他还想再装一次糊涂，于是在皇帝手诏的牍背写上了五个大字：“儿见在，未死！”

手诏被带回到皇上那里，正与成帝调情的赵合德见了大怒。她推了一把正在暗暗发呆的皇上，恶声恶气地对他说：“陛下，这个籍武是什么人啊？竟连陛下的命令都敢违抗不遵！”

见皇上仍在发呆，赵合德又拿起那份手诏，对田客说：“你去问问那个姓籍的，他不将那个孽种做掉，是不是想抗旨不遵？”

听完田客的转述以后，籍武叹息着说：“不杀婴儿是抗旨不遵，自分当死，然而杀了这个婴儿，将来恐怕也难免一死。同样是死，我宁可抗旨不遵，也算是积点阴德了！”

于是，他又亲自草拟了一道表章。书云：陛下未有继嗣，子无贵贱，唯留意！

书上，因系“亲启密奏”，成帝刘骜看了深受感动，密令籍武为新婴儿寻找一个乳母，并指定一个名叫王舜的中黄门具体负责其事。此事按说也就应该告一段落了，请人找来的乳母很是尽心尽责，新生婴儿得到了充足的奶水。

谁料变生肘腋。不到十天的时间，籍武第三次接到命令，传令人仍然是中黄门田客。此次籍武受赐两样东西：一是一道手诏；一是一只绿箧（箱子一类的东西）。诏曰：“告武以箧中物，书予狱中妇人！”

籍武一看这道手诏上那歪歪斜斜的字迹便知是谁的命令了。他心想：“看来这赵昭仪是不想放过曹宫所生之子了！”他打开小绿箱一看，只见箱中有两丸药和一道手诏。手诏上赫然写着：告伟能（伟能——曹伟能即曹宫）努力饮此药，不可复人，汝自知之！

赵合德的这招太拙劣了，连曹宫都能看出这道手诏是出自谁的手笔。当籍武将箱子交到她手中时，曹宫悲愤地说：“我早就知道会有这一天！她们姐俩这是想断绝圣上的香火啊！我产下的婴儿是个男孩啊！他额上顶有壮发，颇像孝元皇帝，要是能让长信宫中的太后知道就好了！”说完，服药自杀。

那个额上顶有壮发的婴儿，出生不到一个月，就被赵合德派人弄死。赵合德可谓毒之已极矣！

不久，赵合德又亲手害死了皇帝另外一个亲生儿。

事情的经过是这样的：

汉成帝同他的先祖武帝刘彻一样，喜欢女人和野兽。因而，继位后不久，他就微服出猎。一次触雪得疾以后，不能长出宫中，成帝就将皇家动物园上林苑修缮一新，平日里除了与赵氏姐妹淫乐之外，就到上林苑中走鸡斗狗、追狐猎兔。赵氏姐妹一开始时，还对皇帝不与她们厮守有些不快。后来，她们见皇帝去上林苑，无非是与飞禽走兽亲近，而不是与女人亲近，也就乐得睁一只眼闭一只眼了事，更何况她们每个人也都有自己的面首。

自以为精明过人的赵氏姐妹，聪明一世，糊涂一时，她们做梦也没有想到皇帝会借去上林苑游玩的机会另找女人。

说是“另”找，倒也不十分贴切，因为皇上的新欢就住在上林苑附近的涿沐馆中。皇帝完全可以借行猎之机，前往渔色。一举两得，“顺手牵羊”，并不用“另”找。

住在上林苑涿沐馆中的这位美人姓许，宫中一般都称她为许美人。汉成帝一次行猎后饮了鹿血，左右为之急寻女人，遂将住在上林苑附近的这位许美人唤出，以解帝急。自此以后，刘骜“一岁再三召”，而且许美人一留就是“数月或半载”。

公元前十一年一月，许美人觉得身子有些不对，已接连两月天癸（月经）未至。她知道，自己一定是怀上龙种了。

此时，成帝已年过四十，仍无子嗣，因此，他很希望许美人能为他生个儿子，延续香火。于是，成帝亲自挑选了一名乳医（产婆），让她拿了五种助产保胎的药前往许美人所居之处，助她分娩。

许美人也真争气，真就为皇上生下了一个大胖儿子。

不知是哪个好事的宫人说走了嘴，将许美人为皇上产下一子的消息传到了赵氏姐妹的耳朵里。姐妹俩商量了一番，决定仍由妹妹出面，逼皇帝就范。

这一天，成帝来到昭阳舍找赵合德。一到屋里，刘骜就发现有些不对。以往千娇百媚的赵昭仪，此时面寒如冰。

正疑惑间，赵合德开了口：“陛下近日很忙啊？”

“是啊！是啊！”成帝答道。

“都忙些什么？”

“还不是国政。”

“国政以外呢？”

“去中宫啊！”成帝心里有些发虚。他强作镇静地反问了一句：“怎么，昭仪突然问起这个干什么？”

“去中宫？陛下可真能讲故事啊！”赵合德把小嘴一撇。

“此话从何说起啊？”

“臣妾斗胆，敢问皇上既从中宫来，而且自言每次外出也去往中宫，那么，上林涿沐馆中的许美人怀的是谁的种呢？”

“这个……”成帝像个偷嘴吃的孩子突然被人按住了手，嗫嗫嚅嚅。

“陛下不说就算了！”赵合德拿出自己看家本领，以手击头，以头触壁，从床上滚到地下，打着滚地干嚎。

见事已至此，不能再隐瞒下去了，汉成帝决定“从实招来”，以真诚换得美人儿的同情。于是，成帝就一五一十地告诉赵合德他如何在行猎中误饮鹿血，需有女人解“燃眉之急”，而许美人如何恰在附近，因而不得不临……

“呸！”赵合德啐了一口，道，“误饮鹿血？谁知道是不是误饮。陛下金口玉言，说什么谁也不敢怀疑！”说到这里又捶胸大哭。

“你这个人怎么这样不通情理？”成帝有些不悦。

“我不通情理？”赵合德更火了，她一挺身站了起来，“好，就算陛下是误饮鹿血，那为什么当时不找我来解陛下之急呢？”

“上林苑离昭阳舍这么远，怎么找你？”

“好，就算那次不得不找许氏，可是陛下为什么一而再、再而三地前往涿沐馆？难道误喝了这么多的鹿血吗？”

“你这个人！你这个人！”汉成帝气得说不出话来，从小到大，还没有人敢这样对他说话。可是，他又舍不得处罚这位千娇百媚的赵昭仪，于是连连说：“好心好意地告诉你，还不如不告诉你呢！算我没说，算我没说！”说完，他也坐在一旁生起气来。

见皇上也生气了，赵合德抽抽搭搭地说：“臣妾自知有罪，惹得陛下生气。但陛下知道臣妾为什么要这样吗？陛下常常对臣妾说‘无论什么情况，都不负你’。这话陛下可能是早就忘了，可是臣妾却一直记在心里啊！”

“我哪里忘了？”成帝一见美人儿说起了软话，心肠也早就软了，“许美人虽然替朕生了个儿子，朕也决不会让她超越昭仪的。这中宫之位，朕是非昭仪姐妹不予啊！”

见成帝说话软了下来，赵合德就在床上吹开了“枕边风”：让皇上故技重演，将许美人母子处死。

正沉浸在巨大的愉悦之中的汉成帝有一美在侧，也就顾不得另一美了。起床后，成帝唤来中黄门靳严，让他手持一封“绿囊书”交给住在上林涿沐馆中的许美人。“美人一定会有东西交给你，你要快速将那东西带回，不得有误！”

靳严欲转身离去，赵合德叫道：“等等，靳黄门，皇上交给你的差使，你可要认真去办啊！”

“是，是，小人一定好好当差！”

“那就好，陛下和我是不会亏待你的。你把从许氏那里带回的东西放到外间厅堂帘内就行了！”

“是，小人遵命。”

那封由靳严带给许美人的书信，原来是成帝一纸骗人的手令。手令中说因许美人产后过于疲劳，可着持信人将所产之子带回，由皇上寻一乳母代为哺育。

不疑有他的许美人“苦命人心实”，见是皇上的诏书，不辨真伪，就将新生婴儿放在一个小包袱里交予靳严。

靳严将小包袱带回之后，成帝和赵合德赏了他几千钱，然后就命他退出。这时，留在成帝和赵合德身边的，还有赵氏的御者于客子。

"客子，去将那个包袱拿来。"成帝命令道，"把它打开。"

"算了，算了！"赵合德从于客子手中接过小包袱后说，"客子，你也下去吧！"

"是！"于客子也退了出去。偌大的屋子只剩下成帝与赵合德两个大人，还有那个包在包袱里的男婴。

门关上了，走在最后的于客子隐约听见屋内传来一声婴儿的尖叫，接着一切又归于死寂。

过了片刻，门被重新打开，赵合德走了出来。她招手向外叫道："于客子、王偏、臧兼（三人均为赵合德的亲信太监），你们替我把这个小包交给籍武，跟他说，包里面有一个死婴，叫他快快埋掉，别让人发现了！"

于、王、臧三人诺诺连声，拿起小包袱走了出去。

"什么？还要让我杀人？"籍武接到手诏后心想，"老天，这种伤天害理的事情怎么尽让我摊上！"接过于、王、臧三人送来的小包袱后，籍武心想："我得做个记号，将来有人问起，我好有个交代！"

思及于此，他挑选了好几个地方，最后在"狱楼垣下"挖了一个小坑，将许美人所生的那个婴儿，那个被赵合德亲手扼死的婴儿埋在坑中。

酒色侵骨，成帝中风暴卒
天道轮回，姐妹双双自尽

公元前七年二月的一天早晨，夜宿未央宫的成帝起床更衣，准备接见大臣。衣服刚穿到一半，成帝突然身体僵直、口不能言。汉成帝多年沉湎酒色，终于招致恶果——中风了。

中风后的成帝，也没耽误享乐，终于在三月丙戌日，一命归西，死在了赵合德的床上。

此讯传出，上上下下一片愕然。

赵合德自知皇帝死在自己的床上，难逃罪责，遂大力收买身边侍从，请他们不对外人讲赵氏姐妹的过失。

可惜她遇上了一个可怕的对手——王莽。

赵合德更不知道，早在元延二年（前10年）五月的时候，掖庭令吾丘遵（复姓吾丘，单名一个遵字）就曾向掖庭狱丞籍武坦言过赵氏姐妹的罪行。

据史料记载，吾丘遵对籍武说："有一件事想对狱丞言。不知狱丞可知道赵昭仪害死皇上亲生子一事？"

"我怎么会不知道？"籍武在心里暗道："还是经我手埋的呢！"但他表面仍装出一副浑然不知的样子，说："小人不知。"

"算了吧，狱丞不要和我玩心机了！"吾丘遵摆了摆手说，"我是把狱丞当成自己人，才来和狱丞探讨这件事的。据我观察，整个宫中，自狱丞以下的人差不多都让赵昭仪给收买了，只有狱丞是个明辨是非的人。狱丞你有子而老夫我无子，我说什么，想必狱丞也不会出卖我！"说完，吾丘遵一五一十地将他掌握的种种赵氏姐妹违法之事情讲给狱丞听，主要是讲赵合德、赵飞燕如何与人私通。

"为什么我们不一起去奏请骠骑将军？"

"骠骑将军只认钱，找他无用！"

又过了些日子，吾丘遵患病身死，临终前他叫来籍武，对他说："要想法将赵昭仪害死皇帝亲生儿子一事，报告给长信宫王太后（元帝皇后王政君，王莽的姑妈）！你千万要小心，不要打草惊蛇！"

由于吾丘遵的提醒，籍武一直没敢轻举妄动。直到成帝突然驾崩，孝元皇后王政君下令娘家侄子、大司马王莽调查刘骜的死因时，籍武这才一五一十地将赵合德所犯罪行说了出来。

由新任皇帝哀帝刘欣下诏，赐赵合德自尽。这道系由王莽亲手起草的诏书上有这样一句话：

赵昭仪倾乱圣朝，亲灭继嗣，家属当伏天诛！

于是，皇帝（哀帝）下令，免去两个已封侯的赵氏家人的爵位，家属谪居辽西郡。

为什么一方要杀，一方却“雷声大雨点小”呢？

原来，新任皇帝刘欣并非大行皇帝刘骜的亲生子，只不过是一个小小的定陶王，是他的祖母傅昭仪走皇后赵飞燕和其妹赵合德的后门才使他得以登帝位的。投桃报李，新任皇帝自然要向着赵家人了。

可惜，刘欣是个短命君王，在位仅仅六年就一命归西。

哀帝死后，王莽再一次奏请已是太皇太后的王政君，请求斩草除根，废掉仍在宫中的赵飞燕。

对侄子的话言听计从的王政君立即下令，以“有失妇道，无共养之礼”为由，将已是皇太后的赵飞燕贬为孝成皇后，迁居北宫。不久，姑侄二人又追废赵飞燕为庶人，迫令其自尽。

一代双姝就这样殒命。

想想她们得势之日，伤天害理，以杀人子为乐事，如今双双落了个自杀的下场，也算是自食其果！

堪称博士、校长、法官的皇后

——汉和帝皇后邓绥

◎五岁知礼，六岁读史，十二通《论语》

◎梦扪天、吹钟乳，主该女贵不可言

◎蒙圣恩，秉谦恭遵礼制
招后嫉，欲自裁保家人

◎遇契机，临朝称制
体下情，平反冤狱

◎唯权与学不肯舍
谁谏归政就杀谁

公元九十二年，年已十四岁的和帝刘肇在除掉以窦宪为首的“窦家班”外戚后，重新夺回政权，总揽朝纲。

在汉代，十四岁已经到了适婚年龄，所以太后下旨为儿子挑选一批品貌端庄的良家子充实后宫。

负责此事的大长秋官不敢怠慢，很快征集到一大批良家子。

此批良家子中，有后来成为和帝第一任皇后的阴氏。另外值得一提的是，本应在此批良家子之列的邓氏邓绥却出乎意料地没在其中。原因何在？《后汉书》记载，永元四年，邓绥“当以选入，会训卒”。大概意思就是，本来应该选入宫中的邓绥，正逢其父邓训去世。汉代奉行守孝三年，所以邓绥一直到永元七年，即公元九十五年才“复与诸家子俱选入宫”。

邓绥，身世显赫，是东汉开国元勋之一邓禹的孙女。她家与汉朝王室有着须臾不可分的关系——祖父是东汉开国皇帝刘秀的同乡、同学兼好友，母亲则是刘秀之妻阴丽华的侄女（是侄女，而不是像有一本后妃列传中所称是姊妹，详见《后汉书》）。细论起来，邓绥还长汉和帝刘肇一辈呢！

两个不同辈的人是怎样同床共枕成为夫妻的呢？他们的感情如何？邓绥又是个怎样的人呢？

五岁知礼，六岁读史，十二通《论语》

据西方心理学理论称，有一类孩子，其智商特高，往往几岁时就能达到别人十几岁时的智商标准，此类孩童即所谓神童。

邓绥小时候就是一个神童。

还是在她五岁那年，有一天下午，老祖母（大将军邓禹的妻子）、母亲、婶婶围坐在一起闲聊，邓绥也小大人似的忝陪末座。聊着聊着，老祖母突然高兴起来。她看见自己的孙女那乖巧听话的样子，不由动了爱美之心，提出要替孙女剪剪头发。

“剪头发？”邓绥的母亲、婶婶觉得此举大可不必，因为小邓绥的头发根本就不怎么长，因而都没有作声。

“好啊！”邓绥一副高兴的样子，“奶奶替我剪头发，这真是太好啦！”

见老夫人发了话，早有侍女递上刀剪。剪发工作遂告开始。

邓绥的头发长得很密实。汉代的妇女最重视前面额部的发式，邓禹之妻也深知这一点，很想一显身手，为这个令她疼爱的宝贝孙女剪出一个好的发式。

无奈年事已高、眼神不济，老太太剪着剪着一下子剪到了邓绥的额头，而且流出血来。

左右的人一见小姐额头受了伤，不由得都叫出声来。

"怎么啦？"老祖母直到此时也发现伤着孙女了，仍然剪得很投入。

"没，没什么！"小邓绥形若无事地对祖母说，"下人们见老夫人帮我剪的这个发式很好看，故而惊叹。"

"没有碰着你吧？"老祖母追问。

"没，没有。"

事后，有人问小邓绥为什么不喊疼，小邓绥一本正经地答道："剪刀剪到肉上能不疼吗？但老祖母年事已高，她出于好意为我剪发，我这个当孙女的，能喊疼伤老人的心吗？"（这可不是笔者为邓绥杜撰的豪言壮语。有《后汉书·后妃传》中的原文记载为证："后曰：'非不疼也。太夫人哀怜为断发，难伤老人意，故忍之耳！'"）

左右的人闻听，都暗暗在心里赞叹邓绥是个懂事的乖孩子。

六岁那年，邓绥开始接受启蒙教育。她的启蒙教材是史书，这个史书并非是历史书而是《太史籀书》。

《太史籀书》通称"史籀篇"，系字书，相传是周宣王时太史籀所撰。但近人认为"籀"是通读之意，原书首句是"太史籀书"，古人有截取文章开头一句中的几个字充当篇名的做法，故名《太史籀书》。现在通行的说法是此书乃春秋战国时期秦人所作，原为十五篇，以四言韵语的形式教育蒙童识字。

十二岁，邓绥开始学习《诗经》《论语》。这个年龄读这种典籍，对于一个男孩子来说都已经是勉为其难了，何况邓绥还是女孩。

当时虽没有遗毒近千年的"女子无才便是德"的说法，但男主外、女主内却已深入人心。

邓绥的母亲见女儿志在典籍，一点也不像其他女孩子那样专事居家过日子之事，常常责备她说："你年纪也不算小，都快成大姑娘了。谁家的大姑娘不学习女红，不学习主持家务，而只一味钻在典籍堆里呢？我只听说过有男博士，还未听说有女博士的，难道你这丫头想当女博士？"

邓绥当然不是想当女博士。

这倒不是她的学识不够，而是因为古时的博士与今天我们通常所说的博士有着本质的不同。

古时的博士系学官名，它源于战国。《史记·循吏列传》中有“公仪休者，鲁博士也，以高第为鲁相”的记载。《汉书·百官公卿表》也有“博士，秦官，掌通古今”的解释。秦及汉初，博士所掌为古今史事待问及书籍典守；至西汉时，武帝采纳公孙弘的建议，设五经博士，置弟子员。自后博士专掌经学传授，与文帝、景帝时的博士制度有异。

在邓绥生活的那个时代，并无女子出任此项官职。邓母所谓“当博士”云云，不过是与女儿开个玩笑而已。

“博士？博士算什么！”小邓绥脱口而出，“我不做则已，要做，就要做比博士大得多的事业！”

“这孩子，真是不知天高地厚！”邓母似嗔非嗔地说。

“我们家已有老祖母被皇帝御封为一品诰命了，”兄弟姊妹们也在心里嘀咕，“难道小邓绥也会被封诰命夫人不成？”

邓绥究竟要干什么？邓绥究竟能干什么？

梦扪天、吹钟乳，主该女贵不可言

前面我们已经提到，东汉和帝永元四年（92 年），邓绥之父邓训突然病逝。

邓绥全家都陷入了巨大的悲痛之中，邓绥本人更是哀伤欲绝。

按照成例，丧礼有“五服”之分。凡子为父服丧、未嫁之女为父服丧、妻为夫服丧都要戴孝三年。服丧期间，要穿用最粗的生麻布制作的丧服，而且不许缉边，使断处外露，以示无饰。此种孝服称为“斩衰”。持斩衰之服者，三年守孝期满前，不能饮酒食肉。这本是儒家为规范人们的行动而提出的一种理想，一般很少有人能完全身体力行。

邓氏家族中也没有谁认真去做，但邓绥本人却以令人难以置信的毅力坚持这样做了。《后汉书·后妃传》上说她“昼夜号泣，终三年不食盐菜”。

三年服丧期满，邓绥憔悴得不成样子。

当她从服丧的墓庐返回家中时，许多三年前的玩伴竟都认不出她来了。

经过几个月的调养，邓绥又恢复了她以往那美丽的容颜。

这时，恰逢和帝刘肇再次选良家子入宫。凡功臣勋旧家族的未婚女子都要呈上名字备选，邓家也不例外。

就在全家为送谁备选商讨时，邓绥做了一个梦。

在梦中她梦见自己用双手扪天，其时的天空“荡荡正青”，与白日里所见不同。而且，天上还有一口钟，此钟其状如乳，邓绥还仰起头来吃了几口钟里面的东西。

这个梦象征着什么呢？

极讲究命运的邓母请来一个善于解析梦境的人来拆解此梦。

“此梦吉不可言！”被请来的解梦人听了邓母的讲述之后摇头晃脑地说，“相书上记载，尧曾梦见自己攀天而上，汤（商汤）曾梦见自己‘及天而咶’，后来他们都成为千古之圣王。现在你家小姐有此佳梦，想必不久定有大吉大利之事临门。”

“这妮子莫非真的有大富大贵之命？”邓母心想，“我索性再请个相士来为她看一看。”

被请来看相的人见了邓绥也大吃一惊。这个据《后汉书》上记载名叫苏文的待诏相工（官名）仔细地端详邓绥的面相、骨相：见她身高七尺二寸，姿颜姝丽，肤白发黑，凤眼宽眉，鼻如悬胆，嘴唇红而且薄。他又请邓绥与家人随便谈了几句，然后退出告诉邓母：“小姐的体相乃大贵之相。据相书上记载，是所谓‘成汤之骨法’也！”见邓母似乎不大明白，苏文接着解释说：“小姐身长而眉宽，颧高而不露，其声如凤凰之鸣。有此相者必大贵，在男有望封侯，在女或可成为后妃！”

不管别人信不信，邓母可有点相信了。她不由想起小邓绥“不干则已，干就要干比博士大得多的事业”那句豪言壮语，于是，重赏苏文。

送走苏文后，邓母与邓绥之叔邓陔商量送邓绥入宫的事儿，并把相者占梦之言告诉了邓陔。

“我看可以！”邓陔慢悠悠地开了口，“人常说‘活人者子孙得封侯’。想当年家兄邓训（邓绥之父）被皇帝任命为谒者（官名，始置于春秋时代。战国时，为国君掌管传达。秦汉沿置，相当于今天的高级秘书）时，曾奉旨巡视石臼河，一年之内救活了数千人。天道可信，家必蒙福！”

“是啊！”不知什么时候走了进来的老祖母插话说，“想当初你们父亲（邓禹）在世时，曾不止一次地对我说，‘吾将百万之众，未尝妄杀一人，其后世必有兴者’！送吧，送吧！”“那么，就送绥儿入宫？”邓母问。

与第一次选良家女失之交臂的邓绥就这样被送进了宫中。

宫中等待她的是什么呢？

蒙圣恩，秉谦恭遵礼制
招后嫉，欲自裁保家人

宫中等待着邓绥的并不是充满鲜花的坦途，因为她一入宫就遇上了一个死对头。

这个死对头姓阴，名讳不详，说起来还与邓绥有点亲戚关系。

邓绥的母亲阴氏乃是东汉光武帝刘秀的夫人阴丽华的侄女，而与邓绥争风吃醋的这个阴氏则是阴家的曾孙女。细论起来，邓绥还是阴某的姑姑呢！

亲戚关系挡不住情爱权力的诱惑，侄女一点也不喜欢姑姑。不但不喜欢，阴氏还把姑姑视为眼中钉、肉中刺。这是为什么呢？

原来，自邓绥入宫伊始，十七岁的和帝刘肇就被十六岁的邓绥给迷住了——她的美貌、她的聪慧、她的娴静、她的谦恭有礼、她的不事雕琢，在和帝的眼里已超越任何女人。

有一次，邓绥身罹重病，和帝特命邓母及邓母的兄弟入宫探视，而

且“不限以日数”。

邓绥婉言谢绝了和帝的这一好意。她很诚恳地对刘肇说:“宫禁至重,外家人怎可常来常往?陛下爱惜臣妾,臣妾万分感激,但请陛下千万收回‘滞宫内,不限以日数’的成命!倘不如此,上令陛下有幸私之讥,下使贱妾获不知足之谤。上下交相损,诚不易也!”和帝听了,很受感动。他深有感触地说:“别人都以家人能进出宫廷为荣,而贵人你却能婉谢朕意,并以此为忧,深自抑损,真是常人难及也。”

无形之中,邓绥已经以其明智之举,进一步赢得了和帝的好感。

凡事都是有两面性的。和帝深爱邓绥,就不能不冷落了阴氏。受了冷落的阴氏追本溯源,自然会恨死了邓绥。

女人恨女人,那是了不得的。

东汉的宫廷虽然有光武帝时传下来的旧制,一向比较节约,但也经常会举行一些各种名目的宴会。

这些宴会与其说是为了品尝佳肴,倒不如说是为了使后宫佳丽以其衣饰在皇帝面前争奇斗艳,以取悦皇帝之耳目。因此,凡有幸出席宴会的女人们大多“竞自修整,簪珥光彩,衣饰鲜明”。阴氏更是打扮得漂漂亮亮,满身的珠光宝气。

只有邓绥每次都是“着素装,服无饰”——尽量穿颜色很淡的衣服,不敢加任何修饰。一旦遇到自己穿的衣服有与阴后相同,邓绥就立即换掉。

虽然是姑侄,但邓绥对阴后总不敢以长辈自居。倘若一起去晋见皇帝,邓绥更是不敢正坐,行走时则佝偻着腰以示自卑;和帝有话要问时,邓绥总是逡巡着不敢先对,而要等阴后回答完了才敢说话。

和帝对邓绥越来越喜欢,阴皇后对邓绥越来越仇视。

不久,和帝突然染上一场大病,眼看将要不起。

阴氏这时突然放出风来,声称要对邓绥进行报复。她当着几个宫女的面得意忘形地说:“不知道咱们那位知书达理的邓贵人在忙什么!过几天我就要让她知道马王爷是几只眼了!”见左右的人一副愕然不知所措的样子,阴氏更加不知天高地厚起来。她以一种近乎残酷的语调说道:

“万岁爷病得很重，我就要大权独揽了。我得意时，一定要好好地治治邓家，要让邓绥家族不复有遗类！”

话虽然没长腿，但却传得飞快，很快就传到了邓绥的耳朵里。

邓绥知道大祸可能就要临头了。她决定牺牲自己，以换来全家人的平安。阴氏与邓家并无宿怨，之所以想让“邓绥家族不复有遗类”，实在只是恨邓绥的缘故。

于是，邓绥传来左右，流着眼泪对他们说：“我邓绥竭诚尽心以事皇后，坐不敢与之同席，衣不敢与之同饰，言不敢与之同发，行不敢把腰板挺直。没想到饶是如此，也没能换来皇后的回心转意。现在皇上身罹重疾，倘有不测，我当相从于地下！”

“贵人！”邓氏所在寝宫太监首领赵玉打断邓绥的话，说，“我朝并无妇人从死之仪。”

“我知道你们都不愿我死，我也不愿离开这个世界！可是你们哪里知道周公身请武王之命，越姬心誓必死之分的道理。我现在身死，上可以报皇上之恩，中可以解宗族之祸，下可以免遭阴氏的‘人彘’之讥！我能不死吗？”

邓绥不愧是饱读诗书的女“博士”。一段平平常常的话中，她用了好几个典故。“周公身请武王之命”说的是西周初年，周文王姬昌死后，武王姬发继位，周公旦（*武王之弟*）任辅弼。有一次武王病重，周公暗暗向鬼神祷告，虔诚地希望武王恢复健康，自己情愿代死。“越姬心誓必死之分”讲的则是春秋战国时楚昭王之妻越姬的故事。有一次楚王与越姬一同出游，至一佳境，楚王问姬曰：“快乐吗？”越姬答：“快乐是快乐，可惜不能长久！”楚王说：“愿与卿同甘共苦，生死与共！”越姬拒绝。后来楚昭王染上恶疾，太史进言说可以行使巫法，将恶疾转嫁给大臣，楚王拒绝。这时越姬深受感动，情愿先死，以从楚王于地下。

邓绥使用前一个典故是说她本人绝对忠于君王，使用第二个典故则不啻宣告，她可以死，但她的死将是有价值的，有所为而死。

左右的太监、宫女哪里知道这些，但他们却都有着一个共同的愿望：不能让邓贵人自裁。

赵玉，我们前面刚刚提到过的太监首领，眼珠一转，想出一个主意，转身退了出去。

就在乱哄哄的吵闹声中，赵玉转了回来。他一本正经地跪在准备饮毒酒自尽的邓绥面前，煞有介事地向她禀告说："刚从章德宫传回来了喜讯，皇上身体已大好，请贵人万勿自寻短见！"

"此话当真？"

"小人有几个脑袋，敢骗贵人！"

"那就好，那就好！"邓绥一下子跌坐在小几上，仿佛全身虚脱了似的。

说来也巧，或许真的是吉人自有天相吧！次日，章德宫掌宫太监传来宫门钞，皇帝的病果然已经痊愈。

遇契机，临朝称制
体下情，平反冤狱

东汉和帝永元十四年（102 年）夏季，又一桩"巫蛊案"在东汉皇宫曝光。

此案主角是皇后阴氏。

说来有趣，邓、阴两家虽然因为邓绥、阴后的关系而势同水火，但他们却世世代代互为姻亲。"巫蛊案"牵涉到的另一个重要人物就是阴后的外祖母邓氏。

邓氏名叫邓朱，因系皇后阴氏的长辈，经常出入宫中。可能是爱外孙女心切吧，在阴后百般毒计用尽，也不能动摇和帝对邓绥的爱之后，她们祖孙二人竟走上了旁门左道。

由阴后授意，邓朱在私邸里饲养了不少毒物，如蝎子、蜈蚣等，并将它们装在一个大坛子里，准备秘密饲养一年。待百毒相攻，最后剩下的那个最毒之物存下来之后，邓朱就将其携带进宫中去害邓绥。

这个如意算盘打得还是蛮不错的，可惜到了一半的时候出了一点纰漏：负责饲养毒物的下人因酗酒被责打气不过，向皇上上书告发，说邓朱与阴后相勾连，“共挟巫蛊道”。

本来就对阴后平日所为颇怀不满的和帝，接得奏章后立即命人彻查。

负责调查此事的是中常侍张慎和尚书陈褒。他们二人都不属于“亲阴派”，因此，完全公事公办，就在宫廷监狱——掖庭狱开庭审理此案。经过严刑拷打，邓朱的两个儿子邓奉、邓毅以及阴后的三个弟弟阴轶、阴辅、阴敞“以辞相连”，供出了他们的犯罪事实。后来，邓奉、邓毅、阴辅死在狱中，阴轶、阴敞远谪日南郡比景县。

此案结束以后，汉和帝派司徒鲁恭持节，从阴氏手中取回皇后印绶，将她迁入桐宫。

几个月以后，有一善于揣测上意的大臣上书刘肇，奏建长秋宫（即请立皇后，因东汉时代的皇后都居住在长秋宫，因而以地代人）。

汉和帝随后宣告立邓绥为皇后。他在立后诏书中说：“皇后之尊，与朕同体。承宗庙，母天下，岂易哉！唯邓贵人德冠后庭，乃可当之！”

公元一〇二年冬，邓绥于入宫七年之后，历经千辛万苦，终于被立为皇后，“扪天”的愿望终于实现了。

又过了三年，汉和帝病死。邓绥由皇后而升至皇太后，端的是“为天下母”了。

为了便于施展自己的政治抱负，邓绥在挑选谁来承继皇位一事上动了一番心机。

当时，和帝诸子死的死，亡的亡，只剩下两个：一个是平原王刘胜，生而有疾；另一个是不满百日的刘隆。

思来想去，邓绥决定扶立刘隆，自己垂帘听政。只是这刘隆也没有皇帝命，仅仅当了两百多天的皇帝就悄然辞世。邓绥又扶立清河孝王刘庆的儿子刘祜为帝。刘祜此时刚满十三岁，所以邓绥仍然临朝称制。

有很多人认为邓绥是个有权力欲的女人。这话倘作贬义理解，笔者不敢完全苟同。因为权力本身并不能产生善恶，追求权力也不一定就是心术不正的小人的专利。事实证明，邓绥追求权力，扶立不满百日的婴儿皇帝和刚满十三岁的少年天子，基本上还是为了一展她的抱负，而不是为了谋取私利。

当上皇太后不久，京师大旱，一连几个月滴雨未降。按照古人的理解，邓绥认为这是因为存有冤狱，于是，轻车简从，亲自前往皇家监狱——洛阳寺现场办公。

汉时的监狱，虽然可能并不是中国历史上最黑暗的，但其黑暗的程度也已经达到了空前的情况。那位曾经在战场上叱咤风云、左袒入北军诛诸吕安刘氏的周勃，曾因故被关进狱中，在没有给牢头"意思意思"时，竟还遭到狱卒的污辱。饱尝苦头的周勃有句流传千古的名言："我曾经率领百万的雄兵，但是怎么也没想到狱吏还这么尊贵！"这句话从侧面道出了那些连"七品芝麻官"都不是的狱吏的威福。

进入这种监狱的犯人，没罪的也常被认定有罪；没病的也会被弄得生出病来；没死罪的也常被折磨致死。

当时，有一个名叫王小二的青年，因家贫向人告贷，恰赶上贷者家发生了一桩命案。此案其实十分简单，乃是贷者之弟与贷者之妻通奸，为求做长久夫妻，设计毒死贷者，而想要找个替死鬼。奸夫淫妇见王小二自己送上门来，不由大喜，遂向官府诬告，说王小二告贷不成，竟将人杀死以泄愤。由于他们上上下下都用钱"打点"过了，所以连审也没审，官府就将王小二定为有罪，打入死囚牢，准备到了秋分时开刀问斩。

到了狱中，王小二不服。牢头又见他没有一点油水可捞，就屡屡对他进行折磨。邓绥一行来视察这一天，正好赶上王小二刚刚遭受了一顿毒打。

被打得死去活来的王小二从牢头，还有比牢头更大的官员的谦恭态度当中，觉出今天前来监狱巡视的人一定是个大人物，正想开口喊冤，突然发现牢头正用一种威胁味道极浓的目光盯着他。于是，干张了几下口，王小二把满腔的话语又压回到心底。

虽然已经当了太后，但邓绥其年不过二十八岁，一点也不老。她那敏锐的目光将王小二、牢头等人的微妙表情尽收眼底。她不动声色地转过身来，指着王小二，对随侍在侧的大长秋官命令道："把这个犯人给我带到驻跸之所，我要亲自讯问！”

大长秋不敢怠慢，即刻从牢头手中拿过钥匙，打开牢门，将王小二提出。

到了行宫，邓绥屏退众多闲杂人等，和颜悦色地问道：“你叫什么名字？”

“王小二。”

“多大啦？”

“十四岁了。”

“十四岁就敢杀人，你好大的胆子！”邓绥系用突然发问的形式，她要看看眼前这个犯人是不是真的有罪。邓绥对自己的这个办法充满自信。

“小的根本就没杀过人！是洛阳令逼我承认的。”王小二见一线希望也要破灭，遂不顾一切地讲出自己是被人拉来顶罪的。

邓绥听了，气得连叫：“如此草菅人命！如此贪赃枉法！这还了得！”

经过查证后，她立即传下命令：即时收洛阳令下狱！王小二无罪开释！

说来也巧，邓绥刚刚处理完这一冤案，正要起驾回宫时，“澍雨大降”——天上下起久旱后的甘雨（见于《后汉书·后妃传》），京师一带久旱的农田得到了滋润。

其后，邓太后又以九五之尊频频巡视罪人之所，为那些久不见天日的有冤在身的人们带来了希望。

仅公元二十二年一次，邓绥就经过独特的查证方式，从洛阳狱中理出死罪三十六人、徒刑八十人予以无罪开释。

唐代一位诗人曾用一首诗描绘他理想中的最高统治者。诗云：“我愿君王心，化为光明烛，不照金光殿，亦照茅草屋。”作为东汉王朝当时实际上的最高统治者，能够深入到比茅草屋还要恶劣的死囚牢中平反冤狱，恐怕邓绥可以算得上一个“女青天”吧！

唯权与学不肯舍 谁谏归政就杀谁

邓绥一生，可谓端严，小事可以糊涂，某些无关紧要的大事也可以不管，但唯独对权力和学问却紧抓不放。这在有汉以来的众多后妃中是绝无仅有的。

我们前面提到的吕雉，临朝称制时爱权，但不喜向学；窦太后喜黄老之学却不愿抓权，她们都无法与邓绥相比。

将权力与学问紧密结合在一起，使邓绥在有生之年能够予行予是，无往而不胜。

公元一一二年春季，邓绥以皇太后的身份下令征召和帝的亲弟弟济北王、河间王的子女，指示凡五岁以上的男童、女童直到成年，未启蒙者都须前往京师，由皇太后为他们延请名师启蒙，并为此成立了一所皇家子女初级学校。

为了保证教学质量，邓绥常常亲往皇族子弟的就读场所巡视。对于就读者中年纪过小的，邓绥则为他们设置师保，并特准他们可以朝夕入宫，耳提面命。

当时可谓多事之秋，太后于日理万机中兴学，有这个必要吗？邓绥的族兄河南尹邓豹、越骑校尉邓康先后向邓绥提出了这个问题。

“有必要！”邓绥循循善诱地分析说，“我所以引纳群子，置之学馆，实在是因为我们现在上承百王之敝，时俗浅薄，巧伪滋生，五经衰缺。倘不加教化、引导，将遗祸无穷。圣人说‘饱食终日者，无所用心’。现今之世的皇族贵戚、食禄之家，温衣美食，乘坚驱良，而面墙读书竟不识之无。这样下去，还了得吗？明帝永平年间，曾令四姓小侯入学，当时的圣旨明确指出是为了矫俗厉薄，反之忠孝，这是于史已有明证的了。今天我之所以兴学，就是想上述祖考休烈，下念皇族艰辛。你们可要体谅我的苦心孤诣啊！”

这番话说得有理有据，不能不令听者动容。

邓绥之重视学问，不仅表现在她为皇族子弟办学上，还表现在她自己从小小总角顽童直到老年，一直孜孜不倦地苦心向学上。

《后汉书·后妃传》上有这样一段记载：“太后（邓绥）自入宫掖，从曹大家（gū）受经书，兼天文算数。”

这个“曹大家”是谁呢？

她就是赫赫有名的班昭。班昭，一名班姬，字惠班，扶风安陵（今咸阳东北）人。她是史学家班彪之女，班固之妹。班固过世，所撰《汉书》的八表及《天文志》遗稿散乱。班昭奉命与马融续撰，通力将《汉书》完成。待《汉书》刊出以后，读者多不通晓，她又教授马融等诵读。

在汉和帝时，班昭受刘肇之邀，出入宫廷，担任邓绥的宫廷教师，因为其夫姓曹，故以曹大家称之。

以曹大家之名著称于世的班昭是个颇有见地的女人。

汉安帝永初年间，邓绥的同母兄邓骘因年事已高，加上丁母忧，打算引退。书上，邓绥不准。正以太后师傅身份长驻宫中的班昭听说了这件事，遂上疏请求太后准如其请。

疏云：

伏惟皇太后陛下，躬盛德之美，隆唐虞之政，辟四门而开四聪，采狂夫之瞽言，纳刍荛之谋虑，妾昭得以愚朽，身当盛明，敢不披露肝胆，以效万一。妾闻谦让之风，德莫大焉。故典坟述美，神祇降福。昔夷、齐去国，天下服其廉高，太伯违邠，孔子称为三让，所以光昭令德，扬名于后世者也。《论语》曰‘能以礼让为国，于从政乎何有？由是言之，推让之诚，其致远矣！’今四舅深执忠孝，引身自退，而以方垂未静，拒而不许。如后有毫毛加于今日，诚恐推让之名不可再得，缘见逮及。故敢昧死竭其愚情，自知言不足采，以示虫蚁之赤心！

在班昭的反复劝谏之下，邓绥准其兄致仕。

在权力的把握上，邓绥却不容别人置喙。任何人倘若胆敢对她本人恋栈不去提出批评，她会立即予以报复。手段之果断、处置之严酷都好似换了一个人似的。

汉安帝永初元年（107 年），以孝廉身份出任郎中之职的颍川定陵人杜根为促使邓太后归政安帝，上书直谏。这道表章可能写得过于平直，邓绥览后大怒，竟将杜捕来装在缣囊里，欲在金殿上扑杀。幸亏执法者以根知名，私下里告诉行刑人，让他们不要用全力，才保住杜根的一口真气。

“扑杀”杜根以后，邓绥觉得还不解气，命人将杜抛到城外，派人巡视。整整三天，杜根没敢动一动，以至于口里、眼睛里都生满蛆虫，后来逃窜异乡，逃到宜城山中当个小酒保了事。

另外一位名叫成翊的平原郡吏继杜根之后上书，吁请太后归政，同样遭到厄运。

就连担任越骑校尉的太后之兄邓康只不过是因不满邓绥的专权，告病不朝，邓绥都疑神疑鬼，进而误信下人们的传言，将邓康免职。

邓绥为什么会对手中的权力如此紧抓不放呢？据史学家分析主要是因为东汉时期的政治仍是“人治”，往往“人在则政在”，缺乏稳定性和连续性。邓绥的婆母章德皇后窦氏就因为没有抓紧手中的权力，从而被刚满十四岁的儿子（庶出）刘肇，以迅雷不及掩耳之势铲平家族，落得个兄弟被诛、亲人离散的可悲下场。

鉴往知今，邓绥不想步婆母的后尘。另外一点是她本人与窦太后一样，未曾开怀生育过，先后扶立的两个皇帝并非己出，不是自己身上掉下来的肉总与自己隔心。这种种原因造就了邓绥晚年的这一双重性格。

需要加以说明的是，邓绥虽然费尽心机想要使她的家族长盛不衰、汉王朝长治久安，可是历史却偏偏与她开了个不大不小的玩笑。

公元一二一年二月，邓绥染上了一种可怕的时疾。

就像那位自知将要一病不起因而乘木轮车巡游五丈原的诸葛孔明一样，邓绥也命人备好步辇。她乘着这种平常很少坐的代步工具来到前殿，与掌机要的侍中、尚书们见了一面，勉励了他们几句，然后北至太子住地，一边巡视，一边叹息！

回到寝宫后，邓绥下令："赐诸园贵人、王、主、群僚钱布各有差。"然后，她亲笔起草了一道遗诏，之后吐血而亡，终年四十一岁。

邓绥死后，一向生活在太后的巨大阴影里的汉安帝听信了乳母王圣的谗言，先后迫令邓绥家族在官者七人自杀。

邓绥尸骨未寒，刘祜就来了这么一手。倘若邓绥死后九泉有知，想必定会生出许多感慨来吧！

凋零于乱世的三国绝色

——魏文帝皇后甄洛

◎生逢乱世，为袁绍媳
身不由己，成曹丕妻

◎心地善良，不愿丈夫『煮豆燃萁』

◎遗人以柄，落发覆面糠塞口

名传千古的中国古代爱情故事诗《洛神赋》想必大家都不陌生。它的作者是三国时代的曹操之子曹植，这是稍有古典文学常识的人都知道的。

但《洛神赋》中那个“翩若惊鸿，婉若游龙”的美丽俏佳人是谁呢？

她，就是曹植的嫂子、魏文帝曹丕的夫人甄洛。

小叔怎么会爱上嫂子，并将她当作梦中情人呢？这里面有着一个凄恻哀婉的动人故事。

生逢乱世，为袁绍媳
身不由己，成曹丕妻

公元一九九年，据有冀、青、幽、并四州，自恃兵多粮足的袁绍袁本初率兵十余万南下，企图进攻兵少粮缺的曹操曹孟德，由此拉开了官渡之战的序幕。次年春，曹操乘袁军轻敌，内部不和，两次偷袭袁军后方，焚烧其粮车、粮库。袁绍所部军心动摇，纷纷溃散投降，曹操乘机全线出击，袁军全线溃败。

袁绍与曹操这对讨伐董卓时的战友成了生死冤家。袁绍由盟主、霸主的至尊地位一下子跌到失败的深渊。回到大本营邺城以后，袁绍一病身亡，留下了一个烂摊子给他的三个儿子。

中国古代有句老话，叫作“君子之泽，三世而衰”。这话说得对极了。

从袁绍的曾祖父开始，到袁绍这一辈，袁家四世三公，名震天下，但他的三个儿子却实在叫人不敢恭维。

袁绍的三个儿子依次为袁谭、袁熙、袁尚。依照长子继承法则，本应扶立老大袁谭为世子，但因老三袁尚为宠妾刘氏所生，子以母显，袁绍又有改立三儿子的打算。老头子举棋不定，三个儿子却一点也不犹豫，恨不得你吃了我，我吃了你。为了避免他们兄弟厮杀，袁绍不得不命老大袁谭镇守青州，老二袁熙镇守幽州，老三袁尚镇守冀州。

正像袁绍手下的谋士审配所预料到的那样，袁绍此举不过是“挖肉补疮，饮鸩止渴”罢了。到了封地之后，袁谭、袁尚二人仍然自相残杀，结果让曹操乘虚而入，袁氏政权就这样灭亡了。

城门失火，殃及池鱼，没有野心的袁熙也因故丧生。最为无辜的是袁熙的妻子甄氏。

甄氏闺名洛，乃是河北中山郡人，系汉太保甄邯之后。其父甄逸当过上蔡县令，但在甄氏三岁那年就去世了。幼而失怙，甄氏显得很是早熟。

据史料记载，她除了女红针线以外，还性喜读书写字。家里只供男孩子，不供女孩子笔墨纸张，甄洛就经常借用哥哥的笔墨练字。

“你一个姑娘家，应当学的是女红。”哥哥常不解地问她，“现在却总练字读书，难道也想和我们一样考个博士官当吗？”

“当博士官不可能，也非我所愿！”甄洛定见在胸，侃侃而谈，“但从古到今，那些出了名的贤女子，却多是读书识字之辈。不读书何以能够学会正确的为人处世之道呢？”

见她出语不俗，哥哥不由暗暗赞叹，并为她广为说项扬善。渐渐地甄家出了一个才貌双全的佳女的消息就传遍幽、燕一带。不久，袁绍为其次子袁熙选妻，闻甄氏之名，派相者相甄氏之面，相者回报说：“甄逸之女命相贵不可言！”

一向相信术士、相者之言的袁绍遂决定聘甄洛为自己的二儿媳。其时正是官渡之战前后。

嫁给袁熙之后，甄洛并没有过上几天安生日子，先是官渡之战，后是曹军进围幽、冀、青州，最后是兵临漳水，围困邺城。一直陪着婆母刘氏守在邺城的甄洛心里不可能不惦记着丈夫，但她又不能不守在婆母的身边照料老人。没有人逼她这样做，是她善良的天性使然。据史料记载，甄洛十岁那年，赤地千里，饥民遍野，甄氏小小的年纪就富有高尚的同情心，屡次恳求母亲（其父其时已经亡故）拿出家中的存粮救济亲友和乡亲们。四年以后，甄洛十四岁，其兄甄俨不幸病故，甄俨之妻年纪轻轻地就守了寡，十分可怜。甄洛一点也不像她同时代人中的恶小姑那样，因哥哥不在就虐待嫂子，反倒劝母亲将嫂子与自己一视同仁……

正是有了这种种美德，再加上“翩若惊鸿，婉若游龙”的婀娜体态，使得甄洛与江南的“二乔”——“东风不与周郎便，铜雀春深锁二乔”中的“二乔”齐名。

倘若不是生逢乱世，她可能一开始就被选入皇宫；也可能嫁个青年才俊，夫妻恩爱，白头偕老；抑或像曹大家班昭那样，做个“女博士”，以其所学，衣被后人。

但遗憾的是，她偏偏生于“天下大乱，军阀混战”的三国时代。

虽然最终她被儿子追封为皇后，也算嫁了个青年才俊，但却要经历许多曲折。

公元二〇四年，曹操挥得胜之师进围袁绍的大本营邺城。城中守将审配之侄审荣、审配的副手苏由分别投降曹操，做了曹军的内应。结果，曹军很容易就攻下了邺城。

城破之日，甄洛正守在婆母刘氏跟前。铁桶似的围城部队，使她根本不能做逃走的打算，只能与婆母相对而泣。

“你的公公曾与曹孟德同殿称臣，又一同起兵讨伐过逆臣董卓，”刘氏对惊慌不安的甄洛说，“现在他们虽然成了敌人，想必看在人死仇灭的分儿上，不会为难我们！”

“是啊，但愿如此！”甄洛应和道，但她的心里可一点也不像婆母这样乐观。曹操的好色是出了名的，不管出身贵贱，只要他看上了就难以幸免。

《三国演义》中提到的南阳之战后，曹操强娶敌方主将张绣的婶母，逼反张绣，最后弄得曹军大败，长子曹昂被杀。至于像曹操的正妻卞氏系歌舞伎出身，这更是尽人皆知的事实。主帅如此，他手下的兵会怎样呢？甄洛暗暗在心里犯愁。

其时已不容她多想，因为由外面的声音可知城门已被攻破，曹军已打到袁府了。

司马光《资治通鉴》提及这一段历史时的记载，译成白话文是：当初，魏王曹操进邺城时，还是五官中郎将的曹丕，看见袁熙的妻子中山人甄氏美貌非常，不由神魂飘荡；曹操遂聘甄氏做曹丕的妻子，生下儿子曹叡。

这段记载有些过于简略了。它只写了曹丕对甄氏的垂涎，而实际上暗恋甄氏的却不仅仅曹丕一人。

曹操本人自不必说了，曹操的另一个儿子曹植也在心里仰慕甄洛这个美人。

唐朝江都人李善在笺注《文选·洛神赋》时有过一段这样的记载：“东阿王（曹植）汉末求甄逸女既不遂。太祖（曹孟德）命与五官中郎将

（曹丕）。植殊不平，昼思夜想，废寝忘食。”

有人以曹植小甄洛十岁，进而推断植、洛爱情系牵强附会。这种推断可能也有点过分武断。曹植虽然小甄洛近十岁，但在邺城城陷之日，也已年满十三岁了。在他那种家庭出身的贵公子有什么不敢想、什么不敢做的！更何况他还是不同凡俗的诗人呢！诗人的气质与其所作所为，我们是不能以常理揣度的。

十三岁的男孩子，去求娶大他十岁的女子，而且是个再嫁的寡妇，这是不是真的有点不合情理呢？

我们不妨再看看司马光《资治通鉴》中的另一段记载。

最初，曹叡（甄洛所生）当平原王时，娶河内虞氏为妃；等到曹叡当皇帝时，虞氏却不能顺理成章晋升皇后。太皇太后卞氏（曹操之妻，曹叡祖母）对她进行安慰，虞氏不肯接受，哭着说：曹家有个传统，喜爱贱货。

台湾柏杨先生注解这话时说，太皇太后卞氏，本是邯郸（河北省邯郸市）歌舞伎，皇太后郭女王，由妾擢升正妻，而皇后毛女士（曹叡妻），又出身河内平民之家。倘若我们平心静气地将虞氏“喜爱贱货”那句话好好琢磨一下，就会产生一个想法：少年时的曹植是极有可能受家风熏陶，爱上已是青年的甄洛的。当然，从种种迹象推断，这种爱情可能是一种单相思。有一个日本人写了一本《七大名妃佚事》，他在这本书中“展开想象”，认为曹植不但与甄洛相爱，而且说后来的魏明帝曹叡就是曹植的骨血。这种说法可真是够新颖、够大胆的了，不知何所出？

我们还是接着说说甄洛吧！

城破之日，她与婆母相抱瑟缩于袁府后堂之时，有一个青年将领率几十名亲兵闯了进来。

“你们俩是什么人？”那年轻人问。

“老身是本初（袁绍）将军的夫人。”刘氏强作镇静地说，“亡夫先时曾与孟德公同殿称臣，败将之妻，不敢与曹大将军叙旧。但希望能看在我也是朝廷命妇的分儿上，对我们娘儿俩以礼相待。”

“娘儿俩？”那青年将领问刘氏，“那女子是你的什么人？”

事已至此，刘氏知道必须说真话，才有望保命。于是，她答道：“是我的二儿媳。”

“唔，你就是甄洛？”那青年将领一副不敢相信的表情。也难怪他不相信，因为甄洛已被婆母给“化了妆”——脸上、脖子上涂满了锅灰。

刘氏是何等乖巧的人，见状立即扯下随身携带的汗巾为甄氏抹了抹脸。那青年将领顿觉眼前一亮，只见眼前的这位女子“延颈秀项，皓质呈露”，“丹唇外朗，皓齿内鲜”，不由看得有些呆了。

跟随他的亲兵头目见状大声介绍说：“告诉你们，这是我们曹丞相的二子，五官中郎将曹丕曹将军。”

“噢，是曹二将军，”刘氏转瞬间做了一个决定，反正袁熙也不是她的亲生儿子，莫不如搭上这个儿媳，换回一条老命。于是，她大声对呆立于旁有些不好意思的甄洛说：“洛儿，快来拜见曹二将军！”

早已恨不得将甄氏一口吞下去的曹丕心花怒放，他一摆手说：“免了，免了！”想了想，他接着说道：“你们不用害怕，我可以留下我的亲兵保护你们。”说毕，急匆匆地去见父亲曹操了。

见了曹操，禀报完城中战况之后，曹丕乘机向父亲提出一个请求，欲聘甄氏为妻。

曹操心想：“这小子倒真麻利。老子本想将甄洛这个妙人弄来自己享受，谁料想他倒捷足先登了，我又不好当楚平王第二，与儿子争媳妇！”于是，曹操恨恨地“哼”了一声，没有回答。

又过了一段时间，曹操于军务之余，偶然发现自己的另一个儿子曹植也对甄洛有意，不由大为恼火，一气之下，将甄氏配与曹丕为妻。

可叹甄氏，虽然相者说她“命相主贵”，可是却像一只陀螺，无奈而又可怜地被别人旋来转去，身不由己。

与甄洛差不多同时代的女诗人蔡文姬在其《悲愤诗》中写道：

汉季失权柄，董卓乱天常。

志欲图篡弑，先害诸贤良。

逼迫迁旧邦，拥主以自强。

海内兴义师，欲共讨不祥。
卓众来东下，金甲耀日光。
平土人脆弱，来兵皆胡羌。
猎野围城邑，所向悉破亡。
斩截无孑遗，尸骸相撑拒。
马边悬男头，马后载妇女。
长驱西入关，迥路险且阻。
…………
失意几微间，辄言毙降虏。
要当以亭刃，我曹不活汝。
…………

此诗真实地再现了汉末三国初期，动荡的生活给无辜的百姓所造成的巨大痛苦。甄氏虽幸运地避过了董卓之乱，但却没有避过曹军。虽然没有人呵斥她，威胁她“毙降虏”，但倘若她不屈从于曹氏父子的淫威，那“我曹不活汝”的局面极有可能会发生。

女人啊！你为什么生得这样美？

心地善良，不愿丈夫“煮豆燃萁”

曹魏明帝太和五年（231 年）七月，曹魏帝国东阿王曹植上书给侄皇帝曹叡，他在上书中说：

尧教化天下，先从亲属开始，再推广到关系疏远的人民，是由最近伸展到最远。周文王先做出榜样给他的妻子，再做出榜样给他的兄弟，然后用来治理国家。现在，陛下有尧的品德，文王的仁爱之心。皇后妃妾，一团和睦；九族亲属，全受到恩惠；文武百官，争先效命。政府之中，不荒废公务；百姓之间，蒙受体恤，亲属可以交往，喜庆丧吊可以互通。真正是推己及人，恩德广施。至于我，人际关系早已断绝，在圣明时代，却受到囚禁待遇，心中深感哀伤。我从不敢奢望再去结交朋友，互诉心曲，骨肉重聚。可是，连有婚姻关系的亲人都不能互致问候，兄弟手足的友爱也被切断，喜庆丧葬的消息得不到，庆贺吊唁的礼教遂完全废除。恩情因为隔离，而逐渐疏远，好像路上的行人，互相之间漠不关心。虽是一家，情分却淡如胡越。我现在一切都被禁止，永远没有到京师朝见陛下的希望。此心倾向皇家，情绕宫廷，只有神明可知。上天旨意如此，我又怎敢违背？但是想到各亲王弟兄，岂不也常有“戚戚具尔”的思念！但愿陛下像天降甘霖一样，颁下诏书，使各封国之间，得以互通音信；四时节日，能够互送礼品。敦睦骨肉恩情，成全兄弟义理。妃妾的家属，也允许他们致送衣饰，每年多一次跟家人团聚的机会，使亲王也能享受到其他皇亲国戚和文武百官的待遇。

曹植的这道表章，初读有些令人不得要领。是谁割断了亲王与皇帝之间的兄弟手足之情？又是谁使亲王不能享受到与其他文武百官同等的待遇？

是魏文帝曹丕。

曹丕为什么要这样做呢？识者答曰：此事与曹植有关。

曹操一生，共生有二十五个儿子，最宠爱的是前五个。其中长子早死，次子曹丕、三子曹植、四子曹彰、五子曹彪。在建储立嗣问题上，曹孟德一度犯了袁本初同样的错误，在次子丕、三子植之间举棋不定。

曾帮助曹操破译“绝妙好辞”，因而被曹操视为“其才敏我三十里”的相府主簿杨修是曹植的死党。其他诸如相府主事丁仪、贾逵等人也为曹植不遗余力地鼓吹，因而曹操一直对曹植颇为欣赏。

公元二一一年，曹操封曹植为平原侯。而曹丕却并未享受到这一殊荣，仅是一个平平常常的五官中郎将而已。

一心想当上魏王的曹丕，见父亲爱弟薄己，十分不安，他认为，只有走旁门左道才能出奇制胜。有一天，他对妻子甄氏讲了自己的忧虑，并请她前往曹操正妻卞夫人处探听消息，且为自己吹嘘。他的话说得极为露骨，一向不喜欢玩弄权术的甄氏听了十分反感，婉言拒绝。曹丕对甄氏渐渐不满。

此时，另一个女人乘虚而入。这个女人姓郭，名女王，是安平广宗人氏，其父郭永曾任安平（今河北饶阳）县小吏，其母姓董。郭女王很小的时候，父母双亡。她本人因战乱被掳为奴，因貌美而被曹丕纳为妾侍。

郭氏可不像甄氏，为了取悦丈夫，叫她杀人她都敢干，何况离间丈夫的兄弟骨肉这点区区小事！

当然，除了漂亮的脸蛋以外，郭女王还真有一副狠毒的心肠和一颗充满毒计的头脑。经过深思熟虑以后，郭氏为丈夫出了一条妙计。这条妙计她用十二个字概括："内结相府姬妾，外请朝歌吴质！"

曹丕一听，如获至宝，遂把这十二个字当作箴言，昼行夜施。他先是勾结同父异母弟曹干，由曹干挂上其母王昭仪，通过王昭仪正受宠于曹操这层关系，获得相府内幕消息。然后，他又秘密派人请回足智多谋的吴质。

这吴质生于公元一七七年，卒于公元二三〇年，长曹丕十岁。一般人只知他是三国时有名的文学家，而不知他还是曹丕的谋士兼智囊。此人一生先后当过朝歌长、元城令、振威将军、假节都督河北诸军等职。他为曹丕出的主意要点有二：一是釜底抽薪，除去曹植的左右手杨修；二是借刀杀人，诱使曹植犯罪。

曹丕等人的计谋很快就为甄氏所知。一向对争权夺利之事颇为淡漠的甄氏这次很着急，因为整个曹府之中，真正与她对脾气的，恐怕只有这位小叔子子建（曹植，字子建）。尽管她当时不知道子建早就在内心对她暗生情愫，但凭一个女人的本能，她觉得这个性情坦率自然的小叔子要比睡在自己身边的这个称作自己丈夫的人实在、可信。

她陷入了一个很是尴尬的两难境地：一方是自己欣赏的人，另一方是自己的丈夫，是为了正义而牺牲自己的丈夫向小叔子讲出实情，提醒他小心提防呢？还是为了维持并不美满的婚姻而抛掉正义呢？

甄氏很痛苦。曹丕很快就觉察出妻子的异样，遂对她采取了封闭、隔离于人群的防范措施。因而，当甄洛终于下定决心想将真相托人转告小叔子时，她已无人可托了。

这是一种无言的痛苦。寂寞中，她想起了小叔子不久以前写的几首古诗，想到了“孤雁飞南游，过庭长哀吟。翘思慕远人，愿欲托遗音，形影忽不见，翩翩伤我心”所创造出的那种意境。

“上哪里去寻南飞的孤雁啊？”甄氏暗暗在心里长叹了一声，看了看已近十岁的儿子曹叡，复又长叹了一声：“罢了！罢了！”

从此以后，她除了教儿子读书写字以外，常常足不出户，日夜抱着一只玉镂金带枕发呆。

遗人以柄，落发覆面糠塞口

曹魏明帝青龙三年（235年）正月，曹魏帝国皇太后郭氏郭女王崩于所居永安宫中。司马光的《资治通鉴》在提及此事时这样写道：魏明帝曹叡几次向郭太后询问自己母亲甄洛的临终情形，郭氏忧惧而死。

为什么几次询问，会使郭太后“忧惧而死”呢？

因为这里面牵扯到一桩卑鄙的陷害谋杀案，甄洛是无辜的受害者，而郭太后则扮演了一个可耻的陷害人的角色。

事情得从公元二二一年说起：

这一年是魏文帝黄初二年。这一年的前一年，亦即公元二二〇年十月，曹丕挟父亲之遗威，胁迫汉献帝刘协禅位，自立为帝，建立魏国。

代汉为帝以后，曹丕着手选皇后。够得上皇后资格的当时只有甄洛和郭女王。

前者生有儿子而不受曹丕喜爱，后者受宠但却生不出儿子。

该立谁呢？

甄洛其时并不在洛阳。她已有相当的一段时间没有与丈夫见面了，在曹丕身边服侍的是郭女王。

有一天早朝以后，曹丕长叹一声，对郭女王说："爱卿若是能为朕生个儿子就好了……"

郭女王察言观色，当然知道丈夫这句话的潜台词，这是说她不如甄洛啊！她和甄洛本无什么私人恩怨。论身世，她家是平民，而甄家虽不是世代公卿，但也出过太保、县令之类的官吏；论嫁入曹家的时间，甄氏在前，她在后，但甄氏却从不以这些作为骄人的资本。甄氏越是这样，郭女王越恨她。她觉得这是甄氏对她的一种蔑视。现在皇帝丈夫又将她与甄氏相比，她岂能吃这个哑巴亏？眉头一皱，计上心来。

她吞吞吐吐地对曹丕说："臣妾的确生不出儿子，但能生儿子的人，她怀的是不是陛下的种，这还是个问题呢！"

"你是说甄氏？"曹丕一把抓住了郭女王的手，迫不及待地问，"你有什么根据？你有什么根据？快说给我听！"

"臣妾听陛下说过，陛下之纳甄氏是在建安九年八月，平原王（曹叡）建安十年四月出生，这中间只有八个月。人常说'十月怀胎，一朝分娩'。八个月出生的婴儿不是没有，但看平原王壮硕之貌，恐非仅仅在娘肚子里待了八个月……"

"噢？"曹丕的脸色由晴转阴。

"臣妾倒不认为甄洛真怀了袁家的孩子，"郭女王完全是替皇上着想的样子，"虽然有那种可能性！七八个月生产，也没有什么不对。臣妾担心的是，这种消息一旦传播出去，有朝一日平原王承继大统，有心怀叵测之人以此为借口，拒绝对他效忠，那后果将会不堪设想啊！"

曹丕一想，是啊，真是当局者迷，旁观者清，自己怎么以前一点也没想过这件事呢？于是，他也推心置腹地对郭氏说："爱卿不要声张，朕要亲往邺城查询此事！"

转眼到了公元二二一年。这一年的五月，从遥远的蜀地传回来消息，割据一方的刘备已自立为帝，而且已经册立了皇后。

自以为样样都应比刘备强的曹丕再也坐不住了，立即起身前往邺城，面见甄洛，亲自向她询问"八月产子"一事。

一听丈夫说出"八月产子"，甄洛就知道一定是有人陷害她。"这个人是谁呢？一定是郭女王！皇上为什么会相信她呢？这是毫无根据的谎言！皇上难道不知道，自己从嫁到袁家起，就很少与袁熙同床共枕；归到皇上名下以前，已与前夫分居好几个月了吗！”当时的甄洛感到委屈极了。她哭着对曹丕说：“你当了皇帝，自然是万民之主，有权选择谁来当你的皇后。但你不该血口喷人，诬蔑亲生之子。我儿已经十六岁了，他长得像谁，陛下自然一看就知！别人诬陷他，难道你也想糟蹋他不成？”

“什么别人？”曹丕说不过甄洛，故意找碴儿说，“你不要老往别人身上扯，你这个样子，成何体统？我就是想立你为皇后，别人也不会同意的！”

“不立就不立！”甄洛话赶话，一着急冒出一句，“反正你们曹家，向来立贱不立贵！你去立那个市井小民郭女王吧！”

曹丕这回可真的大怒了：甄氏说别的什么，他都能原谅，但“立贱不立贵”这句话可叫他受不了，因为他的母亲卞太后是歌舞伎出身。俗话说“打人不打脸，骂人别揭短”，甄洛的一句气话决定了她的不幸命运。

回到洛阳以后，早有心腹将此事原原本本地汇报给郭氏。郭氏听了又是一番拨弄，曹丕遂下定了杀人的决心。

公元二二一年六月二十八日，曹丕派人前往邺城，强迫甄氏自杀。

对甄洛恨入骨髓的郭女王在使者前往邺城执行时，特意命他们将甄洛害死以后，要“以发覆面，以糠塞其口”，以防她到阴间鸣冤叫屈。

这是一幕地地道道的人间惨剧。

这时候，曹植在哪里呢？曹丕对他十分“照顾”。这一年的七月，曹丕把他的诸位兄弟：鄢陵侯曹彰、宛侯曹据、鲁阳侯曹宇、谯侯曹林、赞侯曹衮、襄邑侯曹峻、弘农侯曹干、寿春侯曹彪、历城侯曹徽、平舆侯曹茂，一律晋封为公爵。只有安乡侯曹植不但没获晋封，反而被改封为甄城侯。

又过了几年，曹植入朝。公干完毕，一向对他苛刻严厉的老兄曹丕忽然派人把他请入宫中。兄弟二人闲谈，不知不觉谈到了甄氏。曹丕忽然良心发现，命人取出甄氏生前最为喜爱的玉镂金带枕，将它赠给了弟弟曹植。

曹植得此枕，才子气又大发，在返回封地途中经过洛水，浮想联翩，恍恍惚惚中忽见女自来，云“我本托心君王，其心不遂。此枕是我居家时从嫁物，前与五官中郎将。今将与君王，遂用荐枕席，欢情交集，岂常能具。为郭后以糠塞口，今被（披）发，羞将此形貌重睹君王尔”。言讫，遂不复见所在。遣人献珠于王，王答以玉佩，悲喜不能自胜，遂作《感甄赋》。后明帝见之，改为《洛神赋》。

这是一段有点类似《梁山伯与祝英台》的恋爱故事。嫂子成了小叔子的“梦中情人”，仅仅是在梦中才能相会。

公元二二九年，太皇太后卞氏逝世，皇太后郭女王失去了一柄保护伞。这些年来一直抚育曹叡成人的甄洛好友李夫人，把甄洛惨死的情形详详细细地告诉了已长大成人的魏明帝曹叡。

此时的曹叡已非当年的小娃，他已握有无上的权力。于是，他立即前往郭女王所在的永安宫，向她询问：“我母亲死时，以发覆面，以糠塞口，据说是你的主意？”

郭女王大吃一惊，忙抵赖说：“是谁在挑拨我们母子间的是非？”为了表明自己的清白，她“炸”着胆子要求开棺验尸。事情已过去了那么多年，当年的甄氏恐怕早已面目全非，而且在讲究“入土为安，崇拜祖先”的当时，一个儿子，即使他贵为皇帝，也不能而且也不敢开启母亲的棺材。应该说，郭女王的这个如意算盘打得还是蛮精明的。可是她做梦也没有想到，曹叡根本不用开母亲的棺，因为他掌握了最重要的人证——抚养曹叡长大的李夫人是当年甄洛的侍婢，郭女王逼死甄氏时她也在场。直到此时，一向以做事滴水不漏自诩的郭女王才发现自己已无路可退。于是，她声嘶力竭地喊道：“你母亲之死，乃先皇所赐。现在你父一抔黄土未干，地下尸骨未寒，你就急于翻案，这对得起谁啊？”

见曹叡仍是一副不依不饶的样子，郭氏哭着说：“你身为人子，难道要仇恨亲爹，枉害继母？”

曹叡不理。十五年前那次争宠风波，终于以当年的胜利者重蹈失败者的覆辙而收场。

本节开头的场面因之出现：魏明帝曹叡派出专使，前往郭女王所在的永安宫，逼着她喝下毒酒，再同样地使郭氏发覆面、糠塞口，然后把她安葬。

这是一次大快人心的复仇行动。郭女王几滴眼泪，换不来人们对她的同情。我们赞美宽恕，但决不一概否定复仇。有些仇恨，可以宽恕，有些则必定要“以眼还眼，以牙还牙”！

唯其如此，对那些为非作歹的人才能有所警诫。

挑起『八王之乱』的女人

——晋惠帝皇后贾南风

◎ 无德不宜产子
善妒滥杀无辜

◎ 住曹爽宅，行曹爽事
杀太后父，斩太后母

◎ 贾南风『螳螂』在前
司马伦『黄雀』在后

公元二八二年正月，晋武帝司马炎祭祀南郊，礼毕闲谈，从容问司隶校尉刘毅说：“朕可与汉朝哪个皇帝相比肩？”刘毅直言不讳地答曰：“桓帝、灵帝！”

这桓、灵二帝乃是东汉历史上最为无能的皇帝。司马炎听臣子拿自己与他们相比，不由感到纳闷，便好奇地问：“爱卿何出此言？”

刘毅回答说：“桓帝、灵帝卖官钱入官库，陛下卖官钱却入私门。以此观之，臣以为陛下还不如桓帝、灵帝呢！”

司马炎听了默然无语。

的确，司马炎虽然有司马懿那样的祖父，有司马师、司马昭那样的父辈，但他本人却实在乏善可陈。卖官钱入私门，这还是小事一桩。他一生中最失策之处，乃是竟为傻儿子娶了个凶媳妇。

司马炎死后不到十年，西晋有名的“八王之乱”爆发了，然后是五胡闹中华。这一切都是由那个凶媳妇引发的。

司马炎的这个傻儿子即历史上赫赫有名的白痴皇帝晋惠帝司马衷；凶媳妇呢？就是惠帝的第一任皇后贾南风。

凶媳妇是怎么个“凶”法呢？

无德不宜产子
善妒滥杀无辜

公元二七一年四月，北地胡人勾结鲜卑人树机能进攻金城（今甘肃兰州东）。晋王朝的凉州刺史牵弘出战，兵败身死于青山。

晋王朝的西北边疆出现了危机，需派一员重臣前往安抚。侍中王恂、任恺都推荐时任车骑将军的贾充前往。

号称开国元勋的贾充知道这是朝中那些自称主持正义的人在排挤他，可是又不能违命。

怎么办呢？他询之于侍中荀勖。素有智囊之称的荀勖替他出了个主意，让贾充想办法与皇帝结亲。

“与皇上结亲？”贾充不解地问。

“对，贾车骑不会不知道吧，皇上正在为太子选妃！”

“荀先生的意思是让我将女儿送至宫中为太子妃？”

“正是。”荀勖一副老谋深算的样子，“女儿一旦成了太子妃，焉有将老父遣出京师的道理？”

“先生的话令贾某茅塞顿开。但听说今上已属意于征东大将军卫瓘之女，小女又如何能攀得上这个高枝呢？”

“请将军附耳过来，我们不妨……”

贾充听了点点头。

几天以后，晋武帝宫中，司马炎和皇后杨艳一起商议为儿子司马衷娶媳妇一事。

“我看衷儿该娶贾家的女儿。”一向对儿子娶亲并不怎么感兴趣的杨氏，今天突然一反常态，向丈夫推荐起儿媳的人选来了。

“我却觉得贾家的女儿有几不可，不能娶给衷儿当媳妇！”司马炎开口说道。

“几不可？”

“对。”

“此话怎讲？”

“朕曾听人说贾充之妇郭槐以善嫉而闻名。贾充前妻李氏貌美而贤，因其父李丰在魏时曾犯罪被杀，家属连坐徙边，贾充被迫与李氏离婚，这才娶了郭槐。后逢我朝大赦，李氏得归长安。朕尝命贾充夫妻二人和好如初，特准贾充置左右二夫人，可是这个郭槐却悍妒异常，极力反对李氏再进门。贾充无奈，只好上书给朕，谦辞不敢受二夫人之命。说来可怜，别看贾充在朝中现充车骑将军之要职，在家中连出门都得先向郭槐禀明。倘若不然，郭氏就要派人跟随。这样善妒的女人，她生出的女儿还能有个好吗？”武帝顿了一下，接着说道：“再有，我听人说贾家的女儿短而黑，貌亦不美，而且不宜子，怎么能给衷儿做媳妇呢？”

杨艳撇了撇嘴，不以为然地说：“陛下说的这些话都是从哪里听来的？我怎么一点也不知道？”

“是征东大将军告诉朕的。”

“噢，我说嘛，原来是卫瓘呐。他自然是想要他的女儿做太子妃了，所以就会编排出一大套恶词来贬低贾家的姑娘。这种话陛下也信？”

杨艳为什么会如此向着贾充呢？原来，这与荀勖所谓的分头活动有关。

贾充那次听了荀勖的话之后，立即叫妻子拿出许多搜刮来的黄金、珠宝，遣人分送杨艳和她的亲戚，向他们行贿。

俗话说“黑眼珠见不得白银子”，“吃人家的嘴软，拿人家的手短”，杨艳和她的家人收了贾家的钱财，自然就得替贾家说话了。

有了杨皇后这个硬靠山，再加上荀勖、冯统等一班大臣从外吹嘘，贾充的女儿适合做太子的配偶这个看法，遂深入了武帝的心中。

可是到了行聘、纳彩之时，却出了一个问题：

贾充一共有四个女儿。其中长女、次女均为李氏所生，均已嫁人。郭槐亲生的两个女儿长女名贾南风，次女名贾午。贾午其年仅十二岁，小太子一岁，虽然较美，但身体过于单薄。贾南风的身体倒是挺壮实的，但却大太子两岁，而且确如武帝所说“短而黑、不宜子”。“该为太子娶哪一个为妻呢？”在一次君臣聚会上司马炎提出了这个疑问。

侍中荀勖，这个贾充的死党，这时候站出来说话了：“陛下既然觉得贾充小女年龄偏小，何不为太子娶其三女？”

“朕听说该女其貌不扬……”

“陛下，妇人四德‘德、容、言、工’，以德为首。贾充三女长相虽不及其妹，但据臣所闻，其才德却为上上之选。女子重德不重色，陛下乃圣明之君，定会明察。”

这番看似有理、实则毫无根据的说辞，竟然打动了一向以英明自诩的司马炎。于是，一个决定了西晋王朝命运的重要决定，就这样草草地拍了板。

公元二七二年二月，西晋皇太子司马衷与老父为他选定的太子妃贾南风成亲。其年司马衷十三岁，贾南风十五岁。

晋武帝司马炎为什么放着贾氏的小女不娶，而偏偏要为儿子娶个大媳妇呢?

这里我们不能不简要地说一下太子司马衷。

提起司马衷，许多人首先便会想起“蛤蟆叫”和“食肉糜”两个有名的典故。

据说有一次司马衷领着一班侍从去皇家花园华林园游玩，其时正逢盛夏，华林园中的池塘里蛙声连成一片。刚刚听完太傅李熹所讲授的《孟子·公孙丑上》中“无恻隐之心，非人也；无善恶之心，非人也；无辞让之心，非人也；无是非之心，非人也”，司马衷脑子里仍是乱哄哄的。傻乎乎的他无论如何也想不明白什么是“是”，什么是“非”。不错，太师曾经向他讲过要辨明是非并不是很难，只要搞清楚世间万物何者为公、何者为私就行了。

“可是悠悠万物，如此众多，”司马衷转念又想，“我哪里搞得清哪些是‘为公’，哪些是‘为私’啊！”思及于此，他停下了脚步。池塘中的青蛙这时又不甘寂寞起来，“呱、呱”一声连着一声，此起彼伏。司马衷脱口而出一句话：“你们说池塘里的蛤蟆，整天呱呱而鸣，它们是为官（公）而鸣呢？还是为私而鸣？”

“池塘里的蛤蟆鸣叫，谁能分得清它是为公还是为私？”左右心想，“这位太子爷可真是个阿木林！”

于是，他们以半开玩笑半认真的口吻答道：“太子殿下圣明，想那蛤蟆生于官家的定为官而鸣，生于民间则为私而鸣。”

“你说得有理，你说得有理！”别人一句戏耍他的玩笑话，这位太子爷却认真上了。这件事传扬出去以后，司马衷的傻就出了名。

还有一次，民间饥馑，赤地千里。臣下将灾情上奏，说民间百姓已无衣无食，甚至连草根树皮都已经没的吃了。司马衷一副很奇怪的表情，不解地问左右：“草根树皮吃不上，为什么不吃肉粥呢？肉粥虽然不怎么好吃，但毕竟也能够充饥啊！”

原来，司马衷在宫中食不厌精，脍不厌细，他吃的食物里边最差的一种就是肉粥（肉糜）。由己推人，他以为民间百姓也和他一样，得上偏食症了呢。他哪里知道“赤地千里，人相食”的惨状。左右的人再度摇头叹息。

一些对扶立司马衷为太子心怀不满的人，常借着其智商不高大做文章，搞得司马炎不胜其烦。偏偏司马炎又命中少子别无选择，只有司马衷这一个宝贝儿子；司马炎又不想将皇位传给侄儿或兄弟。这样，诸方面的因素糅在了一起，才促使他下决心为儿子找个年纪大一点的媳妇，以期为儿子出谋划策。

贾南风入宫之初，确实帮助傻瓜丈夫出了许多主意。

那时，司马衷的东宫之位仍然不稳。有一天，尚书令兼太子少傅的卫瓘侍宴凌云台。

卫瓘，字伯玉，乃西晋河东安邑（今山西夏县北）人氏。魏末时，他曾任廷尉卿，监邓艾、钟会军灭蜀。后来钟会在蜀将姜维的游说之下，举兵谋反，卫瓘又纠集诸将予以平定，并杀钟会、邓艾。因工草书，出于张芝而参酌父亲卫觊之法，时人将其与索靖并称“二妙”，是个大大有名的人物。

晋武帝司马炎对他也比较重视。

酒过三巡以后，卫瓘借酒壮胆，想向武帝进言，不能因亲子之情，而将大好河山断送于无知小儿之手。

但司马衷毕竟是皇上的亲生儿子，而且是唯一的亲生儿子，司马炎又舐犊情深，这废立之言一时很难出口。情急之中，他手抚司马炎所坐的皇帝御座，话里有话地对武帝说：“此座颇可惜！”

司马炎是何等聪明的人，一见卫瓘吞吞吐吐、欲言又止的样子，心里就明白了几分。所以听了卫瓘的话之后也不挑明，他将错就错地答了一句：

“公真大醉耶？”

常言道“酒逢知己千杯少，话不投机半句多”。卫瓘见皇上根本不愿与他谈论废立太子一事，也就不好再说什么。

不过，出于责任感，这位几朝老臣过了几天又找了个机会单独向司马炎进言，请皇上以天下社稷为重，不要溺于亲情。

没等他说完，武帝就火了，他说：“太子有什么不好？他质朴方正，不喜藻饰。朕是为天下择一贤君，哪里是溺于什么亲情！”

“陛下，请容臣细禀……”

“你不用说了，”司马炎摆了摆手，开口对左右的人说道，“去，拟几个问题，封好，拿到东宫，让太子当场回答。朕要看一看太子究竟具不具备治国的才能。”

试题拿到了东宫之后，司马衷打开一看就蒙了。尤其是这“刑赏为人君之要柄，为人君者该如何运用之？……”“这说的是什么呀？”他问站在身边的贾南风。

贾南风拿过来一看，也不明白。不过她毕竟与乃夫不同，是个见过世面的人，懂得运用手中的权力来弥补知识的不足。于是，她立即命人拿此卷去找博学多才之人作答。

“找什么样的人？”左右的人问道。

“越博学越好！快，快去！”

不一会儿，答案送回来了。帮着捉刀代笔的人果然博学，答案旁征博引，洋洋洒洒。贾南风看了却并不怎么满意，她叫过贴身侍从张泓，要他择其要点重答。

“为什么要重答？”左右的人不解地问。

贾南风没有回答，只是连声催促手下人执行命令。

贾南风为什么要命人改写答案呢？因为她了解自己的丈夫，也了解自己的公公。她深知公公不会相信这份用辞文雅、旁征博引的答案是出自丈夫之手，因此宁肯求朴实、去藻饰，以平直之言交差。

作为贾后的心腹，张泓自然是了解贾南风的思路，一点就透。他择要说明“王者应以宽仁为本，刑罚为辅，注意以德教化百姓。在使用刑罚时，应力戒因个人之喜怒而破坏刑罚的公正”。写好由太子手抄，然后送回武帝处交差。

司马炎拆开一看，龙颜大悦。他觉得儿子并不像卫瓘所说的那样傻，所答问题虽然质朴少文，但毕竟不是所答非问，于是，得意扬扬地把答卷拿给坐在一旁的卫瓘看。

卫瓘虽然打死了也不会相信皇太子会在一夜之间变得聪明起来，但饶他聪明透顶，却怎么也想不到这一切都是太子妃贾南风的“杰作”。

贾南风倘若总是创造这样的“杰作”，那倒也无伤大雅，但事实上她却常常“走火入魔”。

与司马衷结婚以后，贾南风不久即告有孕。晋武帝以为这个儿媳能为他生个孙子，很高兴。可是贾氏肚子偏偏一点也不争气，一连三胎生的竟都是女孩：长女河东公主，后嫁中书令孙秀之子孙会；次女临海公主，后嫁宗正曹统；小女始平公主，未出嫁而夭。

女儿生得再多，将来也是人家的人，不能承继司马家的香火。

司马炎、司马衷父子开始对贾南风感到有些失望。这时，贾南风又干了一件很失身份的事：

贾南风的贴身女侍有一天向她报告，说太子经常私自临幸宫女某某，而其现在已怀孕在身，据稳婆（接生婆）检查，说宫女所怀可能是男孩。贾南风听了火冒三丈，立即派人请来了宝贝丈夫，使出民间泼妇“一哭二闹三上吊”的传统解数，要死要活，吓得本来就是弱智的司马衷愣在那里，不知所措。

见丈夫俨然一副“死猪不怕开水烫”的样子，贾南风更火了。她怒气冲冲去找那位怀了孕的宫女，见了面不由分说，抢过随侍在侧的宫中卫士手中铁戟，就要行凶。那宫女保命要紧，撒腿就跑，口中连呼：

“太子救我！太子救我！”

这一喊算是彻底要了她的命。贾南风一听恨道：“这骚货，死到临头还喊那蠢货（指司马衷），老娘焉能饶你！”

于是，贾南风飞步上前，挥戟猛掷，结果“刀刃划破宫女的肚腹，胎儿立即随着哀号和血崩落地”。

这幕“一人两命”的悲剧很快就传到了司马炎的耳里。直到这时，这位一向以英明自诩的晋武帝才如大梦初醒，觉得上了荀勖、杨艳等人的当了。于是，他怒火冲天，下令整修位于晋都洛阳城西北角的离宫金墉城，打算用来囚禁贾南风。因为除了这次掷戟杀人以外，贾南风已因妒火中烧，而在宫中连杀数人了。

贾充的一班死党荀勖、冯统、杨珧，以及宫中女官赵粲，一起为贾氏向司马炎求情。他们说：“贾南风年纪还小，嫉妒是女人们的正常心理，等年龄大了，自会改过。”三个孩子的母亲竟然“还小”，那么，什么样的人算大呢？一片歪辞！说也奇怪，司马炎其人偏偏就喜欢听些歪辞。见有这么多人为贾氏求情，竟将一肚子怒火抛到九霄云外。

当然，此事能够解决，还有一个关键人物，即武帝的第二任皇后杨芷。此时，武帝的第一任皇后杨艳已经病逝。杨艳是司马衷的亲娘，害怕自己死后后宫没有人给儿子撑腰，儿子的地位受到威胁。于是，临死前，她哭着哀求武帝将她的堂妹杨芷收入后宫。杨芷也果然没有让她堂姐杨艳失望，进宫后很是受宠，并很快被册封为皇后。杨芷还是感恩和念旧的，堂姐在临终前将太子和太子妃托付于她，她觉得自己对于他们是有责任的。于是，杨芷进言劝谏司马炎，从而将此事压了下来。

虽然将此事压了下来，但她却在宫外屡屡训斥贾南风，告诫她要自知悔改。自以为自己和人家很近，“良药苦口”，谁知道，她面对的竟是一只母蝎子。贾南风不知道自己这位婆母是在帮助自己，反而以小人之心认为杨芷一定会在公公司马炎面前说自己的坏话，所以恨死了杨芷。另一场血腥的大屠杀就从这个时候开始孕育。

住曹爽宅，行曹爽事
杀太后父，斩太后母

晋武帝太熙元年（290 年）三月，晋武帝司马炎突然染上重病，眼看就要归西。朝中大权基本上落到了皇后杨芷的父亲，侍中兼车骑将军杨骏手里。杨骏为了揽权，大肆安插自己的亲信。事情为司马炎所侦知，他大为恼火，一气之下，神智又陷入昏迷状态。

这一年四月十二日，皇后杨芷紧急召见中书监华廙和中书令何劭，传达司马炎（实际上是杨芷本人）的指示，叫他们发布诏书任命杨骏为太尉，兼太子太傅、都督中外诸事、侍中——这些官职中任何一项，都极为显贵，而集其于一身，说明杨氏家族之弄权，已到了鼎盛。奄奄一息的晋武帝，意识到大势已无法挽回，只能带着无尽的遗憾离开了人世。武帝病逝，司马衷继位。杨骏成了唯一的顾命大臣，权倾朝野。

杨骏知道自己的名声不好，打算仿效三国时魏明帝曹叡的惯用伎俩，对朝廷官员普遍加官晋爵，以期博得大家对他的好感。

五月十八日，由杨骏授意，新皇帝司马衷下诏：无论是朝廷还是各州、郡、府县，所有官员，都擢升一级；参与治理大行皇帝（司马炎）丧事者，擢升两级；二千石（郡长）以上的官员，都晋封为关内侯。

散骑常侍石崇、散骑侍郎何攀，一起上书，认为此诏不足取，理由是：“本朝将传递千年万世，永盛不衰。今天首开普升官爵的先例，势将作为后世的法则。倘若所有爵位一律晋级，那么几代以后，大家就全都成了公爵、侯爵，不复再有平民百姓了！”奏章呈上之后，杨骏置之不理。

接着杨骏又假手司马衷下诏，擢升自己为太傅、大都督、假黄钺（诛杀专用铜斧，意谓对文武百官可先斩后奏），独揽督导、任免文武百官的大权。

左将军傅成上书给杨骏，极力反对他这样做。他劝谏道：“闭口不言的守丧制度，早就不能实行。而今，皇上谦逊，将朝廷大权托付给太傅，但天下人人心却不服。阁下面对这种局势，恐怕不容易承当。周公旦是古时伟大的圣人，他辅佐成王时还引起流言说他有取而代之的野心。何况，今上的年龄，并不像成王登基时那样幼小（成王姬诵登基时只有十二岁。而司马衷本年已三十二岁了）。窃以为，等到大行皇帝（司马炎）的丧事一过，阁下能深思熟虑自己的进退。倘能如此，就用不着我多言饶舌了！”

书上，杨骏不理。傅成不断规劝，杨骏渐渐不胜其烦，把傅成视为心腹大患。

他本人一点也没察觉，一个远比傅成凶险的敌人正虎视眈眈地盯在那里，伺机向他扑来。这个敌人就是贾南风。

公元二九一年三月八日，西晋王朝都城洛阳，一场旨在推翻杨骏的宫廷政变突然爆发。

政变的导演者当然是贾南风，但打头阵的却是孟观、李肇。

孟、李二人长期担任晋王朝的金殿禁卫官（殿中中郎），最有机会接近皇帝，而杨骏却一向对他们十分轻视。这两个小人物投靠贾南风，导致了杨骏的灭亡。

三月八日晚，孟、李二人在贾南风的授意下，上书司马衷，诬称杨骏谋反，诱使晋惠帝深夜写下诏书，宣布洛阳戒严，派人前往杨骏府邸奉诏撤销他本兼各职；同时，下令东安公司马繇率军四百，查抄杨府；楚王司马玮驻防司马门，淮南相刘颂接任三公尚书，率军保护司马衷所居之金殿。

杨骏的外甥、散骑常侍段广闻听政变消息，跪在司马衷面前为乃舅求情。他说：“杨骏孤孤单单，只不过是一个年过花甲的老翁而已，又没有子嗣，岂有谋反之理？愿陛下深思！”贾南风命人将段广轰了出去。

当时，杨骏住在三国时代曹魏大将军曹爽留下的故宅，真是“不是一样人，不进一家门”。四十三年前，曹爽曾不自量力与足智多谋的司马懿（司马衷曾祖父）作对。司马懿借曹爽等人出城去高平陵祭扫魏明帝陵墓之机，发动了一场宫廷政变：派人闭诸城门，占据武库，逞兵洛水浮桥；命司徒高柔假节行大将军事，据爽营；派人送奏章给齐王曹芳，揭露曹爽罪恶，要求罢免曹爽的兵权。司农桓范劝曹爽等挟持魏齐王到许昌，然后发四方兵以自辅，曹爽等徘徊终夜，投刀于地说：“我亦不失为富家翁！”遂接受司马懿之命回宫，不久被司马懿诛灭三族。

四十三年以后，杨骏像当年的曹爽一样颟顸无能。他得到贾南风等人发动政变的消息后，紧急召集手下文武官员开会。谋士朱振劝杨骏说：“皇宫突然有军事行动，目标是谁，不问可知。定是一些宦官小人之辈，替贾皇后设计阴谋，对你不利。为今之计，太傅最好纵火焚烧皇宫南门云龙门，以火攻威胁叛乱分子，令他们交出主谋。然后，再打开皇宫东门万春门，率太子宫卫士及驻防城外的卫戍部队，拥皇太子司马遹进宫，搜捕奸党。宫内震动恐惧，一定会斩杀主谋，送出人头。不如此，则无法逃出此难！”

杨骏和当年的曹爽一样，徘徊良久，叹息着说：“云龙门是曹叡建造的，富丽堂皇，花了不少功夫，费了不少钱，怎么能随便就烧掉它呢？”

侍中傅祗知道他面前的这位前不久还飞扬跋扈的太傅整个儿又是一个曹爽，于是及早脱身，领着一班人马各寻出路去了。

杨骏闷坐家中，贾南风可并不想就此罢手。她集结军队，对杨府发动进攻，焚烧杨骏住宅，又命弓箭手在附近楼上交叉射击。杨府很快被攻陷。惊慌失措的杨骏逃到马厩里躲藏，被人发现后乱刀砍死。

杀了杨骏以后，贾南风又把屠刀对准无辜的皇太后杨芷。她以司马衷的名义颁下诏书，命后军将军荀悝将杨芷从太后宫中押出，谪往永宁宫，接着又“猫戏老鼠”似的特别宽恕杨骏之妻庞氏，准许她入永宁宫与杨芷一起闲住。过了不久，贾南风又使人借政变之夜杨芷曾派人飞箭传书，搭救乃父杨骏一事大做文章，诬称杨芷与杨骏共同作恶，危害国家，是自绝于天的行为，用鲁庄公放逐母亲文姜而受到《春秋》的赞扬一事，唆使司马衷对杨芷治罪。司马衷答曰：“此系大事，可令众卿议之。”贾南风假借左仆射荀恺、太子少师下邳王司马晃等人的名义，将杨芷贬去皇太后的名号，囚居金墉城。接着，贾南风又下令：“杨骏谋反，其家属应该受连坐诛杀。在此之前，曾有恩诏，饶恕其妻庞氏，以安当时的皇太后杨氏之心。现在杨氏既已被贬为平民，庞氏断无逍遥法外之理，应予处斩。”

据史料记载，当庞氏被绑赴刑场斩首时，前皇太后杨芷抱住母亲庞氏痛哭不止，剪下头发，在地上叩头，并上书给贾南风，自称“小妾”，恳求保全母亲一命。贾南风闻报，恶毒地一笑，置之不理，下令手下人速斩庞氏。

回想当年，司马炎欲废贾南风为庶人时，杨芷为她涕泣求情。甚至再往前回溯，追想贾南风是如何借助杨家势力当上太子妃的。如今再看一看贾氏今天的举动，如此地以怨报德，天理人情，全被灭绝，可知大乱将起。

贾南风“螳螂”在前 司马伦“黄雀”在后

贾南风这个人除了对她几个有限的亲戚较为宽容之外，对其他任何人都毒如蛇蝎狠如狼。

她生性放荡，竟背着丈夫司马衷与人私通。据《资治通鉴》记载，她先是与太医令程据等人私通，接着又派心腹四处寻访年轻、漂亮的男子，将他们骗入宫中，享乐狂欢。事后，她又像母蝎子一样，将这些无辜的“面首”杀死灭口，弄得京师洛阳一带的年轻男子一个接一个地失踪。

前面我们已经提到过，贾南风平生最大的遗憾就是生不出一个儿子。

当初，贾南风之母广城君郭槐，因为贾南风没有儿子，所以时常劝女儿要爱护太子司马遹。司马遹是司马衷的小妾谢玖所生，自幼聪明。据说有一次宫中突然失火，当时还在世的武帝司马炎出来观察火情，司马遹一把拉住他这位皇帝爷爷，死活不让他出去。理由是“火情蹊跷，皇上不宜暴露于暗夜火光之中，以防万一”。此事一时间传为美谈。但贾南风却压根儿没把司马遹放在眼里，对他屡次进行侮辱。

郭槐经常严厉地责备女儿，不许她对太子太过苛刻，并想把贾南风的外甥女许配给太子。但贾南风坚决反对。而当司马遹转而欲娶尚书令王衍之女时，贾南风又横刀夺爱，将王衍的女儿嫁给自己的娘家侄儿贾谧。

后来，郭槐患病。临死之前，她拉住贾南风的手，反复叮咛，请她千万善待司马遹。贾南风根本不听母亲的经验之谈，反而变本加厉地谋害起司马遹来。

司马遹其时年龄已长。贾南风命黄门宦官故意引诱他挥金如土，作威作福，使其恶名渐渐胜过好名。贾氏的心腹一条一条地搜集了太子司马遹的“罪状”：不出席朝会，以卖酒卖肉为乐，大肆挥霍钱财，常常一个月消耗两个月的用度，将太子宫中所属物品拿到民间出卖，等等。

贾南风的娘家侄儿贾谧因为王衍女儿的缘故，把皇太子司马遹当作假想中的情敌，在贾南风面前打小报告，说：“太子经常结交一些不三不四之人，将矛头对准我们贾家。他一旦将来掌权，定会把你（贾南风）废黜，囚禁于金墉城。不如我们先下手，行废立之事，庶几可保贾家平安。”

贾南风觉得侄儿说得有理，于是更加卖力地宣扬司马遹之短，使远近皆知。然后，她又诈称自己身怀有孕，下令在京师征集供分娩时用的上好稻草。接着，算准了日子，她暗中让人把妹妹贾午所生的婴儿韩慰祖（其父韩寿）抢进宫中，打算将来用他来接主东宫。

这时，文武百官全都看出贾后要害太子，只有司马遹本人没有觉察到。

转眼到了公元二九九年十二月，司马遹的儿子患病。当父亲的心疼儿子，有些心慌意乱，贾南风遂决定这个时候动手。

她派人声称皇上身体不适，命太子进宫请安。但等到司马遹进宫以后，贾南风像《水浒传》中的高俅一样，躲起来不见太子，还命人将司马遹送入一个早就准备好了的空房间，送去美酒三升、红枣一盘，命司马遹全部服下。司马遹天性不善饮酒，于是对衔命送酒、枣给他的贾氏心腹宫女陈舞陈述自己并无三升之量。正在推托之间，贾南风从远处遥呼说："太子平常在皇上面前，还饮两杯，使人欢喜，现在怎么拒绝？这也是你父皇赐的酒，难道还要你父皇亲自劝酒吗？"

"儿臣不敢！"司马遹小心翼翼地辩解说，"儿臣在皇上面前饮酒，都是朝会之时。那种场合，自然不敢推辞。但即使如此，儿臣也从无一天之内连饮三升的纪录，而且儿臣早起即入宫中，尚未朝食，倘空腹喝下三升之酒，会在皇后面前失态！是以儿臣万万不敢饮下这三升酒。"

"哟，我的太子爷！"一直端酒站在一旁的陈舞说话了，"你可真会说啊！皇上让你饮，你就饮；皇后请你饮，你却不饮。敢情我们娘娘送来的这酒有毒不成？"

这话说得太损了，司马遹就是明知道是毒药也不能不喝下去了。于是，他捧起酒瓮，捏着鼻子"咕嘟咕嘟"喝了几口，又喝了几口，喝到最后，只勉强喝下二升。剩下的那一升酒，他无论如何也饮不进去了。"我带回东宫饮下，可好？"他向陈舞求情说。

"哟，太子爷，"陈舞一副不依不饶的样子，"皇后娘娘叫我侍候太子爷就在这里把酒喝下去，可没告诉我说可以让太子爷把酒带回东宫啊！"

"这个贱人！"司马遹在心里暗暗骂道，"像她的主子一样坏！"

一想到贾南风那副凶巴巴的表情，司马遹就有些不寒而栗。万般无奈下，他只好又硬着脖子将瓮中的酒全部饮光。这时他已身热心躁，迷惘慌乱，完全醉了。

一个小宫女承贾南风的旨意，拿来一张写满字的纸，对醉眼蒙胧的司马遹说道："皇上命殿下抄下此文！"

睁着一双醉眼，司马遹看了看那名宫女手中拿着的两张纸。据他后来在写给前妻的《与妻书》中回忆，模模糊糊的"一张白纸之外，又有一张青纸”。

那张青纸上写满了字，那是些什么样的字呢？

司马光在《资治通鉴》中有过完整的记载，原原本本译成白话是：

陛下当自裁，不自裁，我当亲手了断。皇后也应自裁，不自裁，我亦当亲手了断。我已与谢妃（司马遹母）约定日期，同时发动。我们决定，不再犹豫不决，以免招来后患。茹毛饮血，我们已在日、月、星三光之下发誓。上天已经准许我们扫除祸害，立我子司马道文为王，封道文的母亲蒋俊为后。倘若愿望达成，我们将杀猪宰羊，祭谢北君！

据说，这是贾南风手下最为宠爱的小白脸黄门侍郎潘岳的“杰作”。

司马遹当时已神志不清，做梦也不会想到纸上的内容会要了他的命，加上送纸前来的小宫女一直在旁催促，遂接过另一宫女承福手中的纸笔，照抄全文。但因一口气喝下去的三升酒所发生的作用，其时，司马遹写的字已十分歪斜潦草，一半不能成形。贾南风把它修补之后呈送司马衷。

公元二九九年十二月三十日，按照现代人的看法，这一天乃是继往开来的节日，是喜庆的日子。可是在当时晋王朝的京师洛阳，在洛阳皇宫中的式乾殿，西晋王朝的文武百官可没有感到有一点儿喜庆的气氛。这里正在举行一次朝会，朝会决定将关系到皇太子司马遹的生死。

贾南风拿来那张好不容易得来的“谋反证据”，对分立丹墀之下的众文武说：“这是司马遹的文书。内容嘛，我可以为大家念一下，是大逆不道的。众卿看该如何处置这件事？”

事情来得太过突然，当时在场的亲王、侯爵及众多高级官员一个个都面面相觑，只有司空张华以及尚书仆射裴頠提出质疑，不肯同意贾南风将太子处死的提议。

贾南风看张华等人不肯屈服，恐怕事情发生变化，遂决定分两步走。

贾南风先废掉司马遹的太子之位，将其囚禁金墉城。

转眼到了公元三〇〇年正月，晋王朝西戎校尉司马阎缵带着棺木（舆榇）前往皇宫上书，为太子司马遹鸣不平。书曰：“西汉王朝的太子刘据，起兵抗拒皇命，田千秋认为其罪不过是笞刑（打板子）而已。而今皇太子的过失，远远轻于刘据，为什么不能替他慎选师傅严加教诲？倘仍不能悔改，那时再屏弃他也为时不晚！”

这篇奏章很快就递到皇后贾南风手里。这个恶毒的女人，决定对司马遹施以进一步的打击。于是她收买了一个小黄门，令他向朝廷“自首”招认自己与太子司马遹合谋欲杀害惠帝司马衷。然后，贾南风又以皇帝的名义下诏，将这个人的口供送给两千石以上的官员传阅，封住了众人的嘴。做完这一切之后，贾南风将司马遹逐出京师，发往许昌囚禁，然后收斩司马遹的生母谢玖。

贾南风以为，只要将司马遹逐出京师，贬为平民，就会人莫予毒了。其实，这只是她一厢情愿而已。小黄门的假口供可以封住那些明哲保身的两千石既得利益者，但却束缚不了那些有血性的中下层官员。以右卫督司马雅、常从督许超、殿中中郎士猗等人为首的一群原太子宫属官日夜筹划，想要废黜贾南风，迎回司马遹。

当时，名义上的首辅是张华、裴頠，但他们两个人都是好好先生，不可能有以暴易暴的胆量。只有右军将军司马伦，既握有军权，又性情贪婪，野心勃勃。司马雅、许超等人认为可以借司马伦之手除掉贾南风。于是他们就向司马伦最为宠爱的亲信孙秀进言，说：“贾南风凶恶嫉妒，行事邪恶，太子就是被她和贾谧共同设计陷害的。而今，皇上没有合法的继承人，国家势如危卵。朝廷大员中，将有人起事。而赵王与贾南风又一向来往密切，太子之被废黜，人们都认为赵王必定也曾参与。这样，倘若变乱发生，大祸一定会波及他。赵王为什么不以实际行动自救呢？”

孙秀转报司马伦，司马伦打算接受。

按下这头我们暂且不表，且说被发往许昌监禁的司马遹。自从离开京师以后，他即受到持节御史刘振的严格看管。他本人也接受了以往的教训，深恐性命不保，常在床前自己煮饭烧菜，不肯轻易接受刘振等人送来的饮食。

公元三〇〇年三月二十二日，是司马遹死于非命的日子。这一天，贾南风亲自下令，指示其姘头太医令程据调合巴豆杏仁丸，制成毒药，派心腹宦官孙虑前往许昌毒杀司马遹。孙虑到了许昌之后，找来持节御史刘振，向他说明来意。刘振认为不用下毒，只需把司马遹迁移到一个小独院中，断绝他的饮食，就可以完成任务。但孙虑贪功心切，等不及就直闯进去逼司马遹服毒，司马遹死活不肯，孙虑竟用铁杵将司马遹活活打死。这是一件野蛮凶恶的谋杀，孙虑是趁司马遹如厕（上厕所）时下的手。据当时的史料记载，司马遹被杀之时，“哀号之声，闻于墙外”。

贾南风终于如愿以偿了。她出于毫无道理的恶性嫉妒，杀死了丈夫的儿子，杀死了太子的亲生母亲（谢玖），杀死了皇太后，杀死了皇太后之母，杀死了……

她像一只贪得无厌的“螳螂”，总是把凶狠的目光盯在那些可供她吞食的“蝉”的身上，她自己却一点也没有意识到另一只比她更凶狠的“黄雀”正张开了口等待着捕食她。

“黄雀”就是司马伦。

前面我们已经提到过，司马伦早就准备接受孙秀的建议，发动宫廷政变，废黜贾南风。但人称“赛赵高”的孙秀却另有打算。他对司马伦说：“太子聪明而性情刚猛。倘若我们把他接回东宫，恐怕他不会接受别人的控制。而您又一向是贾后亲近之人，关系之密切，恐怕连路上的行人都知道。即使将来为太子建立大功，他可能也不会真心感谢你。即令他克制了对你的愤恨，但对你也不会有感恩报德之情。万一有小的差错，恐怕难逃诛杀。”

“先生说得有理！”司马伦一副恍然大悟的表情。他接着问孙秀：“依先生之见，我该怎么办？”

“据我观察，”孙秀凑近司马伦的耳边说，“贾后贬黜太子并不是其真正目的，她最终还是要害死太子的。因此，我们不如来个‘螳螂捕蝉，黄雀在后’！”

“什么意思？”一向与书本无缘的司马伦不明白。

“等贾后害死太子后，大王再举兵起事，宣称废贾后，为太子报仇。这样岂不一举两得！”

“好主意！好主意！”

说通了司马伦之后，孙秀遂施用反间计。他散布谣言说：“宫廷侍卫打算废黜贾南风，迎回太子。”此一谣言很快被贾南风派出去探视民间消息的宫女所侦知，她们又火速禀明贾后，这样，遂决定了太子司马遹的死期。因而也就有了前面的那一幕。

公元三〇〇年四月一日，日食。一场由孙秀、司马伦等人策划的宫廷政变爆发。

司马伦把一份假的圣旨下达给京师二卫所属的三部司马，说他本人奉惠帝司马衷的指示，入宫废黜贾南风。由于早就有人做内应，宫廷侍卫中无人反抗。

司马伦遂命人打开宫门，率军在夜色掩护下进宫。入宫之后，司马伦派齐王司马冏，率一百名亲兵，由华林令骆休配合，将惠帝司马衷挟持到东堂，然后骗来贾谧，当场斩下他的人头。

正在自己的寝宫做富贵美梦的贾南风突然发现自己被人围上了，十分吃惊。于是，她问领头前来的齐王司马冏说："你来干什么？"

"来逮捕你！"司马冏虽然此时已稳操胜券，但慑于贾后平日的淫威，仍然有些心虚。于是，他又色厉内荏地加了一句："我这可是奉有诏书的！"

"只有我才可以下诏书，你哪里来的诏书？"贾南风凶狠地反问道。然后，她又垂死挣扎地想向傻瓜丈夫求救。可是她可能至死也不知道，她丈夫其时早已被挟持到另外一个地方。

呼救不成，贾南风摆出一副无赖神情，盯住司马冏问："我想死得明白，是谁起头闹的事？"

司马冏心想："是谁带头此时让你这个凶婆娘知道了，料也无妨。"于是，他开口告诉贾南风说："领头的是赵王、梁王（司马肜）！"

一听说是平日里最能逢迎自己的赵王带头反对自己，贾南风仿佛一下子被人解除了精神武装，她叹息着说："常言道'拴狗当拴脖子'，而我却整日忙于对付东宫，真是只顾了尾巴而忘了脖子，怎么会不失败？"

见贾南风已无力挣扎，赵王司马伦遂借惠帝司马衷的名义将贾南风贬作平民，羁押于建始殿。

天亮以后，司马伦亲自坐镇皇宫正南门，派尚书和郁押送贾南风到金墉城。

其时，与贾南风囚禁太子司马遹于金墉城的时间相隔不过四个月零四天。几个月以前，贾氏得意扬扬地将别人关进来折磨，一百多天以后，人家将她也关进来耍戏。金墉城依旧，皇宫景物也历历在目，但却是物在人非。不知当时的贾南风作何感想？但有一点是肯定的，那就是她再也笑不出来了。

公元三〇〇年四月九日，赵王司马伦假传圣旨，派心腹尚书刘弘，携带金屑苦酒，前往金墉城，逼贾氏喝下。贾南风在折腾了四十四年以后，终于死去。

贾南风的死，不由使人想起八年以前，即公元二九二年另外一个皇后——晋武帝皇后杨芷的死。

杨芷是被贾南风饿了八天，活活饿死的。当时，贾南风害怕自己的这位婆母死后有知，会找她算账，就让人把她面部朝下入棺，连同种种镇压鬼魂的符咒、药物等一同埋葬，使她在地下万劫不复。

八年以后，她被逼喝下这碗金屑苦酒，死得也并不比杨芷舒服多少。

贾南风生前作恶多端，已启“八王之乱”先河。她死后六年，傻瓜皇帝司马衷被人用枣饼毒死。又过十年，西晋灭亡，五胡乱华，十六国并峙的大分裂局面出现。

被辗转赠送的女人

——南朝宋明帝宠妃陈妙登

◎天生机缘 屠家女收钱中王意

◎被充玩物兄赐弟 再被赏给李道儿

◎夫有暗疾，晚年偏得子 姓刘还是姓李

由刘裕建立的刘宋王朝，虽然为时不过五十九年（420~479 年），但皇帝却有八个。这些皇帝除了开国者刘裕节俭爱民以外，其余个个都生长于深宫，不知稼穑之艰难。且好几个皇帝荒淫无度，后宫里的女人多得数不清，仅列于《宋书·后妃传》的就有十四个。在这十四个后妃中，经历最为奇特的当数一个姓陈的贵妃。

陈贵妃，姓陈名妙登，她曾先后服侍过宋孝武帝刘骏、宋明帝刘彧以及一个民间人士李道儿。她的一生充满了曲折，富于传奇色彩。

天生机缘

屠家女收钱中王意

公元四五四年三月，刚刚登上皇帝宝座不久的刘宋王朝孝武帝刘骏在连做两件自以为得意的大事——立皇子刘子业为太子、诏免百姓欠租及旧债之后，心里颇为愉悦，下令民间与天子同乐，同时下令为其采选良家女。

一天下午，兴致颇高的刘骏带着一班侍从，从都城建康出发，微服私访。他们顺着通衢大道信马由缰。久未出宫的刘骏觉得畅快极了，但见：

北斗南回春物老，红英落尽绿尚早。
韶风澹荡无所依，偏惜垂杨作春好。
此时可怜杨柳花，萦盈艳曳满人家。
人家女儿出罗幕，静扫玉庭待花落。

真是目不暇接。稍后于刘骏的诗人丘迟，曾有“江南三月，草长莺飞”的佳句。白乐天更有“江南好，风景旧曾谙。日出江花红胜火，春来江水绿如蓝。能不忆江南”的说法。足见江南之美。

且说刘骏一行数人，走走停停，停停走走，转眼间已到了建康县界。

偶一抬头，刘骏发现道旁有两间茅草屋。这两间房筑土为墙，墙面斑驳已非旧时貌；取草为顶，顶盖杂草丛生随风扬，与御道旁的景色极不相称。

本来只关心自己、不关心别人的刘骏，不知怎的突然动了恻隐之心。

“御道旁边怎么还有这样的茅草屋？当由家贫所致！”刘骏像是对人又像是自语地说道。接着他命令手下的随从：“去拿些钱来，赏赐给屋子的主人，让他重造一所好看一点的房子！”

“是。请问陛下，赏多少？”

“两三万钱吧！”刘骏不耐烦地说，“真啰唆，这点小事也来问我！快去办吧！”

随从不敢怠慢，马上就近到建康县取了三万钱送到了草屋。

草屋主人不在，房子里只有一个十二三岁的女孩。但见她唇红齿白，杨柳细腰，一双大眼最会传情，两道细眉偏能惑主。正在想办法博取刘骏欢心的侍从搭讪了几句，回去即刻报功，如此这般向刘骏描摹了一番。

正在选良家女的刘骏听了即刻传令，宣草屋中的女孩进宫。

女孩到了宫里，刘骏立刻临幸。新婚之夜，从羞羞答答的女孩子口中，刘骏得知了她的姓名——陈妙登，并知她是屠家女，其父是个杀猪的。

以一个屠家女，能够被选入宫，并立即得到皇帝的临幸，陈氏可谓生有异数。为什么那个侍从送钱时，别人都不在家，而只有她一个人在呢？

史书没有做出任何解释，读者自己去猜吧！

被充玩物兄赐弟 再被赏给李道儿

过了一段时间，刘骏忙于裁减王侯车服、器用、乐舞制度，一时无暇顾及陈妙登，加上陈虽美丽，但毕竟年龄太小，不解风情，刘骏也有点腻了。于是，刘骏就将她送到母后路太后那里做了一名侍御扶持。

由于她曾被皇帝召幸过，路太后对她还算客气，粗活从不让她干，怕刘骏哪天心血来潮再召幸陈氏。但一晃就是三年，却一点召幸的迹象都没有。

陈妙登虽然年龄不足十六岁，但毕竟已尝过夫妻滋味，比不得那些混沌未开的宫女，路太后不免为之担心。有一天，老太后请来了刘骏，当面问他：“陈家这孩子已经长大成人了，你打算怎样安置人家？”

“安置？”刘骏想了想说，“我现在正忙于抓大事，宫里女子又多。我看一静不如一动，把她赏给十一弟如何？”

“你弄来的人，十一弟敢要吗？”路太后不忍心让小儿子接手。

“看娘说的，是我赏给他的，他能不要吗？”刘骏故意把个“我”字说得极响，路太后听了也无可奈何。

于是，陈妙登被当成了一件小礼物送给了当时还是湘东王的刘彧。

刘彧是个有名的色鬼，见了陈妙登，顿觉秀色可餐，便收入府中。

小夫妻恩爱了一年有余，但却无子。

这时朝廷里出了一件大事，孝武帝刘骏病死，其子前废帝刘子业继位。继位伊始，刘子业就开始大杀同姓诸王。

有好几次，刘彧都差点成了其侄的刀下之鬼。为了谋一条生路，刘彧甘于韬晦，学猪学狗，自然也再无心顾及女人了。那么，陈氏怎么办呢？

刘彧为其安排了一个去处。

还是几年以前，由老父刘义隆（宋文帝）亲自挑选，为刘彧请了个师父。这个师父不教他舞刀弄棒，只教他子曰诗云。一向重武轻文的刘彧竟和他的这位老师很是谈得来。

刘彧的这个老师姓李名道儿，虽然算不上当时的名宿大儒，倒也饱读诗书，举凡琴、棋、书、画、吹、拉、弹、唱，样样都能来上几下，人称“万事通达”。

这“万事通达”，却有一件事不达：年过四十，仍是孑然一身。

刘彧想在老师身上打主意，请老师收留陈氏。他遣人请来了老师，一揖到地，说：“请先生来，是有一事不明，特为请教。”

“贤契请讲！”

“本王近读《诗经》，见开篇就有‘关关雎鸠，在河之洲。窈窕淑女，君子好逑’，一时兴起，想请先生为我讲解一下此段题旨。”

“好，据老夫所知，本章乃为明人伦、敬人事而作。从深处说乃有所譬喻，但从字面上讲，说的无非是男欢女爱，男大当婚，女大当嫁！”

“先生解释得好！”刘彧话锋一转说，“那么，请问先生为何不仿效‘君子’，寻找一个‘淑女’呢？”

"挟太（泰）山以超北海，谈何易也！"李道儿痛苦地摇了摇头，转了一句《孟子》中的文，接着说道，"我看上的，人家看不起我；瞧得上我的，我又看不上她！"

"倘若有先生能看得上眼的人，而又能看得上先生这样的妙人儿，先生要不要？"

"不敢拒也！"

"好。来人啊！"刘彧等的就是这句话。他一面派人扶出了陈妙登，令她行拜见礼，一面派人在湘东王府的旁边为李道儿收拾了一处房子。

张罗好之后，由刘彧亲自主持，将陈妙登送进了李道儿的洞房。刘彧本人也不知是开玩笑还是假正经，竟朝陈妙登一口一个"师母"地叫了起来，弄得陈妙登尴尬异常，哭笑不得。

夫有暗疾，晚年偏得子 姓刘还是姓李

刘彧的正室叫王贞风，这王氏没有给他生出一个儿子。所以把陈妙登送出去没多久，刘彧就反悔了，又把陈妙登接了回来。

被迎回宫中的陈妙登也颇有些运气，不久就怀孕了，并于大明七年（463年）为明帝刘彧产下一子。

孩子生下来之后，刘彧按照祖宗传下来的家法，亲自拿着一本《周易》占卜吉凶，而且根据八卦"乾、坤、坎、离、震、艮、巽、兑"中的卦象，为这个刚生下来的婴儿命名为慧震（此系乳名），此子就是后来的刘宋王朝后废帝。他小名慧震，大名叫什么呢？

《宋书·后废帝纪》中称他为刘昱。

刘昱于泰始二年（466年）被立为皇太子，其年他才三岁。虽然被立为皇太子，但是他的身世却一直为世人所诟病。当时民间盛传刘昱是李道儿的儿子，除了因为他是陈妙登被明帝从李道儿处接回不久怀孕所

生之外，还有一个重要因素，就是明帝刘彧可能没有生育能力。

《宋书·后妃传》一章中有“太宗（刘彧）晚年瘻疾（阳痿）不能内御”的说法。

在刘宋王朝的诸任皇帝之中，刘彧可能算得上是继位时年龄最大的一个。多年动荡的政治生涯，趴在地上学猪吃食，以求避免一死的屈辱经历，使得他精神极度空虚，日夜在酒色中寻觅乐趣。

关于其纵情声色还有一个典故——“裸女表演”：公元470年，明帝刘彧在皇宫中举行宴会，观看女子的裸体表演。众大臣看得津津有味，只有皇后王贞风用扇子挡着脸，不愿观看。明帝怒斥皇后：“外舍寒乞！今共为乐，何独不视！”大概意思就是，你娘家寒酸，现在大家一起同欢乐，为何就你不看。后曰：“寻欢取乐的方式有很多，哪里有让姑姐妹们聚集在一起，裸露形体表演的？我娘家的取乐方式与这种做法很不相同。”宋明帝大怒，把皇后王贞风赶了出去。

正因为刘彧在众人心目中如此荒淫无度的形象，大家更加坚信他因为纵欲过度丧失了生育能力，所以太子刘昱根本不是刘彧的亲生儿子。至于刘彧是故意把陈妙登借给李道儿以“借腹生子”，还是迎回陈妙登意外地“买一送一”，又或者真的是自己“种瓜得瓜，种豆得豆”，我们不得而知，恐怕只有当事人刘彧和陈妙登彼此心照不宣了。

要说他们的儿子刘昱，也是个异类。换作旁人，难免羞耻于自己的身世，唯恐避之而不及，可刘昱不但不怕别人说，自己还出去到处招摇。每次微服出巡时，他都给自己化名，称自己是李将军或是李统。

他究竟是姓刘还是姓李，注定成为了一笔糊涂账。

刘昱（李统）的身世血统可疑，他的母亲陈妙登多多少少受到点妨碍。

公元四七三年四月，宋明帝刘彧病死，陈妙登的儿子继承皇位。母以子贵，陈氏顺理成章地应该成为皇太后。但由于某些老臣的阻拦，陈氏先是被推选加封，其后经其力争，才被封为皇太妃。

《南史·卷十一列传第一》载：“舆服一如晋孝武帝太后故事。置家令一人，改诸国太妃曰太姬。”陈妙登所住宫殿称为弘化。

这还是在自己亲生儿子当政的时候。

公元四七七年，手握重兵的权臣萧道成阴结宫廷侍卫杨玉夫等人，谋杀了陈妙登的儿子，又逼陈妙登以皇太妃的名义发布一道诏书。诏书上有“卫将军、领军、中书监、八座：昱以冢嫡，嗣登皇统，庶其体识日弘，社稷有寄。岂意穷凶极悖，自幼而长，善无细而不违，恶有大而必蹈”等辞令。

不久，陈氏被降封为苍梧王太妃。

陈妙登一倒，她的几个亲戚也都先后遭了殃。她的伯父陈照宗、叔父陈佛念、从兄陈敬元先后被萧道成矫诏赐死。

陈妙登不知所终，大概是卒于宋顺帝昇明（477~479 年）年间。

半面妆的半老徐娘

——南朝梁元帝夫人徐昭佩

◎因祖有德成王妃
出嫁怪撞断杠风

◎每逢帝至妆半面
只因丈夫眇一目

◎与人通，端的半老风韵在
惹帝怒，原来乃是计一条

◎为人殉葬累亲子
死后遗污谓出妻

在中国历史上，梁王朝并不是一个显赫的王朝，梁元帝萧绎也不是一个什么了不起的皇帝。然而，直至今天，在注解一条典故时，元帝萧绎和他所处的梁朝却仍然常被人们提起。

这条流传至今的典故叫作：徐娘半老，风韵犹存。

半老的徐娘，并非文学家或语言学家杜撰出来的人物，而是在历史上确有其人。她姓徐，名昭佩，乃是南北朝时梁王朝元帝萧绎的妻子。一个化成典故的女子，是皇帝的正妻却没能成为皇后的人，一定会有一些不平常的故事。

因祖有德成王妃
出嫁怪撞断杠风

大概是从曹操的儿子曹丕那个时代起，九品中正制开始盛行。所谓“上品无寒门，下品无豪族”说的就是门第。到了南北朝时期，由于南朝第一个皇帝刘裕出身寒族，门第观念才逐渐被打破，但是帝王们在择妻时仍会心照不宣地选那些名门望族的女子。

徐昭佩，尽管她后来没能坐上梁元帝皇后的宝座，但却是如假包换的名门淑女。

徐氏的父亲名叫徐绲，当过梁王朝的侍中、信武将军；曾祖徐湛曾当过刘宋王朝的司空；祖父徐孝嗣更是齐王朝时一个赫赫有名的人物，曾任齐王朝的太尉，时人曾以一首四言诗盛赞其才。诗云：

方轨叔茂，追清彦辅。
刚亦不吐，柔亦不茹。

据说，徐孝嗣在齐王朝明帝时曾任侍中。有一天下午，他在客厅里午睡，其时外面下着大雨。

迷迷蒙蒙中，徐孝嗣梦见有两个黄衣童子对他叉手行礼，并以不容置疑的口吻对他说“移公床”，一下子把徐孝嗣的睡意赶跑了。他披衣下床，刚走出所住的房间，就听“轰”的一声，客厅的一面墙坍了下来，正好把床压了个严严实实。倘若他刚才不出来，其后果就堪忧了。这个有点近似神话的传说（见于《梁书》），无形之中增加了徐孝嗣的知名度。

作为徐孝嗣的嫡亲孙女，徐昭佩大大地沾了乃祖的光。因此，当梁武帝萧衍为他的第七个儿子湘东王择偶时，她就成了上上之选。

天监十六年（517 年）十二月，由萧衍亲自主婚，徐昭佩嫁给了湘东王萧绎。

虽然梁承齐制，对于亲王的婚事一律从简，“礼止枣栗腶脩，加以香泽花粉，其余衣物皆停”，但迎亲的队伍还是气派非凡。从建康到郯县（今江苏镇江），车船仆马，络绎不绝。

颇具文学天赋的萧绎还美滋滋地写下了一首《紫骝马》的诗。诗云：

长安美少年，金络铁连钱。
宛转青丝鞚，照耀珊瑚鞭。

谁知，从镇江出来，走了一段水路，弃船上岸后突然出了一件怪事。

那是农历冬月（十一月）腊月（十二月）之交，萧绎早晨乘轿出发时还是万里无云，走了没多久，却突然狂风大作。那风不是“卷地百草折”的北风，也不是“熏得游人醉”的南风，更不是“好风凭借力，送我上青云”的东风，也不是能够吹得“秋菊满院栽”的西风，而是一股说不清、道不明的突如其来的怪风。这场风，其威力之大，已达到“发屋折木”的地步。

好端端地缘何起了这么大的风？迎亲的队伍中有人嘴上不说，心里暗自犯嘀咕。

这场风来得快，去得也快，转眼之间就“走”得无影无踪了。老天可能还嫌不够劲，不一会儿又纷纷扬扬地下起雪来。江南的冬季虽然也比较寒冷，但雪花却是个稀罕物，一年常常难得一见，然而，现在“沾”了徐妃的光，却不顾一切地下了起来。端的是一场猛雪。但见：

一夜朔风紧，天空雪花飘。入泥怜其白，匝地惜琼瑶。有意怜枯草，无心饰苇茗。价高村酿熟，年稔府粱饶。葭动灰飞管，阳回斗转杓。寒山忽失翠，冻浦不闻潮。易挂疏柳枝，难堆破叶蕉。

转眼之间，“高下帷帘皆白”。天地间只见一片银色，为迎亲的队伍平添了几分怪异。

到了建康，这对小夫妻行了拜天地之礼，然后是洞房花烛，枣栗子（早立子）。一切都按故例而行，自不必说。

七天以后，新娘子回门（即回娘家，此系古俗，今天部分地区仍然沿袭）。吃过早饭，收拾好行装后，事儿又来了。

这时仍是十二月的天气，尚属深冬，正待出门的人们却突然听到了雷声。只听“咔嚓，轰”，接连几声，把湘东王府一座好端端的客厅震了个粉碎。

这接二连三的怪异现象，把人事初知的湘东王给震醒了。他开始暗暗在心里琢磨。“是不是有什么事情不对劲？难道新娘子是个不祥之人？”萧绎暗暗在心里问自己。

每逢帝至妆半面
只因丈夫眇一目

存了一个先入为主的成见，萧绎越看徐氏越觉得不顺眼。当然，这种不满当时还只限于心里，表面上他还必须装作与徐氏恩恩爱爱。原因非他，只因他这门亲事乃其父皇萧衍亲口所定。倘说新娘子不好，岂不等于说父皇没有眼光？说父皇没有眼光，那自己这个湘东王还要不要了？虽然才只十几岁年纪，但他已深知权力的重要性。要想保住权力，就不能不讨父皇的欢心，于是他照常与徐氏温存。

这时的徐氏也是情窦初开，自然是对丈夫的温存来者不拒。一来二去，春风一度，化为春雨。徐氏先生下了湘东王世子萧方等，接着又产下了益昌公主萧含贞。

大概就是在产下益昌公主萧含贞以后不久，萧绎宠上了另一个美人王氏，而徐昭佩的处境也就每况愈下了。

夫妻间的接触，在民间一夫一妻制的家庭是每日都在进行。即使是在一夫多妻的皇室，也要摆摆虚假的形式，或三天，或七天，夫妻总要见上一次。

而萧绎对徐昭佩却真可称得上是寡情，甚至是绝情了。

据史料记载，萧绎常常一下子就是两三年不进徐氏的房间。当徐氏打熬不住，遣宫女请他时，他还作诗一首，以徐氏的口吻，极尽挖苦之能事。诗云：

荡子从游宦，思妾守房栊。
尘镜朝朝掩，寒衾夜夜空。
若非新有悦，何事久西东？
知人相忆否，泪尽梦啼中。

这首题名为《代秋胡妇闺怨诗》传到徐氏的耳中以后，徐氏伤心欲绝。她万万没有想到丈夫对自己这样地恨之入骨。

“既然你不以我为意，那我也可以其之道还治其身！”一向倨傲的徐氏开始挖空心思与丈夫作对。

大概从国家政权出现开始，帝后间就开始出现种种不平等：帝王可以妻妾成群，可以三宫六院七十二夫人，而皇后只能有一个丈夫；皇帝见皇后可不拘礼节，而皇后见皇帝却必须盛妆。所谓“由来称独立，本自号倾城。柳叶眉间发，桃花脸上生。腕摇金钏响，步转玉环鸣。纤腰宜宝袜，红衫艳织成。悬知一顾重，别觉舞腰轻”，便道出了皇后必须为悦己者容——不知是否真的悦己，但却必须承载美容的辛酸。

徐氏所处的时代正是此风较盛之时。按理，一别就是两三年，而且近在咫尺，却又如远在天涯，徐氏该花点功夫美化一下自己，但她却偏不如此。《南史·后妃传下》记载：“妃（指徐氏）以帝眇一目，每知帝将至，必为半面妆以俟。”原来，萧绎是个独眼龙，为了敷衍他，徐氏每次只化半面妆应付了事。

把个萧绎气得常常是这脚踏进了房门，后一只脚就不想再往里进了。

徐氏“半面妆”流传古今。人们也许要问，她是不是个懒女人，抑或不解风情，不懂得修饰自己呢？

不是的。

与人通，端的半老风韵在
惹帝怒，原来乃是计一条

徐昭佩其实是个很解风情的女人。

大约在梁武帝太清元年（547 年），萧绎以“使持节都督荆、雍、湘、司、郢、宁、梁、南、北秦九州诸军事，镇西将军，荆州刺史”的身份出镇荆州。徐氏随夫前往任所。

荆州自古就是兵家必争之地，自三国时代起，就是水陆要冲。这里不仅名胜古迹较多，而且也是儒、释、道三教人文荟萃之地。

离刺史衙门不远，有一座智光寺。这座寺有两奇，一是虽以寺名之，但住的却不是和尚而是道士；二是这里的道士都年轻俊秀，很得前来上香的太太小姐们的欢心。

其中有一个名叫智远的小道士，更是生得眉清目秀、唇红齿白。

有一次徐氏去寺里上香，恰好是智远道人接待。徐氏见了如此俊秀的一个“妙人儿”，忍不住看呆了，立即屏退左右，便要搂抱求欢。智远道士哪见过这个阵势，吓得手忙脚乱。

见智远如此不解风情，徐昭佩倒也并没赶尽杀绝，因为不久以后她又迷上萧绎的贴身侍卫暨季江。暨季江与智远小道人不同，他虽然也对长得其貌不扬的徐氏不感兴趣，可是却不敢像智远那样公然拒绝。尤其是徐氏第一次得手时对他说的那番话，更让他不寒而栗。徐氏威胁他说，今后要随传随到，倘若声张或故意迟误，立刻就向湘东王（萧绎）告发说侍卫暨季江强奸王妃。

“强奸王妃”这个罪名加到头上可是要掉脑袋啊！

暨季江曾感叹：“柏直狗虽老，犹能猎；萧溧阳马虽老，犹骏；徐娘虽老，犹尚多情。”

继智远、暨季江之后，徐氏又挂上了一个小白脸。此人姓贺名徽。与智远、暨季江不同，贺徽是个“才子”，能写几句歪诗。徐氏与他除了时常幽会以外，还常借诗传情。

他们传递情诗的工具，说来还真有几分浪漫色彩呢，原来是普贤尼寺的镇寺之宝——白角枕。

徐氏在写给贺徽的诗中有“夜夜盼郎来，风动疑郎至”的句子，贺徽则回以“有意敲屋门，叵耐有宫女”。

漫无节制的私生活，使得徐氏染上了种种恶习，其中之一是酗酒。

自魏晋以来，饮酒始则由一班不羁文人倡导，渐成一种时尚。鲁迅先生在《魏晋风度及文章与药及酒之关系》中精辟地指出，在政治黑暗的年代，饮酒是一种消极的反抗。

徐氏的饮酒从某种意义上来说，也含有对其丈夫不近人情的消极反抗味道。

只是她喝酒常常过量，漫无节制，“多洪醉，帝还房必吐其衣中”，连丈夫的衣服上都留过她吐出的秽物。夫妻间的感情越来越糟。

为人殉葬累亲子 死后遭污谓出妻

梁武帝太清二年（548 年）三月，侯景起兵叛梁，将梁武帝萧衍围在建康城中。

萧衍的几个儿子纷纷起兵“勤王”，其中以湘东王萧绎与河东王萧誉的实力为最强。这兄弟二人虽然是一奶同胞，但却势同水火，而萧誉又“骁勇得士心”。萧绎以大哥自居，派人命他供给粮草，萧誉不客气地说：“我们各自都有大将军府，谁也管不着谁。粮草一事，提也休提！”

正愁找不着借口铲除异己的萧绎，闻报后立即遣人前往讨伐。

讨伐大军由湘东王世子萧方等率领。萧方等系徐氏所生，恨屋及乌，萧绎一向对他不假以辞色。谁料萧方等是个天生的将才，在前不久援救台城时崭露头角，因此萧绎虽然不待见他，还不得不用他。

率军出发誓师之际，萧方等说下了一句莫测高深的话：“是行也，吾必死之；死得其所，吾复奚恨！”

为什么出此不吉之言？原来事出有因。

事情得从萧方等的母亲徐氏说起。

前不久，徐氏蒙受了一场不白之冤。

萧绎有个宠妾王氏。王氏为萧绎生过一个儿子，取名方诸，方诸母子是萧绎的心头肉。不知怎的，王氏突然一病身亡。有人告发称王氏之死，可能系徐妃所为，并举徐妃以往“见无宠之妾，便交杯接坐，才觉有娠者，即手加刀刃”为例。萧绎气昏了头，把徐昭佩传来严词讯问，自然是没有什么结果。

不久，萧方等在援救台城之役中打了大胜仗，王氏的死因也基本查清。萧绎想借这个由头，向徐氏表示个歉意，就摆下宴席，请来了徐氏，缓和一下夫妻关系。

谁料徐氏这个人有个坏脾气，不是见好就收，而往往是顶烟往上冲。

见萧绎服软，她得理不饶人，竟“垂泣不对”，一句话也不肯与萧绎说。

宴会不欢而散，夫妻二人成见又加深了一层。

他们的儿子萧方等不明就里，以为是父亲又找母亲的碴儿，联想到这些年来父亲的种种不公，是以才有“此行必死”的悲愤之词。

讨伐战斗在临湘县北麻溪进行。河东王萧誉以兵七千偷袭萧方等，方等猝不及防，“军败，溺死”。

死讯传到萧绎耳中，他既恨又气，竟将一腔怒火全部转嫁到了徐氏身上。

太清三年十二月，萧绎逼令徐氏自我了断以解心头之愤。

徐氏苦苦哀求，萧绎铁了心不为所动。万般无奈，徐昭佩投井自杀，成了王氏的殉葬品。

按理说人死罪止，但是萧绎硬是要将徐氏搞臭。他冥思苦想，竟想出了一个遗臭千古的恶毒主意：将徐昭佩的尸体裹上三尺白绫，然后镇以坚冰，遣人送到徐的娘家。说是死后“出妻”，即在徐氏死后把她休了。

这还不算，萧绎竟不顾夫妻之情，亲笔撰写《荡妇秋思赋》一诗，将徐氏的种种恶行都叙述出来，而且还张榜悬挂。唯恐天下人不知道，他湘东王、梁元帝曾经有过这样一位“好”老婆。

由仆而主的『特务』皇妃

——南朝陈后主次妻张丽华

◎本系兵家女 自小会织席

◎历尽苦难 丽华由仆而主

◎对宫女绝不虐待 为皇帝充当『特务』

◎商女已知亡国恨 谁来再歌《后庭花》

公元五八九年正月乙丑日，与陈王朝隔江相望的隋朝遣大将韩擒虎等人突然挥师南下，以摧枯拉朽之势，直捣陈王朝首都建康。“怠于政事”，梦想以长江为天堑阻挡隋兵的陈朝后主皇帝陈叔宝被擒。正月甲申日，寒风凄凄，一个美丽的女人，被率兵入城的隋军伐陈先锋韩擒虎奉命处死。

这个被处死的女人，姓张名丽华，是陈叔宝的第二任妻子。

别看张丽华在传统的正史中只有寥寥数行的小传，但她在中国俗文学和民间野史中可是个大大有名的人物，有人甚至将她与褒姒、妲己、杨贵妃等人相提并论。遗憾的是前此人们对这位美丽的女人所知甚少。

张丽华是个什么样的人呢？

本系兵家女
自小会织席

自司马睿偏安江南，建立东晋以来，大批北方人流寓江左。为了谋生，这些“北佬”们不得不操持各种营生。有一户自称系西晋太师张华后代的张姓人家到了陈王朝时完全破落了，不得不靠服兵役和织席为生。

公元五五九年十月，张家喜得千金，生了一个女孩。据说，其母在生她之时，曾梦见一个道士送她一个小金龟，醒来后发现只是南柯一梦。不知此梦是否象征着这个刚刚呱呱坠地的女婴其后的一生势必大富大贵？不过在中国古代文化中确有“钓得金龟婿”的说法，这是用来形容女子嫁了个有权有钱的好丈夫。联系到此女长大成人之后与陈后主的悲欢离合，我们也不好过分指责史籍中的荒诞。

且说张家老倌见妻子生了个丫头，倒也没有多大不欢喜。他虽然出身兵家，倒也不重男轻女，不但不重男轻女，反倒绞尽脑汁为女儿取了个名字——丽华。

丽华二字虽然极易使人想到东汉光武帝刘秀的皇后阴丽华，但“司马相如、蔺相如，名相如而实不相如也”。由于家境贫寒，张丽华还得与父母操织席之业以求生存。

席，《辞海》里的解释是“芦苇、竹篾等编成的铺垫用具”。同样的材料，可以加工出截然不同的产品，张家的席在其所居的张家湾是大大有名的。然而张丽华比她家的席子还要有名，有一首诗单道其美。诗云：

不向花开晒粉衣，偏向花里斗芳菲。
谁云祝女裙边幻，岂入庄生梦里飞。
曲径烟浓春晓晚，南园风暖绿初肥。
春心素艳混无那，好借滕王妙笔挥。

当时有一班无聊文人四处张扬其美，惹得一个平静的张家湾成了追蜂逐蝶的世界。镇日里有一班五陵恶少推说买席，赖在张家不走，把张老头儿——张丽华之父弄得不胜其烦。

公元五六八年，还是太子的陈叔宝选美以充太子宫。一个屡次想在张丽华身上打主意的里正（相当于后来的保长）因久未得手，恼羞成怒，遂向选美的特使举荐了张丽华。如狼似虎的官差根本不问她是否愿意，给她家里留下几两银子、一纸文书，抓起丽华就走。据说，由于走得匆忙，张丽华竟把刮竹篾用的刮刀都带在了身上，于是因身藏凶器招来了一顿毒打。

历尽苦难 丽华由仆而主

在离家赴都城时，张丽华一开始很恐惧，后来，一路上的新鲜事儿看得她目不暇接，渐渐地也就忘了害怕。到了京里，负责护送她的官差害怕在路上毒打她的事为皇太子所知，就谎报说她年纪太小，只有十岁，不能直接侍候太子千岁。陈叔宝当时正忙着与老兄陈叔陵钩心斗角夺皇位，也顾不上对每个被选来的美女亲自“验收”，于是，就命人将张丽华安置在一个姓龚的良娣（陈叔宝称帝后，其被册封为贵嫔）那里做粗使丫头。

龚氏是个“病西施”。而张丽华因为自小生长民间，是苦出身，长得较为丰满红润，因而很不得龚氏的欢心。在张丽华身上，龚氏发现了自己一去不再来的青春。于是，她开始想方设法地虐待丽华，不给饭吃、罚跪、倒夜壶、洗衣服——贴身小衣，目的只有一个——不能让人看见她们俩时，产生谁主谁仆的疑问或主不如仆的想法。

刚刚离家的张丽华此时还没有资格去与龚氏“别苗头”，只能默默地做好上面交待下来的工作。

公元五七四年，入太子宫已近六年的张丽华经过龚氏的无数磨难以后，不但没有香消玉殒，反倒出落得更加明艳照人，端的是唇红齿白，眉若双黛，脸如芙蓉，齿如编贝，手若柔荑，腕如玉藕。由于每次太子前来，龚氏都要想法把丽华支出去，所以张丽华空有沉鱼落雁之容，却只能如衣锦夜行，并没有知音来赏识她。

说来也巧，这一年五月，刚刚换上一身家常服饰的太子准备“微服私访”，刚一出卧室的门，就见有一绝色女子匆匆走过。一向“寡人有疾”，喜欢漂亮女子的陈叔宝见了又喜又疑：喜的是芳容未尽睹就已令他为之神往；疑的是这样一个美人儿自己怎么从来没有见过，难道她是天上掉下来的不成？于是他紧紧跟随。咦？怎么进了龚氏所居住的院子里？莫非是龚的丫环？我怎么从来也没有听龚说起过有这么一个人？

他这里正犯疑呢，忽听龚氏怒气冲冲的声音传来：“你这个贱人，我叫你成天出去穷浪！叫你穷浪！”接着是“啪啪”的击打声，然后默然。

“难道……？”陈叔宝心里一怔。

只听“啪啪”又是几阵击打，接着是龚氏的骂声：“我叫你嘴硬，不肯求饶！给我滚！……”

“滚就滚，有什么了不起！”躲在暗处的陈叔宝听到一个充满磁性的极好听的女孩子压抑了愤怒的声音。

“难道是她？”太子心里一紧，就听那个声音接着响起，竟是石破天惊的一句话：“你做良娣有甚了不起？我要做就做娘娘！”

“好！”陈叔宝忍不住叫出声来，随之现身。

“你，你是太子爷？”那女子有几分惶恐地问道。

“没错。你说得好！要当就当贵妃，什么贵嫔、贵姬、三夫人、淑媛、淑仪、淑容的，有什么意思。”

“太子爷，小女子刚才说的是气话，我只是一个地位低下的宫女，怎么能当上贵妃呢？”

“事在人为嘛！”陈叔宝用一种挑逗性极强的语调说，“我想把你从龚氏那儿要出来，只要你能让我满意，本太子也一定会让你满意的！”要是在平时，张丽华可能不会马上答应后主的渴求，但一想到龚氏对她屡次三番的虐待，她立刻答应了。于是，张丽华由服侍龚氏改而服侍太子。

对宫女绝不虐待
为皇帝充当“特务”

唐太宗时代的名臣魏征在谈到陈后主陈叔宝时有一段话，称“后主生深宫之中，长妇人之手，既属邦国殄瘁，不知稼穑艰难”。这话说得对极了。

唯其生长于深宫之中，所以一见到出自兵家的民间女张丽华，陈后主才能为其野性的美所打动。张丽华呢，也因之宠冠后宫。

公元五八二年，陈叔宝接掌国政，是为陈王朝后主。张丽华呢，也顺理成章地成了贵妃，而之前自己的主子龚氏只得到了贵嫔的封号。

据《陈书·皇后传》载，陈王朝的后宫妻妾的排列次序为皇后、贵妃、贵嫔、贵姬；然后是淑媛、淑仪、淑容、昭华、昭仪、昭容、修华、修仪、修容；再然后是婕妤、容华、充华、承徽、列荣；再往下还有美人、才人、良人。

贵妃，是排列在贵嫔之上的，张丽华终于盖过了龚贵嫔。

说起张丽华这个人，虽然史书上常将其打入另册，但她还不算太坏。与龚贵嫔相比，她至少对下人还不算苛刻。在陈王朝诸任皇帝中，后主陈叔宝虽有十一个儿子，但与乃父高宗有二十九个儿子相比，子嗣还不算很广。

当时，后主的正妻沈皇后婺华不能生育，龚贵嫔又素有妒悍之名，因此，后主常以此为憾。

张丽华被选为贵妃以后，并不想独占专宠，而是常常荐宫女宜于相者自代。

当时，后宫织作孙氏貌美，但因出身微贱而不得召见。孙氏是个才女。

有一次，张丽华饭后闲步，闻听孙氏诵汉代才女班婕妤之自伤诗。诗曰：

承祖考之遗德兮，何性命之淑灵？
登薄躯于宫阙兮，充下陈于后庭。
蒙圣皇之渥惠兮，当日月之圣明。
扬光烈之翕赫兮，奉隆宠于增成。
既过幸于非位兮，窃庶几乎嘉时。
…………

隐隐有自伤身世之意。张丽华听了，不由为之感动，马上向后主“荐贤”。是夜，陈叔宝就在张丽华的居所召幸孙氏，一夜缠绵，种下风流种子。一年以后，孙氏产下一子，后来此子被封为吴兴王。

类似的事情还有一些，所以，《陈书·皇后传》提及此事时，曾有“贵妃性聪慧，甚被宠。遇后主每引贵妃与宾客游，贵妃常荐宫女预焉，后宫咸德之”的说法。

至德二年（584 年），陈叔宝在皇宫光照殿前建起临春、结绮、望仙三座楼阁。楼阁高达好几丈，共有几十间房。楼阁的窗户、壁带、横梁、栏杆等，都用沉香檀木建造，又用金玉装饰。有的地方镶上珍珠翡翠，外面还挂着珠帘，里面放着华美的床、帐。楼阁中所备珍玩，瑰丽奇妙，古今罕见。每当微风习习，几里路以外就能闻到阁中飘出的幽香。旭日初升，后宫闪耀着五光十色。楼阁的下面堆石筑成假山，引水修成池塘，广植珍奇树木，夹杂种上花卉药材。陈叔宝煞费苦心，修筑这样一个安乐窝，不为别人，就是为了安置张丽华。

住在结绮阁里的张丽华可不是一个头脑简单的人。

当时，由于耽于嬉戏，陈叔宝开始荒废政事。百官启奏事情，都要经过宦官蔡脱儿、李善度入内请示。每逢此时，张丽华都坐在后主的膝上与丈夫共同处理国事。李、蔡二人有时无法记录下来，张贵妃就为他们逐条分析陈说，从来没有什么遗漏的，因此陈后主对她越发宠爱，她成为后宫中最得宠的人。后宫中的妃嫔，凡有不遵守法度、触犯刑律的，只要向贵妃哀求，贵妃就会叫李、蔡先启奏她们的事情，然后再由她婉转地为她们求情。

这种翻手为云、覆手为雨的做法，自然而然地招来一些人的嫉恨。张丽华也渐渐由一个纯朴的兵家女变成了地道的皇贵妃，进而当起“特务”来。

大概从汉代开始，随着道教的产生，民间开始出现一种“谓能以符咒制服人或物”的法术，通称厌胜或厌魅之术。这种法术并非道教的正宗，但由于它浓厚的神秘主义色彩，因而拥有一批信男信女。张丽华，就是其中的一个。

在她的怂恿之下，陈叔宝下令户部铸造一种特殊的钱币——厌胜钱，以供厌胜之用。据史料记载，厌胜钱亦称压胜钱，其形有五。一体之间，龙马并著，形往往长而且方，有的正面印有各种吉祥语，如“千秋万岁”、“天下太平”、“去殃除凶”，有的背面则印有各种图案，如星斗、双鱼、龙凤、斗剑、龟蛇等。

铸完厌胜钱，张丽华还不满足，她又要后主在皇宫里建庙，招来一班妖巫，做她的替身。这些应召入宫，能耍几套巫术的巫婆神人们不仅有写符画咒的正业，而且还负有一项特殊的使命：帮助张丽华搜集外面的情报。举凡宫外民间百姓及文武大臣们的一举一动、一言一行都不能漏过。

据说，当时有这样一件事：

宫廷诗人陆琛，对后主新作的《玉树后庭花》歌词中“壁月夜夜满，琼树朝朝新”颇有微词，认为“月有盈亏，树有代谢，岂能长满长新，真不通之极也”。第二天上朝，陈叔宝就遣人将陆琛留住。陆琛做梦也没有想到头天晚上在自己家里说的话，第二天早晨就传到了皇帝的耳朵里。所以，当后主以一种猫戏老鼠式的口吻向他请教新填的《玉树后庭花》词时，他还故作欣赏地连连称好。

“好？好什么？”陈叔宝话中有话地说，“月有盈亏，树有代谢，岂能长满长新？真不通之极也！”

“这话从何说起？”

“不要演戏了！”一直躲在陈叔宝身后的张丽华突然现身，“大诗人有胆子背后批评，怎么就没有胆子当面来个痛快呢？要不要我把当时你说这话时有谁在场都一一指出来啊！”这一番话真个是触“耳”惊心，把个能言善辩的陆琛陆才子说了个哑口无言，欲辩无力，只好低头认罪。《陈书·文学传》提到陆琛时闪烁其词地就此写道：“琛性颇疏，坐漏泄禁中语，诏赐死，年四十二岁。”

陆琛伏诛以后，张丽华的名声大振。她不一定是中国历史上唯一一个搞特务活动起家的帝王之妻，但却可以说是最早的一个。《陈书·后妃传》就此专门写道：“聚诸妖巫使之鼓舞。因参访外事，人间有一言一事，妃必先知之，以白后主。”

商女已知亡国恨
谁来再歌《后庭花》

公元五八八年十一月，早有经略江南之志的隋文帝杨坚，派次子杨广率高颎、贺若弼、韩擒虎等人将兵数万，战舰数千艘，自巴蜀沔汉而下，数十路大军同时伐陈。

谍骑将此讯飞报京城，此时的后主正与张丽华等人终日游宴，对于此等急如星火的紧急军情，竟说出连小孩听了都觉得可笑的话来：“王气在陈，当年北齐三次进犯，北周两次入侵，都以失败而告终，区区隋军能奈我何？”

结果，不到两个月的时间，隋兵就打到了建康城下。

说来人们也许不信，从渡江作战，到兵临陈朝都城城下，隋朝先锋官韩擒虎只用兵五百。史称“及大举伐陈，以擒为先锋。擒率五百人宵济，袭采石。守者皆醉，擒遂取之。进军姑熟，半日而拔”。

直到这时张丽华仍在一心哄着陈叔宝吃喝玩乐，“常于阁上靓妆，临于轩槛，宫中遥望，飘若神仙”。

直到高颎的人马打到陈朝皇宫时，张丽华仍在搔首弄姿地为后主演唱《玉树后庭花》和《临春乐》。

当她清醒过来时，一切都已太晚了。很不幸，这个自小就很不幸的女人，在走到人生重大关头时，又遭遇到了新的不幸。

奉父命伐陈的隋王朝晋王杨广早就垂涎于她的美色，下令城破之后，务必将她送至中军大营。担任总指挥的高颎却没有执行这道特殊的指令——不是高颎与晋王有什么过节，而实在是因为"红颜就是祸水"的观点在高颎的头脑中印象太过深刻了。

于是，张丽华注定要倒大霉了。

公元五八九年正月己卯日，高颎率大队人马打入陈王朝皇宫，最后的时刻到来了。

当时，大部分文武已四散逃命，没有走的只有尚书仆射袁宪、内尚书令江总、吏部尚书姚察、度支尚书袁权、前度支尚书王瑗、侍中王宽。

眼见战又不能战，降又不肯降，张丽华最后运用了一次小聪明，替后主出了个主意："三十六计，走为上！"

"躲？往哪里躲啊？"后主傻了似的问了句。

"远在天边，近在眼前。"张丽华指了指室外花园中的那口井，"年来干旱，井水已近枯涸。我们躲进去或可避过隋兵搜查。"

饥不择食，荒不择路，一向并不笨的陈叔宝居然想都没想就同意了，拉起张丽华就往外跑。

眼看就要到井边，突然有人阻在面前。

谁呀？原来是尚书仆射袁宪。只见袁宪长跪不起，侃侃谏曰："北兵之入，必无所犯。臣愿陛下正衣冠，御前殿，依照梁武帝接见叛臣侯景的故例，这样方可为天下法！"

此时的后主，哪能听得下这个。他一把推开袁宪，直奔井边。

到了井边，又跳不下去了。

怎么回事？井口上卧着一位。

谁呀？后阁舍人夏侯公韵。

陈叔宝此时真有点犹豫了。

张丽华见了，气急败坏地一把推开夏侯，用变了调的声音对左右说：“快，快把我和陛下放到下边去！”

左右不敢不依。

真是聪明一世，糊涂一时，下边难道真的可以避过大祸吗？张丽华真是大大地错了一次。

次日凌晨，遍搜皇宫而未寻见陈叔宝的踪影，韩擒虎下令再查。终于，从一个太监的口中得知陈叔宝、张丽华这对宝贝的下落。费了一番周折将他们吊上来之后，高颎下令，将张丽华立即斩首。

张丽华死后，被悬尸于皇宫外的青溪桥头。

一代美女就这样结束了她的生命。

据说，闻讯赶来的晋王杨广曾为张丽华的死潸然泪下，并因之恨死了杀害她的凶手高颎。所以，到了后来，当杨广登上皇帝宝座以后，高颎的脑袋就搬了家，这大概也算是冤冤相报吧！

毒杀亲子立女婴为帝的糊涂太后

——北魏宣武帝皇后胡氏

◎天子岂可无儿
为求富贵何惧一死

◎陛下母仪海内
岂宜轻脱如此

◎母子共聚，惺惺作态
以女充男，害人害己

公元五二八年，北魏孝明帝元诩被太后毒杀。远在山西的北魏政权核心人物，都督并、汾等六州诸军事的大都督尔朱荣“通告”全国，挥师直指北魏京师，一路张贴露布，指责当政者“从佞臣之奸，随亲戚之谋，举潘嫔之女以诳百姓，奉未言之儿而临四海”。

这位被尔朱荣指责的当政者是谁呢?

此人就是北魏政权的宣武灵皇后胡氏。胡氏，名胡充华，在北魏一朝的诸多皇后中，她可是赫赫有名的人物。

天子岂可无儿
为求富贵何惧一死

由拓跋珪建立的北魏，虽然是个少数民族政权，但自从孝文帝元宏（本名拓跋宏）时起，就仰慕中原汉族文化。由于过于偏爱汉文化，孝文帝竟不加分辨，将汉文化中的一些糟粕也“兼收并蓄”了进去。最有代表性的就是，宫中的后妃，一旦其子被立为太子，则本人就要被处死。熟悉汉代历史的人一眼就会看出，这是西汉武帝刘彻用过的老办法。

这种陋习到了宣武灵皇后胡氏进宫时仍没有改变。

胡氏有个姑姑，出家为尼，颇能讲道（解说佛法），被笃信佛教的北魏宣武帝元恪引入宫中宣讲佛法。讲道之余，胡氏的姑姑向元恪讲起了自己的亲侄女，并编了一套鬼话来“唬”元恪。

“贫尼这个侄女，”那老尼煞有介事地开了口，“可是福相。据其母称，她降生之日，赤光四照。”

“又是这套老玩意儿。”元恪心里不耐烦地想，但老尼下面的话就不能不令他洗耳恭听了。

“她三岁时，有一得道高僧曾为她看相，说她是西天菩萨座前玉女转世，成人后将贵不可言！”

“前不久，有一本谶言书上说我是西天菩萨转世，”元恪心想，“何不请‘玉女’来服侍我？”

于是，胡氏被选入掖庭，而且很快得到临幸。

在进宫前，胡氏就知道宫中佳丽喜生女不喜生男、生男不喜被立太子的故例。开始，她还把这当成笑话来听，及至进了宫才发现这是真的。

当时宫中与她年龄、地位相仿的一班小姐妹常常拈香祷告，“皆愿生诸王、公主，而不愿生太子。”

胡氏无法理解。她不止一次地对别人说：“天子怎么可以没有儿子呢？当妃子的不应贪生怕死而令皇家无嗣！”

“说得好听！”有个妃嫔不服气地反驳，“你自己生个试试！”

“试试就试试！”胡氏几分赌气、几分认真地当着众人对天祷告，“但愿所生是男，次第为太子，妾身何惜一死！”

此话很快就传到了元恪的耳里。自感人到中年而子嗣凋零的元恪，听了很受感动，因而在胡氏产下的儿子被立为太子之后，破例没有赐胡氏一死。

元恪此举，不能不说是一件变野蛮为文明的大好事，但却惹恼了一个人——正宫皇后高氏。

高氏本系元恪之母孝文昭皇后的内侄女，论辈分与元恪系表兄妹。她也曾为元恪生过一个儿子，可惜没有养大成人就夭折了（这大概与近亲繁殖有关）。青春失子，高氏变得善妒异常，容不得后宫任何一个人为皇帝生儿子。史书上称“世宗暮年，高后悍忌，夫人嫔御有至帝崩不蒙侍接者”。

当胡氏所产之子被立为太子，而胡氏又得保全性命的消息传到耳边时，高后醋性大发。

当时，宫内的总管太监是大长秋卿刘腾，胡氏所居钟粹宫首领太监名叫杨祥，高后分别派人对刘、杨进行收买。

杨祥本是胡氏的心腹，自然不会不向着主人胡氏。

刘腾则另有心思。他本是后宫中身份与地位最低的小黄门，因告发幽后冯氏与高菩萨的奸情而大受高祖元宏的赏识，因功迁中尹、中常侍，特加龙骧将军，后为大长秋卿、金紫光禄大夫、太府卿。在北魏历代阉宦中，此人以见风转舵、有利即图而闻名。

闻听高后召见，刘腾不敢怠慢，立即前往。但当高后说出她想处死胡氏的打算时，刘腾可没敢贸然答应。他知道世宗元恪人到中年而少子嗣，也因此对胡氏宠爱无比。权衡利弊，他只好虚与委蛇，并且奏请元恪，请皇帝自己拿主意。

听完刘腾的禀报，元恪不由怒火中烧。“这个贱人！”他心里恨道，“诚心是想和我过不去，真恨不得废了她！”

"陛下，陛下！"见皇帝阴晴不定的神情，刘腾忙说，"胡贵嫔和小太子的处境很不妙啊！"

"好，你立即传旨给领军将军于忠，就说朕命你们两人专司保护胡贵嫔和太子之责。没有朕的手谕，任何人不得随意接近胡氏母子。"

不久，在胡氏的努力之下，一道由元恪亲手签发的诏书颁布下来。诏书中有"朕运承天休，统御宸宇。太子体藉灵明，肇建宫华。明两既孚，三善方洽"之类的褒义色彩颇浓的话。

胡氏死里逃生，闯过了第一关。

陛下母仪海内
岂宜轻脱如此

公元五一五年正月丁巳日，年仅三十三岁的北魏宣武帝元恪（世宗皇帝）驾崩。胡氏所生之子即位，是为肃宗。胡氏顺理成章地成了皇太妃，不久，升为皇太后。

当了皇太后的胡氏，志得意满，以为可以为所欲为了。当然，她也做过一些比较得人心的事。如：造申讼车，定期出宫接受民间百姓的喊冤告状。《魏书·皇后传》上说，胡氏"造申讼车，时御焉。出自云龙大司马门，从宫西北，入自千秋门，以纳冤讼"。

又如：主持官吏考绩。

可惜，这些好事只如昙花一现。作为一个临朝听政的女主，胡氏论才能不能同历史上的吕雉、武媚娘诸人相比，但是她的淫欲却不比这几位差。

晋封为皇太后不久，胡氏就逼"奸"了清河王元怿。这元怿，字宣仁，是胡氏丈夫元恪的堂弟。换句话说，胡氏首先逼奸的是她的小叔子。

不久，元怿被人诬杀，胡氏又宠上了另外一个"小白脸"。

此人姓郑名俨，字秀然，是个韩寿一流的人物。《魏书》上说，郑俨其人“容貌壮丽”，他与胡太后一家颇有渊源。在胡氏之父胡国珍出任司徒时，郑俨当过胡国珍的参军（三国时开设的一种官职，约略等于后世的军事参谋），常出入胡氏家门，“因缘为灵太后所幸”。由于二人均系风月场中的高手，因而，其时奸情并未暴露。

在胡氏执政的初期，曾经有一伙宦官发动过一场政变，软禁了胡氏。郑俨见风转舵，南逃投奔梁朝。后来，胡氏镇压了叛乱，郑俨“请使还朝”。从此，二人如胶似漆，紧紧地“黏”在了一起。

有一件事颇能说明二人关系的密切。

那是郑俨刚刚北归后不久，一次宫内轮休，他想请假回家看看结发多年的妻子，于是，就向胡氏告假。

“什么？”胡氏没等郑俨说完就不高兴了，“好啊，我是不如你那黄脸婆啊！”一急之下连粗话都冒了出来：“难道我这野花不如你那家花有滋有味吗？”

一见太后动怒，郑俨立即满脸堆笑，道：“请太后息怒！我只不过说说而已，您若是不同意，我就不回去了！”

“谁说我不准你回家了？”胡氏语中含嗔地怪道，“你那位一品夫人也不容易，久旱无雨，怪可怜见的……”

“那您同意了？”没待胡氏说完，郑俨迫不及待地插话。

“瞧你那馋样。”胡氏一撇嘴，“去吧，我准你的假！”

郑俨喜出望外，谢恩出宫后才在心里连呼上当。原来，胡氏派了两名小太监伴他出宫还家。这两名太监奉了胡氏谕旨，寸步不离郑俨，甚至在郑俨妻子的卧室也像影子一样，弄得郑俨“见其妻，唯得言家事”（《魏书·恩倖传》）。谈完家事，郑俨只好乖乖回宫。

胡氏的这一手“绝活”，使得一向以“有智数”而见称的郑俨都没了主意。

除了郑俨以外，胡氏还宠过李神轨、徐纥等人，并且公然“宣淫于朝，为四方之所厌秽”。

到了后来，连胡氏的侄子胡僧敬都对姑姑的行径忍无可忍了。在一次亲戚聚会上，胡僧敬流着眼泪规劝胡氏说：“陛下母仪海内，岂宜轻脱如此！”

听自己的侄儿都如此看轻自己，胡氏的火“腾”地就上来了。

不错，在上一次宦官发动的叛乱中是胡僧敬保护了她，胡僧敬等人还因此遭受叛乱分子“徙边”的处罚，但“点谷子、种芝麻，一码是一码啊。老娘给亿万百姓生了个皇帝，有这点‘个人爱好’，都不行吗？”胡氏越想越气，聚会不欢而散。胡僧敬等人刚一出宫，胡氏就下令，从今以后不准胡僧敬之流的人跨进宫门半步。

自己的侄子可以叫他闭口，可没办法让天下所有的人都对自己的秽行闭口不言，思及于此，胡氏决定采取“内为朋党，多树耳目”的策略，让多嘴饶舌之人晓得她的厉害。

别人吃柿子都是专拣软的捏，胡氏可先从硬的入手。

肃宗皇帝元诩有一个亲信僧人时称蜜多道人，他来自西域，曾被元诩尊为帝师。此人精通五戒八律，并有一绝——擅长操各种语言（胡语）。在他的传教之下，肃宗皇帝也热衷于胡语，师徒二人常用胡语对话。

灵太后胡氏害怕这位蜜多道人泄了她的老底，就想个法子把他骗到城南大巷中杀掉了。

接着，胡氏杀心大起，先后又杀死曾向外界泄露她和郑俨丑事的领左右鸿胪少卿谷会、绍达等人。

母子共聚，惺惺作态
以女充男，害人害己

北魏神龟元年（518 年）元月十二日，司徒公、侍中胡国珍突然一病身亡。死者的女儿灵太后胡氏觉得这是一个显示其权威的好机会，于是“给东园温明秘器、五时朝服各一具，衣一袭，赠布五千匹，钱一百万、蜡千斤”，又令肃宗皇帝“服小功服举哀”，为死者设“千僧斋”。

肃宗尽管对母亲的专横跋扈心怀不满，但他毕竟是个孝子。但是，

不久以后发生的另一件事却实在叫他忍无可忍。

那是巡幸嵩山祭神归来，路过国库左藏，胡太后忽然心血来潮，下令犒赏陪同人员。她命跟随她的人“任力负布绢，即以赐之”——谁能拿多少就拿多少，拿走就是自己的。结果，那些“国家栋梁”们丑态百出，除了长乐公主以外，每个人都恨爹娘少给自己生了两只手，恨不得一下就把左藏里的布绢全抢走。大官僚陈留公李崇、章武王元融，都往死里拿，结果因扛得过多而伤了腰、拧了脚，一时传为笑谈。有好事的人还编了首童谣专述此事云：“陈留、章武，伤腰折股；贪人败类，秽我明主。”

此话传到肃宗皇帝耳里，惹得他龙颜大怒，口吐怨言，立即要对胡氏动手，请她归政。母子两人新账、老账一起算，谁也不服气谁，一时间闹得满城风雨。

老于世故的胡氏为了堵外人的嘴，决定做一次高姿态给别人看。

于是，不久以后，她亲自导演了一出闹剧。

那天，在北魏皇家花园西林园，一场欢宴过后，胡氏对应召而来的文武百官说：“众爱卿，请满饮此杯。”接着，胡氏竟然站了起来，走到肃宗皇帝元诩面前，拉着他的手，很“动情”地对大家说：“我们娘儿俩好久没在一起团聚了。今宵是个吉宵，我要带儿子去我的宫中，我们娘儿俩要好好叙谈叙谈！”

肃宗的亲信、领军元叉想要阻拦，只见胡氏把眼一瞪，喝道：“诸大臣还不送我们回宫！”

见太后发威，谁敢多事，于是，耳根子软的元诩又一次上了他母亲的当。

北魏武泰元年（528 年），北魏小王朝连出怪事。正月还没过完，就有“群盗烧劫巩县以西、关口以东，公路涧以南”。更要命的是，据说这些绿林草莽，竟然打的是请皇帝亲政的大旗。

消息传到京城，胡太后慌了手脚。她的面首、老情人郑俨出了个主意，胡氏考虑了好几天，同意了。

几天以后，二月癸丑日，年仅十九岁的北魏肃宗皇帝元诩突然在显阳殿身亡，史称“事出仓卒（同猝），时论咸言郑俨、徐纥之计”。

更令人不可思议的是，由胡太后做主，宣布立元诩的潘妃所生的婴儿继位做新皇帝。

大家全都不服，因为潘妃所生婴儿是女孩而非男孩，在传男不传女的封建社会，这种做法是会受到天下人群起而攻之的。

这种女婴假充太子的下三烂把戏，只有郑俨才能想得出，也只有胡氏才愿意接受。

投石问路，但路却坎坷难行。于是，胡氏又做出一件惊人之举——立了潘妃所生女婴为帝后没几天，她又宣布改立临洮王之子元钊为皇帝，同时，布告天下，承认潘妃所生的婴儿是女孩。

国家大事，岂同儿戏？胡氏此举，无疑给那些野心家、阴谋家提供了一个很好的口实。

同月，北魏都督并、汾六州诸军事的尔朱荣奉诏起兵直指京师。尔朱荣虽然是个野心家，但他那篇檄文却真个是情文并茂，无懈可击。

尔朱荣的这道声讨檄文一下，胡氏就知道大事不妙，她一面派亲信李神轨为征讨大都督，一面预留后路。她的做法既一厢情愿，又有些幼稚可笑：逼令北魏王朝三宫六院的妃嫔全都落发为尼，胡太后自己也缁衣青灯，以示与世无争。

按下胡氏这里不表，且说李神轨这路讨伐尔朱荣的“奇兵”，奇兵之奇在于其主帅——李神轨。李神轨实在不是什么好东西，但其父李崇却是北魏名臣，《魏书》专门为其作传。李神轨承袭父爵陈留侯，由给事中迁员外常侍、光禄大夫。在其出任之初，李神轨倒也安分，只因“红颜祸水”——生得一表人才，而被胡太后选为面首，成了入幕之宾，史称“见幸帷幄，与郑俨为双”。派了这样一个“小白脸”去对付能征惯战的尔朱荣，胡氏的命运就可想而知了。

北魏武泰元年（528 年）四月十日，尔朱荣攻下洛阳。

心慌意乱的胡氏被尔朱荣像老鹰捉小鸡似的从所出家的寺院捉出。

四月十三日，尔朱荣接受部下武卫将军费穆的建议，假称祭天，将胡氏等人骗至黄河岸边。一声令下，胡氏，还有她扶立的小皇帝，一起被抛入滚滚的黄河之中，做了鱼虾的果腹之物。

胡太后，一位糊里糊涂的“女强人”，就这样结束了她的生命！

亡国被俘沦落为娼的太后

——北齐武成帝皇后胡氏

◎此宅瓠芦，中有月产子鸦鸣，主不祥

◎被冷落，恨夫无情纵享乐，以眼还眼

◎旧爱命丧得新宠儿子识破怒斩之

◎被囚深宫，国亡入周竟叹『为后不如娼』

公元五六八年十一月，北齐武成帝高湛一病身亡。

可怜的高湛，他虽然靠杀侄（高百年）巩固了地位，并且早已把帝位传给了自己的儿子高纬，但他做梦也不会想到他的妻子胡氏早已不贞，后来更是弄权亡国，沦落为娼。

真是人算不如天算。

这位敢于对皇帝丈夫不贞的胡氏是个怎样的人呢？

此宅瓠芦，中有月 产子鸮鸣，主不祥

大概自魏晋时起，一种类似于西方贵族爵位世袭的血统关系学（又称“九品中正制”）在中国中原大地悄悄兴起。流风所及，到了南北朝时尚有余波。一个人，不管他本身才能如何，只要是出身于名门望族，如卢家、崔家……那铁定会有一个锦绣前程。

胡氏虽不姓崔、卢，但她的母亲却是范阳大姓卢道约的女儿。因此，她的身上也流淌着一半的“贵族”血统。

据《北齐书·神武娄后等传》记载，当胡氏尚未来到人世，还胎处其母卢氏腹中时，曾有一个胡僧路过其家。因为听人传言说此僧是一世外高人，擅长方舆之术和麻衣神相，胡氏之母卢氏着人请他来看自家宅邸，并为她肚子里的孩子占卜一下命运。胡僧一看再看，最后留下一句“此宅瓠芦中有月”，便扬长而去。“‘此宅瓠芦’，说的是我家住宅的形状，‘中有月’是什么意思呢？”卢氏自言自语道，“月与日相对。日为乾，月为坤，难道我肚子里的这个孩子是个女孩，而且将来要当皇后？”

其时尚是东魏，卢氏和她的丈夫胡延之（时任东魏中书令）见当朝皇帝孝静帝元善见早已娶妻，也就没把胡僧的话放在心里。

十几年以后，大将军高欢为他的第九个儿子高湛向胡家求婚，胡延之想都没想就把胡氏嫁了出去。从此，“月”儿胡氏成了高湛的妻子。

不久，高欢病死，其子高洋篡魏自立，国号为齐。高湛被封为长广王，胡氏成了长广王妃。

成为王妃的胡氏想就此死心塌地和高湛过日子。这时，她的第一个儿子高纬来到了人世。高纬降生时，据《北齐书》记载，有“鸮鸣于产帐上”。

这种异状是主吉还是主凶，胡氏自己也说不清楚。

听人说起，婆母娄氏（神武娄后，高欢的妻子）生育有六子二女，

个个妊娠时或生时均有异状。比如，皇次子高洋（北齐文宣帝）出生时，娄后曾梦见一条大龙首尾属地，张口动目，势状惊人；皇六子高演（孝昭帝）出生时，娄后曾梦龙蠕于地；皇九子高湛（武成帝）出生时，娄后曾梦见龙浴于海。

自己生产时，鸮鸣产帐，究竟意味着什么呢？胡氏说不出个子丑寅卯，心里十分苦闷。但是这点苦闷很快就被随之而来的幸福感冲淡了。据说高纬“少美容仪”，长相十分俊美，所以父亲高湛很是宠爱他，出生后不久就被父亲封为长广王世子。儿子受到如此重视，胡氏心里颇为得意。

公元五六一年，一件意想不到的幸事降临到了胡氏头上。

胡氏任长广王妃的这段时间，北齐高欢诸子自相残杀，高湛的二哥高洋、六哥高演以及高演之子高殷等为了争权，一个个像是乌眼鸡似的，恨不得你吃了我，我吃了你。不想却被丈夫高湛捡了个大便宜，登上了皇帝宝座。妻以夫荣，不久，“月”儿胡氏成了皇后，儿子高纬也被册立为太子。顺风顺水、春风得意的胡氏应该满足了，可是“乐极生悲”的魔咒却很快在她身上应验了。

被冷落，恨夫无情
纵享乐，以眼还眼

胡氏的丈夫，北齐武成帝高湛是从哥哥高演手里接过帝位的。按理说，他应该对哥哥的遗孤尽一点亲情，谁料高湛和他的二哥高洋一样，是个不折不扣的畜生。残害兄弟、虐杀侄子还不够，登上帝位后不久，他就逼奸了自己的皇嫂——高洋的遗孀文宣皇后李祖娥。

李祖娥，史书记载其“容德甚美”，可谓是天生丽质、倾国倾城的绝世美女。高湛成为皇帝后，便迫不及待地以她唯一的儿子的性命为要挟，逼奸了她。有了绝世美人儿在怀，高湛早已将皇后胡氏抛诸脑后。

宠幸别的嫔妃也就罢了，丈夫高湛竟然霸占自己的皇嫂，且给予专宠。被丈夫以如此下作的方式背叛的胡氏，心中的苦闷我们可想而知。对丈夫满腔仇恨、独守空闺而又耐不住寂寞的胡氏开始向她所喜爱的两项娱乐中寻求解脱。

胡氏喜爱的两项娱乐一是琵琶，一是握槊。

这两项活动本也是高湛的嗜好，但自从迷上了李祖娥之后，他就不与胡氏一起玩了。这时，一个名叫和士开的人不失时机地填补了高湛的空白。

和士开，字彦通，本姓素和氏（见《北齐书·恩倖传》），家本西域胡人。其父名安恭，曾任魏朝的仪州刺史。士开幼而聪颖。早在高洋执政时代，和士开就以善弹琵琶和善握槊而深得时任长广王的高湛的喜爱。

有一件事颇可说明高湛与和士开的亲密关系。那是一次琵琶演奏过后，和士开以一种开玩笑的口吻对高湛说："殿下非天人也！"高湛闻听一愣。和士开接着笑嘻嘻地补充了一句："是天帝也！"高湛闻听大喜，也以开玩笑的口吻说："卿非世人也，是世神也！"

由于两人的关系已超越君臣的界限，因而和士开得以自由出入北齐的后宫。

这握槊，本系胡戏（说到这里，忍不住发几句感慨。曾见到坊间刻印的一本书，其中有一篇也是写的北齐武成胡后，该文在提到"握槊"时，望文生义地把它解释成"用手握住槊（兵器）"，乃不求甚解之至。参见《魏书·术艺传》，便知其意）。此种胡戏相传于南北朝时由天竺传入中国。

《魏书·术艺传》云："此（握槊）盖胡戏，近入中国。云胡王有弟一人，遇罪将杀之，弟从狱中为此戏以上之，意言孤则易死也。"此戏后来演变成一种名叫"双陆"的博戏，其玩法如下：作一如棋盘之局，左右各六路，取黑、白马（棋子）各十五枚，由对弈者相博，用骰子掷彩，点多者行马，白马从左往右走，黑马从右往左走，先走完者为胜。

胡氏与和士开爱好相同，再加上深宫寂寞，一来二去地就勾搭成奸了。

这时的胡氏正是三十左右的年纪，高湛这个“花花大少”既然未把胡氏放在心上，那胡氏也就来个“以眼还眼”，回敬一下。

那和士开更是认为“自古帝王尽为灰烬，尧、舜、桀、纣竟复何异”，并由此主张人应趁“少壮，恣意作乐，纵横行之，即是一日快活敌千年”（《北齐书·恩倖传》）。

胡、和二人趁着高湛不在的时机，恣意奸宿，逐渐到了不避众人的地步。

有一次，他们两人调情，正好被进宫奏事的高孝瑜撞见。这高孝瑜官拜河南康舒王，是北齐文襄皇帝高澄的长子，与武成皇帝高湛交情甚好。因不耻于二人的所作所为，高孝瑜很委婉地向高湛泄露了皇后的秽行，并建议说：“皇后是天下之母，不可与臣下接手！”时而清醒时而糊涂的高湛，不久就把高孝瑜的话忘了个一干二净。

丈夫的记性不好，妻子可并非如此。胡氏见高孝瑜敢在太岁头上动土，说她和和士开的坏话，心里恨得什么似的。她先是造谣，说山东（太行山以东）的人只听说过河南王，不知有皇帝，挑拨高湛与高孝瑜的关系，继而又收买了娄太后（高湛之母）的侍女尔朱摩女，唆使她诬告高孝瑜曾入宫奸污过她。

不识真假人的高湛一怒之下将高孝瑜处死，胡氏除掉了一个心腹大患。但她恨犹未尽，又唆使其姐（系高孝瑜之妻）诬告高孝瑜的母亲宋妃心怀怨望，鼓动高湛将她也一并处死。

旧爱命丧得新宠
儿子识破怒斩之

北齐后主高纬武平二年（572 年）四月，已故武成皇帝高湛之子高俨发动了一场未遂政变。高俨以“士开昔来，实合万死。谋废至尊（指高纬），剃家家（指当朝太后胡氏）头使作阿尼（尼姑）”的罪名，杀死了胡氏的老姘头和士开。

消息传入宫中，胡氏并未感到怎么伤心。她一生共为武成皇帝高湛生有二子，长子高纬当了皇帝，次子就是这个高俨。当母亲的虽然痛惜死掉了一个伴侣（和士开），但毕竟母子亲情，血浓于水，此其一；更重要的是胡氏此时又有了新相好。

这新相好是个和尚，法名昙献。据说他善弹琵琶。还是在高湛死后，请僧众做法事时，胡氏就觉得他与众不同。后来，胡氏“数出诣佛寺”，发现昙献果然是个“人才”。于是，两人轧上了姘头。

与和士开不同，昙献其人，对仕途不感兴趣，他感兴趣的只是钱。为了收买他，胡氏“布金钱于献席下”，甚至把丈夫高湛生前使用过的宝装胡床也拿来赐给昙献“挂于屋壁”。

胡、昙二人，各取所需，倒也混得如胶似漆。

自高孝瑜、高俨（其人颇具才能，帝兄高纬嫉其才多次欲杀之。最终，高纬以其杀和士开为由诛杀了弟弟高俨，其年十四岁）等人或因揭太后之短，或因杀太后的姘头而先后被处以极刑之后，满朝文武谁也不敢再对太后胡氏的私生活说三道四了，毕竟，命比礼法更重要。于是，胡氏与昙献的奸情也就无所顾忌地肆意发展着。

以听僧讲佛为名，胡氏常常带人住在佛寺，而让昙献侍寝。一来二去地，昙献成了众僧人既羡慕又憎恶的对象，有一些他的同门师弟甚至开玩笑称昙献为太上皇。

不知怎的，“佛寺有个太上皇”传入后主高纬的耳中。

高纬决定去找胡氏谈谈。

武平三年正月，高纬人坤宁宫朝见太后，遇见了两位漂亮女尼。这两个女尼生得“冰肌绰约态天然，淡无言，带蹁跹，遮莫人间，凡卉避清妍”，真个是玉貌花容。

高纬见了，不由淫心大动，立命人将二尼带回自己宫中欲行奸污。二尼抵死不从，惹怒了高纬这个花花太岁。他命人扒二尼的衣服，谁知，衣服扒光以后，一件怪事出现了：

二女尼竟都是男身！高纬瞬间明白了过来。母亲胡氏在宫外胡作非为也就罢了，还把和尚带到宫里，为掩人耳目，令其装扮为女尼。

此时，“佛寺有个太上皇”的话，又浮现在高纬的脑际。

“哈哈，看不出，你们就是‘太上皇’吧？”他怒冲冲地问。

“我们不是！我们不是！”两个“女尼”叩头如捣蒜。

“死到临头还敢狡辩！”高纬喝道，“你们不是，谁是？”

“是昙昭玄统！”

“昙昭玄统？昙昭玄统是谁？”

“就是昙献，因为他服侍太后有功，而被太后封为昭玄统（官名）的！”

“不要说了，你们这两个混账东西！”一想到自己的母亲竟背着自己去偷人养汉，高纬的气就不打一处来。“把他们俩，”高纬用手一指眼前的这两个“女尼”，“连同那个什么昙献都给拉出去斩了！”

于是，一场血腥的屠杀开始了。据史料记载，同时被杀的还有“元山王三郡君”。

杀完了奸夫，母亲胡氏怎么办呢？

被囚深宫，国亡入周
竟叹“为后不如娼”

武平三年那场变故，虽没有要了胡氏的命，但却使得她蹲了好长时间的冷宫。

有很长一段时间，胡氏与儿子高纬的关系极坏。再加上看守胡氏的南城令邓长颙的挑唆，胡氏亲手做给高纬的东西，高纬都惧有不测而把它丢在一旁。

亏得与北齐对峙的北周使节元伟作了一篇《述行赋》。在文中，元伟将胡氏比作《左传》中的郑庄公之母姜氏，而将幽禁母后的高纬比作郑庄公。后主高纬畏于敌国舆论，不得已让胡氏恢复了自由（事见《北齐书》）。

其后，为修补母子间的关系，胡氏做主，替高纬寻了一名胡氏皇后（胡太后之内侄女），但母子两人的感情却始终好不起来。

公元五七七年，北齐幼主承光元年，北周军队连拔北齐都城邺城及晋阳，胡氏及后主高纬、幼主高恒等人打算避难南朝陈国。逃至青州南邓村，遇上了周朝伏兵，一行全被周将尉迟纲捉获。

在此之前，胡氏仍是胡作非为。据《北齐书·赵郡王琛等传》记载，当晋阳败后，后主高纬遣大将高敬德回邺城主持防守抗敌事宜。高敬德回到邺城后，发现太后胡氏国难当头，竟然又和一个名叫荀子溢的人双宿双飞，并且怂恿荀子溢殃民祸国。据史料记载，“时佞幸阉寺犹行暴虐，民间鸡猪悉放鹰犬搏噬取之”。气得高敬德虎眉倒竖，立刻就把荀子溢抓来，准备处死。

见自己的又一个“面首”要被多管闲事的人处死，胡太后慌了手脚。她派自己的亲信刘文殊前往高敬德处游说。

秉承胡氏的意旨，刘文殊对高敬德说了如下一番话：“子溢之徒，言成祸福。何容如此，岂不虑后生毁谤耶？”这番带有明显威胁味道的话并没有将高敬德吓倒。胡太后转而采用高压手段，让高纬出面保下了她的情人。

齐亡，胡氏与子孙高纬、高恒等人被俘入周。开始时，北周武帝宇文邕对他们母子还算不薄。后主高纬被封为温国公，其余王公也都依次被授爵，胡氏也继续过着锦衣玉食的生活。谁料好景不长，公元五七八年，宇文邕借口北齐故将穆提婆反叛，诬陷高纬等人与之表里呼应，将高纬等几十个北齐王公用椒封口，活活闷死。

关于其时和其后的胡氏，正史上的记载极为简略。

《北齐书·神武娄后等传》记载，胡氏“齐亡入周，恣行奸秽，隋开皇中殂”。

清人吕安世辑录的《二十四史演义》中则有一种较为详细的铺叙。该书在谈到这一时期的胡太后时写道：其后，周主邕杀高纬，夷其族，太后后妃等贫不能自给，有为尼、为娼、为人妾者。或曰胡太后善彭祖、夏姬采补之术，貌极美，年虽老而有少容。后与穆后、冯淑妃等俱为娼，日与长安诸少年游，得恣其欲，叹曰：“为后何如为娼乐也！”

一夫一妻论的坚定捍卫者

——隋文帝皇后独孤氏

◎大姐为后，长女为后
焉知我不能为皇后

◎临危不乱，出奇谋
助夫克三边，平四海

◎不市明珠，不宽近亲
不纵公主，不愧二圣

◎督夫践约：誓无异生之子
痴女烈性：夫榻之侧不容他人睡

◎执固一夫一妻传妒名
策动易储大政种祸根

公元五七八年，素以“英明”著称的北周皇帝宇文邕病逝，其子，年方二十的宇文赟继位，是为宣帝。周宣帝是个典型的花花公子，为了维护自己的统治，大杀公卿。他自比为天，宣称凡姓高者一律不准姓高，须改姓姜以免僭越，又广选美女，纵情声色，结果，被一个姓杨名坚的野心家利用。公元五八一年，杨坚在妻子的协助下代周自立为帝，建立隋王朝，成了隋朝开国皇帝。杨坚的妻子，这位佐夫夺天下的女人也以夫荣，成了皇后。

倘若仅此而言，杨坚妻子也不过是一佐命贤妻，还够不上资格列入我们所收的“特立独行”之人的行列中。

杨坚的妻子之被选入本书，实在是因为她是那个时代绝无仅有的一夫一妻制的坚定捍卫者。

这位被人称为文献皇后的女人有一个很奇怪的姓：独孤，还有一副比她的姓氏更为奇怪的脾气。

大姐为后，长女为后
焉知我不能为皇后

独孤氏祖籍河南洛阳。其父独孤信曾任北周大司马，爵封河内公。

独孤信命中注定多女，其妻一连为他生了七个女儿。其中，大女儿嫁给周明帝宇文毓，是为周明帝明皇后。独孤氏排行老七，是“最小偏怜女”，很小时就深得乃父宠爱。十四岁那年，老父为她相中了一门亲事。

听老父说要为自己订亲以后，独孤氏并不像她同时代的那些女子在乍闻此事时欲语还羞，她大大方方地问：“爹爹要把女儿许配给什么人啊？”

“这丫头，没羞！”已经出嫁，其时正回家省亲的二姐跟她开玩笑，“还没过门就先问起婆家来了！”

“这有什么好羞的？”独孤氏一本正经地说，“夫者，符也。我得看看他能不能配得上咱们家。”

“配得上！配得上！”一向不轻易称许别人的老父连连说，“为父看中的这个人呐，姓杨，名坚。其父杨忠，乃我大周开国功臣，官拜柱国大将军，爵封隋国公，目下乃是大前疑（宰相）……”

“爹爹！”独孤氏有点不高兴地说，“女儿又不是吏部司官，你说这么多的官衔爵位干什么！……”

“噢，对了！”独孤信一见女儿的神情，忙拍着自己的脑门说，“你看看，光顾说老子，而忘了说儿子了。”顿了顿，他用欣赏的口吻说：“乖女儿，为父替你选的这个乘龙快婿不仅年纪轻轻就袭了父爵，而且还有奇表呢？”

“有奇表？”

“对，为父曾仔细地打量过，那小伙子额广、中突，直贯入顶。这在相法上有个名称，叫‘玉柱贯顶’，乃是贵不可言之相。”

独孤信的二女儿掩口而笑。她撇了撇嘴说：“看爹爹说的，我们家已出了一个皇后，难道还能再出一个皇后不成？”

“噤声！”独孤信喝住了还要信口胡说的二女儿。

“爹爹不是说我的这位未来的妹夫面相贵不可言吗？贵不可言不就是皇上吗？妹夫当上了皇帝，妹妹不就是皇后了？难道我说错了不成？”

“算了，算了！”独孤信对二女儿摆了摆手，把脸转向小女儿，说，“杨坚这个年轻人不光有奇貌，而且亦有奇才。”

“奇才？”

“对，奇才。为父曾和他讨论过为将之道。他认为为将之道不仅在于武艺出众，而且在于韬略过人，两军阵前较智不较力，才能百战克敌。这种见识能出于这么年轻的小将军之口，令为父颇为欣赏。想必他将来的成就一定会在为父之上。”

“看看，看看，”独孤信的二女儿不服气地说，“爹爹让我噤声，自己又在这里一个劲儿地夸赞。爹爹现在已是一人之下、万人之上的柱国大将军了。成就比爹爹还高，那不就是皇上了吗？”

“你这个死妮子，口里没遮拦！”

“爹爹不用老骂我，”独孤信的二女儿有心没肺大咧咧地说，“我不会去跟姐夫、姐姐说的，怎么说我和七妹也是亲生姐妹啊。再者说了，我这个二姐这几年净沾大姐的光了，将来还想托七妹的福呢！”

一场婚事就这样敲定了。杨坚这边，一听说河内公要把最小的女儿下嫁自己，自是乐不可支。其时，正是公元五五九年。

择日成亲之后，两人虽不是孟光、梁鸿，倒也举案齐眉，相敬相爱。

转眼之间，他们的长女杨丽华也到了破瓜之年，到了谈婚论嫁的年龄。由周武帝宇文邕做主，杨坚把长女嫁给武帝长子宇文赟。其时是公元五七四年左右。

几年之后，周武帝宇文邕在亲统五路大军北上抗击突厥入侵的途中病逝，宇文赟继位为帝，是为周宣帝。妇以夫荣，杨坚之女杨丽华也被立为皇后（天元皇后）。

"恐怕又要让二姐取笑了，"独孤氏得悉女儿已受册封时心想，"姐姐是皇后，女儿也当了皇后，我嫁了个面相'贵不可言'的金龟婿，自己却仍要受别人诰封。"思及于此，她感到有些沮丧。

然而，自幼养成的刚毅、百折不挠的性格，又为她鼓足了爬上天下之母宝座的勇气。她想起了待字闺中时，看过的《太史公书》（即《史记》）中的两句话："王侯将相宁有种乎？""大丈夫当自为也！""焉知我就不能当上皇后？"独孤氏喃喃自语道。

临危不乱，出奇谋
助夫克三边，平四海

独孤氏当上皇后没有呢？当然是当上了。不过，她这个皇后，就像她丈夫杨坚的那个皇帝位置一样，可真是来之不易。

至少有两场大难差点要了他们夫妻的命。

一场大难的制造者是他们的宝贝女婿周宣帝宇文赟。

前面我们已经说过，周武帝于公元五七八年六月病死，宇文赟于同月继位，成了北周第四任皇帝。这位新皇帝的所作所为至少有两点令杨坚夫妇看不上眼：一是乱伦，继位后不久，就强纳侄媳尉迟氏为天左皇后；一是嬉游无度，不是行猎，就是自驾驴车"驰于野"，将朝中诸人一个个弄得无精打采干不了正事。说老实话，直到周宣帝大成元年（579年），杨坚、独孤氏夫妇仍然还没有取周而代之的野心。因此，他们就私下传话给女儿杨丽华，让她对丈夫的嬉游无度予以适当的规劝。

杨丽华并不是一个十分有头脑的女人，她对父亲传来的口信想也不想就照着去做了。结果，因拒绝与皇帝丈夫同游，再加上进谏不讲究方法而惹得宣帝宇文赟大怒。宣帝扬言要杀杨皇后，并灭她的娘家满门。

为了救女儿，也为了救自己，独孤氏跪在宫门前叩了一夜的头，到了第二天，血流满面。加上有人从中为他们求情，杨家全家才免于一死。

见女婿对自己如此无情，独孤氏暗暗下了决心，一定要劝丈夫取周自立。

不久，宇文赟禅位于年仅七岁的太子宇文阐。公元五八〇年五月，在位不到两年的宇文赟死于咽喉口疮。

杨坚得御正下大夫刘防、内史上大夫郑泽等人的帮助，私拟遗诏，成为“总百揆”的首辅。

这时“群情不附，诸子幼弱，内有六王之谋，外致三方之乱。握强兵，居重镇者，皆周之旧臣”（《隋书·高祖纪》）。

北周的宗室诸王，如赵王宇文招、陈王宇文纯、越王宇文盛、代王宇文达、毕王宇文贤、汉王宇文赞等人惧于杨坚的逼人气势，密谋杀掉他，以保住北周江山。一些手握重兵的地方军阀，如相州总管尉迟迥及其弟青州总管尉迟勤、益州总管王谦、郧州总管司马消难等也先后起兵“清君侧”。

杨坚心里这个烦啊！“早知如此，还不如外放去当我的扬州总管呢！”他心里想。

“大事已然，”独孤氏给丈夫“对症下药”说，“塞翁失马，安知非福？夫君现时遇到一点困难，说不定这正预示着能成大事呢！”

“这可不是一点困难，”杨坚心事重重地说，“这六王之谋，三方之乱，你叫我怎么应付啊？”

“兵来将挡，水来土掩，夫君何必尚怀犹豫观望之心。依为妻看来，那宇文氏诸王，皆是酒肉纨绔，根本不足挂齿。那三方之乱嘛，”独孤氏想了想替丈夫出主意说，“何不请名将韦孝宽平定尉迟兄弟，命大将梁睿、王谊分别对付王谦、司马消难！”

“这？”杨坚还是有些拿不定主意。他知道妻子说的不错，“六王”好对付，但要讨平“三方之乱”，并无十分的把握。梁睿、王谊还可差遣，但韦孝宽呢？这个曾经令北齐高欢束手无策的几朝宿将会不会听他的话呢？杨坚没有把握。

“有天子在……”独孤氏听了丈夫的剖白后，轻轻地提示道，“若抬出八岁的小皇帝宇文阐来，谅他也不敢不听。”

杨坚听了妻子的话，也觉有理，于是以皇帝的名义开始铲除异己。果然是“不逾期月，克定三边；未及十年，平抑四海”。

不市明珠，不宽近亲
不纵公主，不愧二圣

隋文帝开皇三年（583 年），镇守隋王朝北部边疆的幽州总管阴寿秘密派人送信给独孤皇后，致以应有的问候之后说：“今突厥与中国互市，有明珠一箧，值八百万钱，请为陛下市之！”

独孤氏见信后大怒。这也难怪，“开皇、仁寿之间，丈夫不衣绫绮，而无金玉之饰，常服率多布帛，装带不过以铜铁骨角而已”（《隋书·高祖纪》），这些阴寿不是不知道，而他竟然还想借与突厥互市、互通有无做买卖之机，劝皇后做她不喜欢的事，真是可恶！

于是，她遣人叫来了那个替阴寿送信的人，义正词严地对他说：“回去告诉你们的阴总管，我这个人天生就不喜欢明珠。当今戎狄屡屡寇边，南陈、后梁未灭，连年征战，将士疲劳，你们的阴总管若有钱，那就请他拿出八百万来分赏有功的将士好了！”信使诺诺连声，心里暗道：“这次拍到马腿上了。”

回到幽州，信使忍不住向阴寿发了几句牢骚。阴寿倒不怎么在意，他对这位信使说：“皇后这个人就是这样，只要你不犯大错，她说了也就是说了，并不往心里去。但倘若你犯了大错，她可翻脸不认人，不管你是谁。”

“我倒不信，”那个送信人自恃是阴寿心腹，不以为然地反诘说，“要是犯了法的人是皇后的亲属呢？她也能一视同仁？”

“那当然，毫无例外。”

阴寿当时不知出于什么心理，但他说的确是实情。

大都督崔长仁，是独孤皇后的表兄弟。有一次，他统兵出战，临敌先退，折损了许多将士，按照隋法当被斩首示众。早年受相面人赵昭告诫“要大加诛杀才能建立并巩固新朝”的杨坚碍于妻子的情面，想饶崔长仁不死。

独孤氏知道了，一方面感谢丈夫顾及自己的情面，另一方面则不满丈夫“枉法”。在一次朝会结束以后，夫妻两人闲谈，谈着谈着，谈到了秦王杨俊。杨俊是他们老两口的第三个儿子，自幼比较受宠。不久以前，杨坚发现他生活奢侈，在秦王府广造宫室，大怒，下令将他禁闭起来以儆效尤。

“记得禁闭俊儿（杨俊）之时，越国公杨素曾上书说处置太重。”独孤皇后缓缓地说道，“陛下当时的回答是‘皇子犯法，与民同罪……’”

“是啊，是啊！”杨坚漫应道。

“但如今大都督崔长仁坐法当斩，陛下却要免其不死！”

“这个嘛，”杨坚一往情深地说，“爱妻双亲早逝，崔长仁再不成器，也是爱妻的中表兄弟啊，所以朕当然要法外开恩了。”

“陛下之情，令妾至为感动，但崔长仁身为主将却临敌先退，不斩何以谢天下？这是国家大事，请陛下千万不要顾私情啊！”

在独孤氏的坚持之下，崔长仁终于受到了应有的惩罚。其后，隋军战必胜、攻必取，隋王朝短短几年就统一天下，澄清四海。

隋王朝成了统治全国的唯一政权，隋王朝的公主们也就成了普天之下少有的金枝玉叶。

隋文帝杨坚一共有五个女儿，长女乐平公主杨丽华，初嫁北周宣帝宇文赟；二女襄国公主，下嫁河阳郡公李长雅；三女广平公主，其夫宇文静礼，曾任隋王朝的熊州刺史；四女信息不详；老五是兰陵公主杨阿五，初嫁仪同王奉孝，再嫁亲卫柳述。

这几个金枝玉叶都能礼敬公婆，和睦叔姑，这与独孤皇后对她们的耳提面命是分不开的。

隋王朝的前身北周一共有十二个公主。这十二个公主中，除太祖宇文泰女襄阳公主（唐高祖李渊的岳母）相夫教子较有令名以外，其余十一个人大都不守妇德，嫁到夫家，仍以天子之女自居，不肯对公婆行子媳之礼。而且还经常挑拨丈夫与公婆之间的关系，名声都不怎么好。

从那个时代经历过的独孤氏当了皇后之后，屡屡告诫几个女儿，语重心长地对她们说：“周家公主，类无妇德，失礼于舅姑（公婆），离薄人骨肉，此不顺事，尔等当诫之！”

独孤氏的这几“不”——不市明珠、不宽近亲、不纵公主，赢得了时人由衷的赞叹。在她生前，就有许多人将其与文帝杨坚并称为“二圣”。

在中国历代后妃中，能享受到这个殊荣的可谓凤毛麟角。

督夫践约：誓无异生之子
痴女烈性：夫榻之侧不容他人睡

封建社会的中国盛行一夫多妻，而皇帝则是一夫多妻制的最大受惠者。

按照《礼记·昏义》的记载，古者天子有“六宫、三夫人、九嫔、二十七世妇、八十一御妻”。西汉初期，宫中后妃有皇后、夫人、美人、良人、八子、七子、长使、少使；至汉元帝时，后宫佳丽三千又分为十四个等级，即昭仪、婕妤、娙娥、容华、美人、八子、充依、七子、良人、长使、少使、五官、顺常、无涓，加上皇后共十五级。

三国魏晋时以曹魏为例：太祖曹操于王后以下定夫人、昭仪、婕妤、容华、美人五等，文帝曹丕增设贵嫔、淑媛、修容、顺成、良人五等，明帝曹叡又增设淑妃、昭华、修仪三等。晋承魏制，于皇后下设贵嫔、夫人、贵人为三夫人，又赋予周礼中的“九嫔”以具体内容，设淑妃、淑媛、淑仪、修华、修容、修仪、婕妤、容华、充华。

到了南北朝时，各政权基本顺承晋制，不过名目各有不同。如南朝刘宋明帝刘彧定九嫔名为淑媛、淑仪、淑容、昭华、昭仪、昭容、修华、修仪、修容，北朝北魏增左右昭仪于三夫人之上，三夫人之下则设三嫔、六嫔、世妇、御女、美人、女史、贤人、书史、才人、供人、使女、恭使等，到了北周，中宫只有五夫人。

隋依周制，改称三夫人为三贵人，即贵妃、淑妃、德妃；定九嫔为顺仪、顺容、顺华、修仪、修容、修华、充仪、充容、充华；定世妇二十七人为婕妤十二，美人、才人共十五；界定御妻八十一人为宝林、御女各二十二，采女三十七，总制一百二十人。此外，还有尚宫、尚仪、尚服、尚食、尚寝、尚工等六尚，司令、司乐、司饰、司医、司筵、司制等六司，典琮、典赞、典栉、典器、典执、典会等六典。

历朝历代后宫女子的具体名分不同，她们的职司从字面上看也各不相同，但仔细想来，她们的真实用途却都是只服务于皇帝。

一夫而百妻、千妻乃至万妻，怪不得有那么多的男人玩命般地要弄个皇帝做做。

隋文帝杨坚却没有那等“艳福”。

独孤皇后在世时，杨坚一直只与一个女人双栖双飞，这个女人就是独孤氏。杨坚与独孤氏一夫一妻，要追溯到隋朝建立之前，追溯到他们新婚的日子。

洞房花烛夜，闹房的人散了之后，独孤氏突然长长地叹了一口气。杨坚见了，忙问其所以。

“没什么，”独孤氏目视前方，话里有话地说，“今天是大喜的日子。我这时却有一个奇怪的想法。”

“什么想法？”

“对于我们女人来说，这一天在一生之中往往只有一次，可是对于你们男人，可能几年或几月就来一次。看来，这礼仪制度真不该由周公来定，而应由周婆来定。”

“爱妻真能开玩笑，”杨坚搔了搔头发，说，“礼是周公定的也好，是周婆定的也好，对于我们夫妻有什么影响？别的男人三妻四妾我不管，我自己可以向爱妻保证，我决不会丧了良心。”

“‘靡不有初，鲜克有终’啊！”独孤氏“转”了一句古文，意思是开始的时候谁都说得好，但结尾能慎终如始的却鲜有其人。

“我们杨家，自先祖太尉公杨震时代起，就讲究善始善终，有‘天知、地知、你知、我知’四知做准绳。我定不负你。”杨坚信誓旦旦地说。

“但愿如此！”

“我可以向爱妻保证，”杨坚见妻子仍是不十分相信的样子，指天盟誓说，“我与爱妻誓无异生之子。”

独孤氏新婚之夜的“约法三章”，在相当长的一段时间内，保障了她与丈夫杨坚婚姻生活的纯洁。杨坚一生，共有五子五女，都是他与独孤皇后所生。

没称帝之前和称帝后的前期，杨坚因要忙于更重要的事情——篡国治国，因而还能恪守“誓无异生之子”的诺言，抵挡住了各种美色的诱惑，不失为大丈夫。到了执政的中晚期，杨坚被压抑了许久的情欲开始勃发。

隋文帝开皇末年，杨坚一天早朝之后信步所至，来到了“六尚”之一的尚衣局。他早就听说尚衣局的宫女们个个心灵手巧，一块很普通的布匹到了她们手里，七弄八弄就能弄出一件蛮不错的衣服来，因此，一直想找个机会验证一下。

由于杨坚生性不喜排场，所以这次也是只带了一名贴身内侍，一切都是悄悄地进行。他御驾亲临，也没有作任何声张，因而，尚衣局的执事宫女一个个还都是该做什么就做什么，因为她们根本就没有发现天子光临她们的“寒舍”。

随同皇帝一同前来巡视的小太监是个机灵鬼，到了尚衣局后不久，他就发现皇上的目光只往一个人身上盯。

这人是个年轻女子，但见她“肩若削成腰如素，明眸皓齿，环姿艳逸”，虽然做的是粗使宫女的活计，但那一身荆钗布裙一点也掩盖不住她的天生丽质。

小太监这个刑余之人，都已看得呆了，文帝这个正常男子岂能无动于衷？

“你姓什么？来宫里多久了？”杨坚趋步上前，没话找话地问道。

那女子抬头，见是皇上问她话，一愣，但马上处变不惊地跪下答道：“小女子复姓尉迟，来宫已四年了。”

“唔，好，好！”杨坚心不在焉地听着她答话，眼睛仍然在打量着这个小宫女，一种剧烈的身心交战正在他的体内进行。

那小太监是何等乖觉之人，他知道皇上是看上这个小宫女了，但他更知道皇后的厉害。今天若是对皇上不加谏阻，他的小命可能就要玩完。

灵机一动，小太监附耳对皇上如此这般地说了几句。杨坚想了想，点了点头。

次日中午，仁寿宫养心殿内，杨坚正在心急火燎地等人。

门悄无声响地开了，贴身内侍将那个复姓尉迟的美人儿送了进来，又悄悄地退了出去。

这次的尉迟氏与昨日又略有不同，脱去了布衣，换上了略好的衣裙，杏脸上略施粉黛，玉鬓插上了玉钗，不再如出水芙蓉，倒也有一番雍容气度。杨坚见了，早已是心猿意马，等不及温存，就已揽美人怀。

文帝对尉迟氏是越看越爱，就在御榻之上开口问道：“你是谁家的后代？朕要封赏你的家人！”

“小女子是……”尉迟氏欲言又止。

文帝见了很是奇怪，好奇地问：“你怎么不回答朕的话？难道有什么难言之隐吗？”

“是，陛下，”尉迟氏像一枝梨花春带雨似地哭诉，“小女子本是罪人之后！”

“罪人之后？”杨坚不解地问，“什么罪人？是谁？”

“小女子的祖父是尉迟迥……”

“这不可能，”杨坚难以置信地追问，“你怎么会是尉迟迥的孙女？”

“小女子罪该万死，没有早向陛下禀明！”尉迟氏以退为进。

“算了，算了！”杨坚实在有些舍不得尉迟氏的美貌和那一度的温柔，“你的祖父和你的叔祖尉迟勤起兵反我，也是各为其主，和你无干，你不必害怕，朕会好好待你的！”

杨坚的这个海口可夸得不小。也难怪，尉迟一家，到了尉迟氏这一辈，净出美女。尉迟氏的姐姐尉迟炽繁，在北周一朝，先嫁给宣帝宇文赟之侄宇文温，后来被宣帝占为已有，成了周宣帝五大皇后之一的天左皇后。尉迟氏与乃姐比起来，其美艳撩人的程度更是有过之而无不及，因而隋文帝很快把与妻子“誓无异生之子”的约定抛到了九霄云外。

由于多年的积威，连政事都要插上一手的独孤氏，很快就探知了丈夫与尉迟氏的这段“婚外情”，史称“性奇妒”的她，眼中岂能揉下这粒沙子！她立即前往丈夫所在的养心殿与丈夫理论。

“皇后匆匆而来，什么事啊？”杨坚见妻子的脸色不好，心里有些发虚。

“没什么，”独孤氏气极反倒平静地说，“我只是想向陛下请教，‘誓无异生之子’这句话该怎么解释？”

“就是不和别的女人生孩子啊……”说到这里，杨坚突然掩上了口。

“那临幸别的女人算不算违背誓约啊？”

“这个嘛，”杨坚不知怎的，确实有些心慌，竟不自觉地应和了一句，“当然算是背约了！”

“那好，我听说陛下最近屡屡召幸尚衣局的宫女尉迟氏。可有此事？”

“爱妻是听谁播弄的是非？”

“先不用管是谁，我只想问陛下这是不是真的！”

“确有此事不假。”杨坚赌气地说。

“那么，陛下也一定知道她是叛臣尉迟迥的孙女了？”

“我还有事，明天再说吧！”杨坚见事情越弄越复杂，推诿似的说了一句，然后离开。独孤皇后变成了孤独皇后，被晾在了那里。

第二天退朝以后，杨坚照例来到养心殿，刚刚坐下，独孤氏也到了。

“今天臣妾不多打扰陛下，”独孤氏异常恭顺地说，“我是送一件东西给陛下过目，送到了就走！”言毕，她厉声对门外喝道：“来呀，快把那件东西呈给陛下过目！”贴身内侍应声而入，提来一个精巧的木盒。

“这是什么？”

“陛下一看就知！”

杨坚漫不经心地打开了那个木盒，不由一声惊呼。盒子里竟是一颗血淋淋的人头。这颗头不久以前还依在他的怀里，杨坚对她是太熟悉了。这是宫女尉迟氏的项上人头。

“这太过分了！”杨坚怒道。

“我来替陛下了断，免得陛下违背我们夫妻间‘誓无异生之子’的誓约！”

“你！”

“我什么？”独孤氏一点也不甘示弱。

“我……唉！”杨坚气得老脸发青，一咬牙，一跺脚，冲了出去。

已经是掌灯时分了，宫里却找不到皇上的人影。前殿、后殿、养心殿、御书房，所有能藏人的地方差不多都找遍了。

一向处变不惊的独孤皇后也有些慌了。“快宣尚书左仆射高颎、尚书右仆射杨素进宫！”她大声吩咐左右。

高、杨两人应召而来。三人正在为找不到皇上发愁，御马监来报，说是中午时有人见皇上一人一骑“从苑中而出”。

“有没有人看见皇上往什么地方去了？”独孤氏急忙问。

“臣的一个下属看见皇上往终南山方向去了！”

“这可如何是好？”独孤氏没了主意。这也难怪，她毕竟是个女人嘛！

“皇后陛下莫急，”杨素见呆立在一旁的高颎不说话，不得已开口说道，“臣等即刻前往终南山，相信定能寻回圣驾！”

“如此，有劳二位了！”

却说文帝杨坚一怒之下，夺路而出，他出的是南门，走的却是小路，信马由缰，不知不觉地踏进了终南山中。这终南山一称南山，是秦岭山脉的一段，古名太一山、地肺山，又名中南山、周南山。山中有南山湫、金华洞、玉泉洞、日月岩等名胜，相传道教北五祖中的王重阳、吕洞宾、刘海蟾等都曾修道于此。

进山二十余里，有一山谷，谷旁有一片松树林。那匹御马闻到了松果的香味，低下头去寻那松果来吃，渐渐停住了脚步。杨坚也不去管它，自顾想着心事，脑袋里两个声音一直在交战。

一个声音在说：“你是皇上，岂能任由一个女人如此胆大胡为！”

另一个声音反驳：“那不是一个普通的女人。她是皇后，是辅佐皇上夺得天下的佐命功臣！”

“功臣怎么样？皇后不也是皇上封的吗？可以封她，也可以废黜她！”

“理由呢？”

……

想啊，想啊，不觉月上柳梢头，文帝仍端坐于马上。

忽然，远处传来一阵急促的马蹄声，把杨坚从冥想中惊醒，月光下急驰而来两骑两人。

“皇上？皇上！”马上人一边高声询问，一边急驰。

“你们怎么来了？”杨坚待骑者驰至身边时问。来者正是高颎、杨素。

“臣等是来迎接圣上回宫的！”两人说话间甩蹬下马，跪伏于地，“臣高颎、杨素接驾来迟，死罪！死罪！”

“两位请起！”杨坚也赶忙下马，双手扶起高、杨二人。

“我们是奉了皇后之命前来恭迎圣驾回宫的！”

“皇后？她还没忘了我？”杨坚气鼓鼓地说，“回宫干什么？让她气死我啊？”

“陛下！陛下是圣明之主，”杨素慢悠悠地开了腔，“国不可一日无君！陛下这样单人独骑驰于山中，倘有不测，岂不令皇后抱憾终生？即令为臣如素等亦不胜诚惶诚恐啊！”

“你们帮朕评评理，”杨坚气急，竟忘了君臣的身份，“自从盘古开天地，三皇五帝到如今，哪个帝王不是三宫六院七十二妃嫔的！朕喜欢上一个人，可是这个人却被皇后函首以进。想那乡下人多收几斗谷子，还想换个妻子；家道饶富的人，也想买几个歌伎。朕贵为天子，而又不得自由！我这君临天下的帝位，还有什么值得留恋的？你们回去吧！朕要入这终南山中访道求仙！”

“陛下，”一直沉默不肯多言的高颎语重心长地说，“陛下说哪里话！陛下是天之骄子，已是大罗金仙，何须访道？而今四海为家，政务繁多，非陛下无以致太平，陛下岂以一妇人而轻天下？”高颎这席话深深地打动了杨坚。但由于急不择言，他的最后一句话“岂以一妇人而轻天下”后来传到独孤氏的耳里，埋下了不祥的恶果。当然，这都是后话了。

杨坚听了高颎的话“意少解，驻马良久”——又坐在马上待了很久，几经权衡，还是舍不下几十年苦斗得来的天下，于是“中夜方始还宫”。

这次回宫，杨坚没有回养心殿，而是去了回春阁。他不回养心殿的原因是那里的一切都容易勾起他对尉迟氏的回忆，再有一个原因就是想避开独孤氏。但谁知，料事如神的独孤皇后早就算准他这一举措，预先在回春阁中等候。

夫妻二人相见，甚是尴尬。还是独孤氏头脑机敏，她见了丈夫，立即流着眼泪自责。杨坚见一向刚硬的妻子做出软态，也不知说什么才好。

一直陪在侧的高、杨二人见状忙打圆场说：“皇后陛下，皇上到现在还没有吃饭呢！”

“真是辛苦你们了！”独孤氏说道。

“请二圣赐臣等一顿酒饭吧！”二人当然不是真心想要酒菜。

“好，高、杨二卿外则为朕分忧政事，内又为朕家事辛劳，你们就留下与朕一同用膳吧！”

独孤皇后听丈夫不再赌气，也就立即吩咐人去准备酒席。一场危机就这样消弭了。

从此以后，直到独孤氏病逝，杨坚面对如花似玉的宫女姝丽，也只能如老僧入定，不敢再动半点春心。

执固一夫一妻传妒名
策动易储大政种祸根

史学家柏杨在《中国人史纲》中谈到独孤氏时曾有一句很精到的评语，说她是“一个具有奇异癖好的女人，不但自己吃醋，也为别的女人吃醋”。

这个评语妙极了。

在多如牛毛的中国古代后妃中，能够使丈夫（不论用什么手段）长保对自己的爱，而不移情爱上别的女人，这已经是够难能可贵的了。而独孤氏却偏要百尺竿头，更进一步，利用手中的权力，让天下所有的男人都爱情专一。

我们前面屡屡提及的高颎，本是独孤皇后之父独孤信的家客。北周末年，受杨坚罗致，入杨府任相府司录。他曾先后推荐苏威、杨素、贺若弼、韩擒虎等人为将相，也算得上是隋王朝的一个开国元勋。独孤氏一开始对他也“甚见亲礼”，但到了后来，却对他十分鄙视，鄙视他的原因也和女人有关。

原来，高颎除了正妻以外，还娶有几个小妾。这几个小妾一个比一个漂亮，也一个比一个妖冶。

高颎自然是爱妾胜过爱妻，高妻没有独孤氏那样的权威，只好忍气吞声。天长日久，高颎偏宠小妾的恶名被他的政敌传到了独孤氏耳里。

“好啊！”独孤氏暗暗在心里咒骂道，“真是上行下效，有什么样的皇上就有什么样的臣子啊！”

但传闻毕竟是传闻，大臣私事，独孤氏没有确凿证据也不好贸然查问。

也该高颎倒霉，不久，他的正妻突然得病身亡。都下传闻，说是死于妻妾争风。而恰在此时，高妾偏偏产下一子，高颎又顾活人而忽略了死人，好事者遂添油加醋，说是高颎与其小妾同谋，害死了正妻。此话又传到了独孤氏的耳里。这次她可真火了，从此对高“益不善之，渐加谮毁”。

经过尉迟氏一事，杨坚已深知老婆的厉害，只能“每事唯后言是用”，渐渐疏远高颎。

有人说高颎之被疏与他在劝说杨坚回宫时说的那句“岂以一妇人而轻天下”得罪了独孤皇后有关，这一点笔者并不否认。但追本溯源，高颎之被疏还是由于独孤皇后吃别人的干醋，为高颎的原配夫人鸣不平。

到了晚年，独孤皇后的醋劲越来越浓。据《隋书·后妃传》记载，她“见诸王及朝士有妾孕者，必劝上斥之”，简直达到入痴的程度。

这种近似入痴的“奇妒”和乱吃别人的干醋，最终维护住了独孤氏与丈夫杨坚婚姻的纯洁，但却也致使独孤氏犯了一个错误。

前面我们已经提到过，独孤氏一生一共为杨坚生下五子五女。按照立嫡以长的传统，太子的位置应是老大杨勇的。几个儿子小的时候，独孤氏也确实喜欢长子，因此，公元五八一年隋文帝代周自立之后不久，杨勇就被扶立为太子。

但杨勇其人“率意任情，无矫饰之行”，一点也不懂得讨老母的欢心。他的婚姻更让独孤氏不满。

杨勇的正妻元氏，乃是北魏皇族，出身高贵。独孤氏比较喜欢这位知书达理的儿媳。但杨勇却不怎么喜欢元氏，他喜欢的是一个姓云的小妾。云氏出身微贱，兼之又是次妻，因而很遭独孤皇后讨厌。

儿子、母亲、婆婆、媳妇之间的这种微妙关系并没有持续多久，元氏突然暴病身亡，高颎家里的那一幕仿佛在重演。因为云氏恰在此时也生了一个儿子，而且杨勇让云氏主持太子宫，所以独孤氏怀疑是云氏与太子合谋，害死了太子妃。

当时，杨坚的五个亲生儿子都已成婚，但却一直膝下无孙。现在云氏虽是侧室，但肚皮却还争气，生了杨家的第三代长男，杨坚为此很高兴。

独孤氏却替丈夫“降温”。她说：“可惜，我们的这个孙子竟是云氏那个贱人所生，真是美中不足！”

“不要说这些扫兴的话吧！”杨坚不高兴地说。

“什么叫扫兴？我说的是事实！男人多宠妾，家中必不和。太子妃暴病而卒，我怀疑是有人搞鬼！”

“你是说云氏？”

“对！”独孤氏恨屋及乌，她气哼哼地对丈夫说，“还有我们的勇儿也不是个好东西！你想，你做爹爹的，身为天子，都无内宠，他还没等当上皇帝就乱来，真是令我失望！”

“我哪里不想有内宠！”杨坚暗暗在心里反驳道，“还不是因为你性奇妒！”但由于多年来养成的妇唱夫随的习惯，他只好随声附和。

杨勇本人对母亲、父亲的不满还蒙在鼓里，而他的二弟晋王杨广却洞烛先机，广结文帝与独孤氏的亲信，甚至惠及仆婢，俾令为之巧言矫饰。

他遣散姬妾，只留正妻萧氏一人。种种策略，尤其是最后一着颇得独孤氏的好感。不久，由于外有杨素等一班大臣为援，内得母亲独孤氏的支持，杨广唆使人上书，诬以杨勇私自养马千匹、制火燧数千枚等莫须有的罪名，挑起独孤氏与杨坚的怒火，废掉了杨勇的太子之位，自己取而代之。

满朝上下没有人觉得有什么不对。对于许多大臣来说，太子是否谋反他们并不真正清楚，但太子多宠妾，而皇后、皇上又最反对一夫多妻，却是他们每个人都牢记在心的。

“就凭这一点，”一个官员私下里对家人说，“太子的位置就保不住。马匹、火燧不过是个借口而已！”

这个官员的话从一个侧面反映了独孤皇后的好恶对于隋朝太子命运的影响。正因为独孤皇后参与并可以说推动了废太子、立杨广的政治活动，好多人都把隋朝二世而亡归咎于独孤氏。当然，这种说法对独孤氏来说是不公平的，也有失偏颇，毕竟她在改立太子时的初衷应该是希望能为大隋朝选出一个更为合格的继承人，只是杨广巧妙地利用了母亲对“一夫一妻”制的执拗。但是无可否认的是，被独孤氏亲自推上权力之巅的二儿子确实毁灭了自己和老公辛苦打拼下来的大隋王朝。隋朝“二世而亡”的祸根，确实是她自己种下的一点不假。

隋文帝仁寿二年（602 年）八月甲子日，“月晕四重，己巳，太白犯轩辕”，就在这天夜里，坚定的一夫一妻制的维护者、“性奇妒”的女人、与皇帝丈夫并称“二圣”的隋文帝皇后独孤氏在长安永安宫中病逝，享年五十岁。

就在独孤氏去世两年以后，杨坚惨死于仁寿宫。他是被独孤氏亲自选定的太子杨广谋杀的，史称“血溅屏风，冤痛之声闻于外”。

记得此前一年，隋文帝杨坚常与新宠宣华夫人陈氏、容华夫人蔡氏游乐。后来，身罹重疾时杨坚对侍从说过“使皇后在，吾不及此”的话。

现在反思一下，倘若独孤氏活到仁寿四年，杨广那厮说不定真的会惮于母亲的威势而不敢干下弑父的勾当呢!

但这毕竟是假说! 历史是从来不进行彩排的!

张榜招夫的皇后

——唐高祖皇后窦氏

◎生而发垂过颈，三岁与身齐

◎于门屏画二孔雀，以武招亲

◎有才有艺善书法，学类高祖

公元五八一年二月，北周相国，总理朝政的隋王杨坚，经过数年的准备后，废周静帝宇文阐自立为皇帝，筑大兴城（今陕西西安东南一带）为国都，定国号隋。杨坚是为隋高祖文皇帝。

为巩固政权，隋文帝大杀原北周皇族宇文氏，同年五月，又将已被贬为介国公的周静帝宇文阐杀死。

挟新立国之威，隋文帝当时可谓不可一世。原来与北周对峙的后梁、陈等国先后遣使贺隋，宇文氏家族似乎永无翻身之日了。

隋灭北周的消息传到了原北周治下的隋州，一个女孩“闻而涕泣。自投于床曰：‘恨我不为男以救舅氏之难！’……”吓得她的父母“掩其口曰：‘勿妄言！灭吾族矣！’”

这个巾帼不让须眉的女孩后来成了唐高祖李渊的皇后。她的丈夫经数年之努力，灭掉了取周自代的隋王朝，“舅氏之难”得报。读者想必急于知道当年的女孩姓甚名谁。

女孩姓窦，那个时代的女子多无名。我们姑且以窦氏称之。窦氏的父亲是原北周的定州总管，母亲是北周武帝宇文邕的姐姐襄阳公主。

从亡国之君的外甥女，到开国之君的皇后，窦氏走过了一条怎样的路？

生而发垂过颈，三岁与身齐

公元五六〇年四月，北周晋公宇文护杀周明帝宇文毓，立其堂弟宇文邕为帝，是为北周武帝。两年以后，在北周京兆始平，定州总管窦毅的府邸，总管夫人北周武帝之姊襄阳公主产下一个女婴。

这个女婴，未出生之前其母虽然没有“梦月入怀”之类的吉兆，但一生下来却引起了全家人的瞩目。这不仅是因为此女系总管夫人头胎所生，更主要的还在于她一生下来就与众不同——头上长满了头发。《旧唐书·后妃传》上谈及此事时有“后生而发垂过颈”的记载。因此，这个灵异之处可并非笔者杜撰。从现代遗传学的角度看，这可能是一种罕见的返祖遗传现象，平均几万个人里边才有一个。从这个意义上来说，窦氏的确是够特别的了。

在以男性为中心的封建社会中，女人一向是受歧视，甚至遭蔑视的。有一句流传至今的俗语“头发长见识短”，就是大男子主义者们强加给妇女们的恶毒之辞。按照男性沙文主义的这个荒谬逻辑，那窦氏的见识绝对是最“短”的，因为她不仅“生而有发”，而且不到三岁时，头发就已经“与身齐”——长得与个子一般长了。

但事实上窦氏的见识却一点也不“短”，甚至可以说极“长”。

公元五六五年亦即北周武帝保定五年二月，宇文邕遣大臣陈公纯等至突厥，为其迎娶突厥木杆可汗之女阿史那为妻。

这是一桩典型的政治婚姻。宇文邕极力讨这门亲事主要是为了联合突厥抑制北齐，加上“后（阿史那）有姿貌，善容止”（《周书》），所以成亲初期，宇文邕对这位异族妻子也算敬爱有加。慢慢地，不知是对阿史那生了厌倦之心，还是真的是出于担心过于宠爱阿史那会让自己受制于突厥，宇文邕开始疏远阿史那，转而专宠于还没继帝位时就跟着自己的汉族女子李娥姿（宣帝宇文赟生母）。

武帝此举，在朝臣中引起不同反响。主张汉化的人认为干得好，这样北周才能入主中原；务实的一些大臣则认为，皇帝此举太过意气用事，因为北周当时强敌环伺，倘不借助于剽悍的突厥族骑兵，不要说入主中原，恐怕连自身都难保，因此他们对武帝疏远突厥公主一事十分担心。

这些务实派的担心不是没有道理。当时那种大分裂的时代，除了一些安于现状的小军阀以外，真正想要有所作为的英主，大都要借助于中原以外的少数民族军队。人称文武双全的北齐神武帝高欢就是在娶了武明皇后娄昭君，生下澄、洋、演、湛四个儿子之后，迫于形势而不得不娶柔然阿那瑰可汗之女蠕蠕公主的。

这个道理按说宇文邕也应该明白，但一向乾坤独断的他，却根本不听大臣们的规劝。当时能够对宇文邕施加影响的，除了其母文帝宣皇后叱奴以外，就是年方六七岁的外甥女窦氏了。

叱奴因系宇文邕之父宇文泰的侧室，因而多年养成的习惯，从不过问儿子的事。规谏武帝的任务自然而然地就落在窦氏身上了。

一次入宫看望舅父舅母，窦氏行过拜见礼之后，悄悄地拉了拉舅父宇文邕的衣襟，说：“皇上舅舅，我要和你说点悄悄话。”

“你这小鬼头有什么悄悄话要说啊？”宇文邕对这个生有异相的外甥女素有好感，因而半是打趣、半是疼爱地问。

“你让别人都出去，我要和你一个人说！”窦氏像个小大人似的。

“好，好！”宇文邕对左右的人摆了摆手，“你们都退下！”

见皇帝下了命令，左右的人诺诺连声。顷刻之间，殿内便只剩下宇文邕和窦氏两人。

“舅舅，我娘最近给我讲了许多故事，其中一个是关于北齐神武帝高欢娶亲的，可有趣了！皇上舅舅，你听说过那个故事吗？”窦氏一口气说了长长的一句话。

“什么故事？”宇文邕心想，到底是个小孩子，听娘讲了个故事也来学舌，于是他漫不经心地问了一句。

“就是他迎娶柔然族蠕蠕公主，并且善待她的故事啊！”窦氏话里有话地说，“难道舅舅没有听说过？”

“听说过，听说过。”宇文邕心想，这小家伙和我说的“悄悄话”，看来竟和军国大事有关，真是难为她了。

“舅舅，那你说高欢为什么本来不喜欢蠕蠕公主而又要善待她呢？”

“因为当时北齐四面强敌环伺，高欢要借柔然之兵以求自保呗……”

说到这里，宇文邕突然打住了，他心里暗笑道，“我这小外甥女可真厉害，绕来绕去把我给绕到圈里去了。”

“听娘亲说，我们大周，南有陈、后梁，东有北齐，可谓四边未静。而舅氏践祚时间又短，国内不是骄兵悍将，就是老弱病残，唯一可借助的就是号称兵强将勇的突厥人。因此愿舅抑情抚慰，以苍生为念，善待阿史那舅妈，这样，必能结好于突厥族木杆可汗。木杆可汗这道关卡一通，江南陈氏、关东高氏就都不敢与我们作对了！”

“说得好，说得好！”宇文邕怎么也没有想到自己的这个垂髫之年的小外甥女竟说出这么多大道理来，而且讲今比古，句句扣人心弦，不由叫起好来。

“那我就要和妈妈出宫去了，我的悄悄话说完了！”

“好孩子！真是一个有见地的好孩子！”宇文邕赞叹道。

于门屏画二孔雀，以武招亲

在中国传统戏曲和新派武侠小说中，常能见到妙龄女子以武招亲或亲自与人比武，胜己者即为夫君，如金庸金大侠笔下的穆念慈；或请父兄摆下擂台，张榜昭告远近，声称谁是擂台霸主，谁就能赢得少女的芳心。

但这些毕竟是文艺作品中的描写，而且以武招亲的女子身份大都较低微，最高的也不过是有钱人家的小姐罢了，看了之后一点也不过瘾。

有谁听说过总管（总督）的女儿以武招亲，后来成了皇后的吗？

我们本篇文章的女主角窦氏就创造了这样的一段真实的历史。

公元五八八年十月，隋文帝发兵五十一万攻陈，命晋王杨广、秦王杨俊、清河公杨素为行军元帅，分八路出击。其中杨广出六合（今江苏六合），杨俊出襄阳（今湖北襄阳），杨素出永安（今四川奉节），韩擒虎出庐江（今安徽合肥），贺若弼出广陵（今江苏扬州），刘仁恩出江陵（今湖北江陵），王世积出蕲春（今湖北蕲州），燕荣出东海（今江苏连云港）。隋军东接沧海，西到巴、蜀，旌旗舟楫，横亘数千里。十一月，隋文帝亲饯将士，陈师誓众。十二月，隋军渡江灭陈。

在这种大环境中，整个隋王朝境内形成了一种尚武的氛围，连女孩子也都“不爱红妆爱武装”。

当时正随父母在定州的窦氏已年方二八，到了谈婚论嫁之年。

一家女，百家求，何况窦氏“美姿容”——人长得漂亮，且又聪明，更是总管大人之女。因此，老父的同年好友，挤破门来为她提亲；父亲部下的青年文武，也都恨不得削尖了脑袋做他的东床快婿。对于这些“文绉绉”的求婚者，窦氏一律嗤之以鼻，一来二去地，却急坏了老母襄阳公主。

“我的小祖宗，”襄阳公主又疼又爱地说，“你张三不谈，李四不嫁。来提亲的，说媒的，你一概不给人家好脸色，这可叫我怎么办啊？你说，你要怎样才肯出嫁？”

“娘，你急什么啊！”窦氏娇嗔道。

“我还不急？你都十六岁了！”襄阳公主急道，“谁家这么大的闺女还待字闺中？我这当娘的能不急吗？”

“要女儿出嫁，除非……”窦氏附在母亲的耳边，叽叽喳喳地说了很长一通话。这一通话听得母亲一惊一乍的，先是大摇其头，后来见女儿的脸色由晴转阴，迫不得已点了点头。

"这才是我的好娘亲呢！"窦氏拍手喜道。

几天以后，定州城到处盛传总管窦毅的千金以武招婿的消息。

"以武招婿？怎么个招法？"一个街头闲汉问另一个闲汉，"莫非我们这位总管小姐还要亲自下场玩些拳脚？"

"不对，不对，"听话的闲汉接着说，"小姐只摆擂，并不亲自下场。"

"摆擂？擂台在哪？"说话间，这两个无所事事的闲汉已来到了总管府门前。

"喏，"其中一个一指总管府大门的门屏说，"'擂台'在那里！"

"那是什么？"又走近了几步，"那不是两只凤凰吗？"

"蠢货，那不是凤凰，是孔雀。"

"孔雀？画它干什么？"

"听人说，咱们这位总管小姐脾气怪着呢，这是她想出来的这个主意。据说，她有言在先，对那些登门求亲者，她不分门第高低，也不分容貌丑俊，决不厚甲薄乙。无论是谁，只要他能射中孔雀就可以坦腹东床。"

"这还不容易！"已经喝得迷迷糊糊的闲汉说。他一边说着一边返身就往回跑。

"喂，你去干什么？"

"我去找一副弓箭来，好来争这个快婿！"

"得了吧，你！"还很清醒的那个闲汉说，"你听完了再去！我告诉你，总管家门口还有一张告示。那告示上说：'无论是军民王侯，也不论是士农工商，只要他是个男人，是个活人，能在一百五十步以外，用两支箭射中画在门屏上的两只孔雀的眼睛，那么他就能成为总管大人的乘龙快婿。'一百五十步啊！射中眼睛！你，行吗？"

"一百五十步？还得射中眼睛？哇！要是十五步恐怕还差不多，咱哥儿们算是没那么大的福气了！"

"不光兄弟你没那福气，据说摆擂好几天了，已经有好几十个人去比试了。他们当中有的世代为将，有的正效力于军中，谁知也竟都是银样镴枪头，没有一个能得亲芳泽的！"

“是吗？照这样说，咱们的这位总管小姐怕是不好收擂了！”

“谁知道呢，等着瞧吧！”

几天以后，约定的日期就要到了，擂台上却仍无一个成功者。

“是不是所有的男人都死绝了？”窦氏气哼哼地自言自语，“古时候的养由基百步穿杨，现在我画在门屏上的孔雀不知比杨树叶大了多少倍，可叹这帮蠢才却一个也射不中！”

“小姐，小姐！”窦氏的贴身丫环小红气喘吁吁地跑了进来，“射中了！射中了！”“看把你急的！”窦氏强作镇静地问，“什么射中了？谁射中了？”

“孔雀，射的是眼睛，两箭两中，真是神箭手。姓什么叫什么我可不知道，因为我一看他射完就立即跑来给小姐报信，没顾得上打听那人姓甚名谁。”

“糊涂妮子！”窦氏又好气又好笑地骂道，“老大不小了，还那么一惊一乍的！去，到前面打听打听那人的情况，回来告诉我！”

“是！”

情况很快就反馈到窦氏的耳朵里。原来，这位百步穿“目”、两发两中的神箭手，姓李名渊，祖籍陇西成纪（今甘肃秦安）。其父李昞，袭封唐国公，曾任北周安州总管、柱国大将军。李渊七岁时袭唐国公爵号，为人洒脱，性格开朗，也算得上是一个将门虎子了。

听完有关李渊的介绍，窦氏又带着丫环，屏退了众人，亲自赶到门前察看。那绘于门屏之上的两只孔雀，果然被人射中了眼睛。那箭镞所穿洞穴，竟深入门板近半尺许，“果然是神力！”窦氏抚摸着两只孔雀，露出会心的微笑。

“小姐，小姐！”另外一个丫环慧剑从后院赶来禀报，“总管老爷正在款待李公子用茶，小姐想不想见见那神箭郎君啊？”

“见就见，他又不是三头六臂，我怕什么？”窦氏大大方方地说。走了几步，她突然改变主意，附耳对慧剑、小红交待了几句，让她俩速去禀报老母襄阳公主，请她做个安排，偷相对象。

事事依顺女儿的襄阳公主大事都依了女儿，区区小事自然是有求必应。

躲在屏风后，透过外明里暗的空隙，窦氏仔细地打量了一下这个名叫李渊的年轻人。只见他阔目、方口、隆准，不怒而威，隐隐有一种高贵不可侵犯的气概。又听他与老父窦毅的谈话，对天下事了如指掌，不像那些只知杀杀砍砍的一勇之夫，就打心眼里喜欢上了这个年轻人。

见女儿如醉如痴地透过屏风往外看，襄阳公主知道选婿一事有谱了。她本人对李渊的印象也很好，现在关键就看丈夫窦毅的了。

送走客人之后，没待女儿和妻子开口，窦毅就对李渊连声称赞。一连夸了好几句之后，才想起还要问问女儿和妻子。

“爹爹说好就行了，”窦氏撒娇说，“女儿自然是听爹娘的！”

“这丫头！”公元五八八年十一月，窦氏正式与李渊结为夫妻。

有才有艺善书法，学类高祖

书法艺术是中国古代文化中的一枝奇葩，它主要研习毛笔字的执笔、用笔、点画、结构、分布（行次、章法）。上品的书法执笔时要指实掌虚，五指齐力；用笔要中锋铺毫，点画要圆满周到；结构要横直相安，意思呼应；分布要错综变化，疏密得宜，全章贯气。

虽然早在汉代就已有书法大家出现，但直到唐代以前，书法却没有取得应有的地位。唐太宗李世民酷爱书法，甚至立下遗嘱，将晋代书圣王羲之的书法珍品《兰亭集序》带入棺材。李世民对书法艺术的酷爱，多半得益于他的母亲，因为李母窦氏的书法造诣极深。

《旧唐书·后妃传》称窦氏“善书，学类高祖之书，人不能辨”。

据说还是在李渊任岐州刺史时，有一次朝廷来了一封十万火急的公文，急需刺史本人签署，并限定是“八百里飞骑专递”，倘误了事就有杀头之罪！但事情竟是那样地不巧，一向并不酷爱“杯中物”的李渊那一日偏偏喝了个酩酊大醉，根本拿不了笔。就在尴尬难缠的当口，窦氏从后堂来到签押房（刺史办公之处），轻轻巧巧地拿起了笔，揭下公文的火漆，龙飞凤舞般在本该丈夫李渊签名的地方签下了“臣岐州刺史李渊”几个大字。

据刺史府记室（掌文案，类似于今天的秘书之职）说：“刺史夫人的字极像刺史大人的，不要说外人，恐怕他们自己天长日久了都会分不清。”

窦氏是个多才多艺的女人，也是个能恪守妇道、孝道的有德女子。她和李渊结婚时，李渊尚有老母（李昞之妻）在堂。这位在李渊建唐之后被追封为元贞太后的李老太太可不是个好侍候的主儿。据史料记载，李老太身体瘦弱得不成样子，而且因多年卧病在床，脾气十分暴躁。李渊兄弟的妻室们谁都对这位婆母惧上几分，因为她不管你是夫人还是如夫人，不管你是长房媳妇还是二房媳妇，只要看起来不顺眼，轻则叱骂，重则责打，谁愿意笑脸换板子？一来二去的众妯娌全都假装有病而不愿意去侍候这位刁婆婆。只有窦氏“昼夜服侍”，不离左右。当时，窦氏的第一个儿子李建成刚生下来不久，儿子需要她这个当娘的哺乳，丈夫与她又算得上是新婚，需要她这个妻子的爱抚。窦氏周旋于婆婆、儿子、丈夫之间“不脱衣履者动辄旬月”，赢得了婆母元贞太后的喜爱，也博得了丈夫李渊的由衷感激。李渊常对人说：“人言女婿有半子之分，但我看我妻窦氏远胜于半子。在恪尽孝道方面，她甚至胜过我这个当儿子的！”

隋炀帝杨广大业年间，李渊出任隋王朝扶风（今陕西兴平县）太守。公务之余，他饲养了数匹骏马。这几匹骏马，据说是来自西域，系当时的胡商贩往长安的，因途中路过扶风时遇盗被劫，得李渊之助，夺回全部财物之后，胡商以马相赠。最初，李渊也没怎么将这些马匹放在眼里。

过了不久，恰逢炀帝下令整饬店肆，许诸番人东市交易，胡商胡客自西域来东土者甚众。其中有识货者，与赶赴洛阳的李渊谈起西域特产，偶然说起宝马，才使李渊惊觉自己无意中得到了千里良驹，遂对那几匹胡商所赠之马珍爱异常：让它们吃上等的草料，给它们配最好的鞍子，并设专人料理，差一点就让人做个“金屋”把宝马藏起来了。

远近诸郡的太守、刺史听说李渊得此宝马，纷纷遣人前来祝贺。更有一班好事之徒，四处张扬，说李渊所得之马系汉武帝时的大宛汗血宝马复出，是几百年不多见的良驹。有人还煞有介事地造谣说，李渊所得之马系“王马”，可与周穆王时日行万里的“八骏”匹敌。李渊对于这些传言采取了一种听之任之的态度，甚至还带有几分得意。他以为，英雄才能配宝马，犹如美女方称奇花一般，众人传其马神骏，也就是间接夸他本人是个英雄。

窦氏却不这样看。

此时的她突然想起周文王和商纣王的一段往事：

周文王姬昌没有称王以前，是商纣王的臣子。当时天下将乱，主昏臣暗，贿赂公行，朝廷上讲究的是有“贝”之“财”，君主欣赏的是巧言令色之辈。姬昌有一指南车，系手下能工巧匠花毕生心血制造出来的。此车系一双轮木车，上悬一小小磁人，无论车子怎么旋转，磁人的手臂始终指向北方。在数千年前的古代，这可是件稀世珍品。纣王不知从哪里听说姬昌藏有此宝，勒索不成，就找了个碴儿把姬昌关在了羑里，险些将他处死，多亏了文王之子武王投商纣王之所好，献上指南车和其他宝物才救老父文王脱险。

“太危险了！”窦氏忍不住自言自语道。

几天以后，趁丈夫处理公务之余，窦氏郑重其事地对丈夫说：“上次胡商送来的那几匹马，外面的人传得玄而又玄，不知夫君打算怎样处置它们？”

“当然是你我夫妻二人自己享用了。”李渊不以为意地说，“爱妻一向尚武，不爱红妆，天遗玉马以赠爱妻，还问什么如何处置啊！”

“为妻觉得不然。”窦氏以她那种一贯的沉稳语调对丈夫说，“古语云：‘匹夫无罪，怀璧其罪。’皇上（指隋炀帝）是个好鹰爱马、喜欢奇禽异兽之人，这一点夫君想必比我还清楚。将作大匠宇文恺造观风行殿，上容侍卫数百人，下装轮轴，可以推移。又作行城，周围二千步，以板做墙、楼，以布衣之，饰以丹青。皇上喜之，特升宇文恺官职。西突厥处罗可汗有汗血宝马不献君王，皇上扣留其母向氏为人质。这一正一反的例子请夫君三思啊！”

“我有宝马，皇上怎么会知道？”李渊还是有些舍不得。

“哪有不透风的墙？”窦氏忧心忡忡地说，“马匹并非金银饰物可以藏起来不让人知，何况就是我们现在想藏，也已有许多人知道夫君你有宝马了。此时倘若不主动将宝物进奉御前，人或言之，必为身累！”

“爱妻说得有一定道理，”李渊还是有些舍不得，于是，他推诿说，“容我三思。”他还是觉得不会轻易出事。

这次谈话之后不久，窦氏前往涿郡探视老父，不幸染上时疾，一病身亡，享年仅四十五岁。

窦氏死后不久，隋炀帝杨广不知从哪里听说李渊有宝马而不进奉，寻了个罪名重责李渊，并声称还要加重处罚。逆境中的李渊突然想起妻子窦氏说过的话，在狱中给儿子李建成、李世民写信，命他们寻鹰、犬以及宝马献给隋炀帝。建成、世民兄弟接父手书不敢怠慢，花高价买来珍禽异兽，托炀帝亲信宦官转呈杨广。此举果然立竿见影，李渊不仅很快被炀帝放出，而且还被任命为山西、河东抚慰大使，承制黜陟选补郡县文武官员。

离开洛阳，如鸟出樊笼，李渊真是又高兴又感伤。高兴的是终于脱离了杨广的魔掌，从此如龙归大海，虎回深山；伤感的是，悔不早听爱妻之言，致有一段牢狱之累，还差点搭上了自己的性命，而用了爱妻之计，立刻转危为安。真是不比不知道，妻计真奇妙啊！

在建成、世民、元吉三兄弟为他接风洗尘的酒宴上，李渊流着眼泪对儿子们说：“我要是早听了你们娘亲的话，哪会有这段牢狱之苦。你们的娘亲，真是一个奇女子啊！”

后 记

在古希腊词汇中，哲学就是“爱智慧”的意思。在我的辞典里，历史，就是爱与恨的交织。献身哲学的哲学家们总是“怀着一种永恒的乡愁去寻找失落的精神家园”；历史学家或历史报告（纪实）文学工作者的任务，则是为活着的人们重现“伊甸园”。

今天是昨天的发展，明天是今天的继续！

人无法割断历史，正如利刃不能截断急流。

自从亚当和夏娃偷食了智慧果之后，光明与黑暗、伟大与渺小、痛苦与欢乐、瞬间与永恒时时交织在一起。带给人间灾难的，并不仅是那只被无数人诅咒过的“潘多拉匣子”，更多的还是人类自己。

中国有五千年的文明史，但这五千年的时间里所发生的一切却并不都是那么“文明”！从司马迁的《史记》，到数十人合撰的《清史稿》，一部二十五史，诚如鲁迅先生所说的“歪歪斜斜的只有‘吃人’两个字”，害人、坑人、抢人、杀人、尔虞我诈、钩心斗角、嘴上含笑、底下使绊、子母乱伦、父子相残等“不该发生的故事”实在太多。真应了那句老话：“一部二十五史，不知叫我从何说起！”

在漫长的封建社会中，芸芸众生用自己的双手，造起了一座座偶像——各个朝代的帝王将相，然后对他们顶礼膜拜。这种“造神运动”帮了那些自己都不敢过分相信自己的帝王将相们的大忙。于是乎，周而复始地重复着一出出的闹剧。

生生不息的人群！生生不息的命运！

由于一个偶然的原因，我对中国历史发生了浓厚的兴趣。在查阅资料的过程中，发现了许多过去所学教科书上所不曾记载的东西，越查越多，越看越有趣。一种超然于物外的力量驱使我把这些东西写出来。于是，我拿起了笔，呕尽数年心血，剥去了几十个“天之骄奴”、“天之骄子”、“天之骄媳”、“天之骄戚”们脸上的神秘面纱，还其以本来面目。

我不想重复“汗牛充栋”的正史上的记载，也不愿受已凝固了的各种“名分”的约束，我更愿意让那支没有佩戴“缰绳”的笔在故纸堆里自由驰骋，写到哪儿算哪儿。

因系“左道旁门”，所以本书侧重于：1.避“重”就“轻”，揭私泄密。本书所叙的帝王、后妃、宦官、外戚们的情况大多系正史如《二十五史》《资治通鉴》《续资治通鉴》等所少言，一般史学教科书亦语焉不详或不屑提及的私生活，而对别的书中大书特书的军国大事则有意从略；2.辑杂钩沉，拾遗补缺。着意挖掘历史“死角”里的素材。读者朋友翻阅本书时，一定会发现在一般史书中常见的那些老面孔如秦皇、汉武、唐宗、洪武、康熙诸公都没怎么露面，而那些一直为史学家们所忽略的一大批“小”人物，却摇头晃脑地占据了本书的许多篇幅。这似乎有一点大不敬的味道。然而也只好如此，若不，就不是这本书了。

由于作者学识所限，本书的缺点、错误一定很多，恳请海内外有识之士不吝指教。

张志君

于北京西郊雕虫斋